西南政法大学"创业与创新"论丛
丛书主编　韩　炜

本书受重庆市教育科学"十二五"规划 2014 年度课题：高校创业教育改革与人才培养研究（批准号：2014GX072）和重庆市高等教育学会 2016 年度高等教育科学研究课题：高校创新创业教育理论与实践研究（批准号：CQGJ15009C）资助。

互联网背景下的创业基础与实践

彭华伟　主编

经济科学出版社

图书在版编目（CIP）数据

互联网背景下的创业基础与实践/彭华伟主编. —北京：经济科学出版社，2015.8（2020.7重印）
ISBN 978-7-5141-6001-7

Ⅰ.①互… Ⅱ.①彭… Ⅲ.①企业管理 Ⅳ.①F270

中国版本图书馆 CIP 数据核字（2015）第 196639 号

责任编辑：程晓云
责任校对：刘　昕
责任印制：王世伟

互联网背景下的创业基础与实践
彭华伟　主编
经济科学出版社出版、发行　新华书店经销
社址：北京市海淀区阜成路甲 28 号　邮编：100142
总编部电话：010-88191217　发行部电话：010-88191522
网址：www.esp.com.cn
电子邮件：esp@esp.com.cn
天猫网店：经济科学出版社旗舰店
网址：http://jjkxcbs.tmall.com
北京季蜂印刷有限公司印装
710×1000　16 开　20.75 印张　310000 字
2015 年 8 月第 1 版　2020 年 7 月第 3 次印刷
ISBN 978-7-5141-6001-7　定价：39.00 元
(图书出现印装问题，本社负责调换。电话：010-88191502)
(版权所有　侵权必究　举报电话：010-88191586
电子邮箱：dbts@esp.com.cn)

编委会成员

(按姓氏笔画排序)

许 理　许宇斌　朱 丽　况佳伶　何丰均　何佳楠
李艾芮　李 萌　陈 晨　张 敏　周 阳　姬自强
徐 栋　黄 飞　章 洁　蒋 琪　熊 利

总　序

拥有"创业教育之父"称号的美国百森商学院教授杰弗里·蒂蒙斯（Jeffry A. Timmons）指出，一个经济体的强劲增长和创新活力，关键在于其整个社会旺盛不衰的创业精神和生生不息的创业尝试。因此，从创业与创新活动是否活跃，我们大可预见一个经济体前景如何。创业与创新息息相关。正如彼得·德鲁克在《创新与创业精神》一书中指出的："创新是展现创业精神的特定工具，是赋予资源一种新的能力、使之成为创造财富的活动"。自20世纪下半叶以来，信息技术飞速发展，全球化滚滚向前，为世界各国的经济持续注入新的能量和动力，有利的外部环境和追求发展的内生动力驱使着创业和创新成为一股不可逆转的世界性潮流，推动着全球经济不断走向繁荣。受益于30余年的改革开放，日益与世界接轨的中国创造了令全球瞩目的经济奇迹。在新的时代背景下，我国国家竞争力的提升需逐渐摆脱以往劳动密集型的"制造大国"形象，转而寻求更高层面的资本、知识、技术和企业家能力，以期迈入强国之列。推进创业与创新，调动市场、资源及各类经济主体的活力成为国内共识。近年来国务院总理李克强在不同场合一再强调推动"大众创业、万众创新"，并在2015年政府工作报告中将其作为中国经济社会发展的新引擎和新动力提出。无疑，在新的发展阶段，创业和创新在我国将迎来前所未有的良好机遇。

创业与创新研究在中国管理学界也已经成为一个非常有生命力的学科增长点和战略制高点，并且迅速发展成为中国高等教育改革的一个新热点。在步入21世纪后的短短十余年里，创业与创新研究吸引了大批优秀中国学者的关注，尤其是涌现了众多青年学者，深入探索基于中国情境的创业与创新理论。而且，无论是学术界，还是实践领域，研究正逐渐从宏观层面深入到微观层面，更多地关注创业与新企业成长过程中的管理问题。例如，创业企业如何调用外部网络打造异质化资源组合？如何通过嵌入地方性产业集群、建构多层次创新网络、培养促进合作创新的联盟能力来塑造竞争优势？创业企业如何利用创客网络形成多方参与式的价值共创？创业企业的新产品开发如何融入消费者参与？等等，回答这些问题正是本丛书的出版目的。

本丛书是西南政法大学管理学院以韩炜教授为带头人的"创业与创新"研究团队的系列成果。这是一个年轻但不断成长的团队，它聚集了来自南开大学、西南财经大学、西南交通大学、重庆大学、华中科技大学等高校的青年学者。他们凭借着对创业与创新问题的共同兴趣，聚集在一起合作开展研究。今年4月，他们举办了"创业与创新"专题学术研讨会，来自全国各地在创业与创新领域有着多年研究经验的青年学者进行深入交流，取得了较好的成效。如今，他们将各自的研究成果凝结于此，以丛书的形式出版，作为团队发展的基石。

先期出版的三本书分别是彭华伟博士的《互联网背景下的创业基础与实践》、罗勇博士的《创新扩散中的调节聚焦研究》以及刘璘琳博士的《差价量化投资创新模式及实战分析》。彭华伟博士在西南政法大学管理学院从事创业管理教学，作为创业研究人员、教育者、实践者，他在《创业基础与实践》一书中认真梳理了互联网背景下创业企业所需的相关理论与实务，为读者提供了有益的阅读体验。罗勇博士主要从事市场营销方面的研究，但主要关注新产品开发过程中的创新问题，他在《创新扩散中的调节聚焦研究》一书中援引心理学理论，探索了心理学中的调节聚焦现象在消费者新产品购买过程中所起的作用，以期对企业的新产品开发策略提供决策建议。刘璘琳博士主要研究企业创新管理、知识产权管理、企业投资及融资决策，特别对技术型创业者依靠技术专利等知识产权进行质押融资现象给予了较多的关注。她在《差价量化投资创新模式及实战分析》一书中分析了当前我国资本市场的特点，结合多年投资实践，创新量化投资模式，剖析大量实战案例，为投资者提供全新的投资视野。

后续还将有4本书出版，包括韩炜教授的《创业网络联结组合的构成、治理与异变过程研究》、胡新华副教授的《新兴产业集群嵌入下西部本土中小企业升级研究》、邓渝副教授的《联盟组合创新网络结点、网络关系及整体网络协同治理研究》以及周杰副教授的《联盟企业间知识转移与合作创新研究》。这四本书都将围绕创业与网络问题展开。《创业网络联结组合的构成、治理与异变过程研究》是韩炜教授所承担的国家自然科学基金面上项目的研究成果，该研究以联结组合为分析单元，从联结组合的协同作用而非单条联结的独立作用解释创业网络的构成内容、治理方式与异变过程，揭示具有高度不确定性与资源不对等关系的联结组合的独特内容与管理规律。该研究有助于丰富对创业网络内容、过程与治理的理论解释，回答如何通过管理创业网络提高创业企业成长绩效。《新兴产业集群嵌入下西部本土中小企业升级研究》是胡新华副教授承担的国家社会科学基金项目的研究成果，该著作研究我国西部地区招商引资形成外生型新兴产业集群背景下，新兴产业集群对本土中小企业转型升级的带动作用，从网络嵌入和企业间互动视角探索传统企业升级的机理，构建企业升级的有效路径，为西部地区本土企业提升竞争力和成长绩效，以及打造区域内生发展动力找寻具有操作性的思路和方法。《联盟组合创新网络结点、网络关系及整体网络协同治理研究》一书将从理论和实证两个方面分析和验证联盟组合多层次创新网络的协同治理机理以及治理有效性的实现路径。该研究有助于为联盟组合创新网络治理的顶层制度设计提供支持，也能为焦点企业制定恰当的网络战略、建设自身网络能力提供依据。《联盟企业间知识转移与合作创新研究》将从焦点企业出发，研究焦点企业拥有的联盟能力对联盟构成、联盟关系、联盟活动的影响，进而揭示联盟能力影响联盟企业间知识转移、合作创新的机理。该研究将有助于丰富联盟企业间知识转移、合作创新的研究成果，回答如何通过提升联盟能力、合理构建联盟、管理联盟企业间关系与行为来实现知识转移、合作创新。

一个学术领域能够在社会上取得广泛的影响，必要得益于众多研究者的拾薪添火。不同地域、不同情境的研究呈现出具有差异性的实践特点，才能不断填补理论探索存在的不足，进而在企业界、政策制定和执行领域获得更大的认同。

我国创业与创新领域的学术研究时间虽不长，成果已经很丰富。西南政法大学管理学院的这个团队通过不断的努力，对这一领域的研究做出了独特的贡献，值得称赞。韩炜教授的博士学位是在南开大学商学院取得的，在她攻读博士学位期间以及毕业后，我们都保持了紧密的合作。我不是她的论文指导教师，但并不妨碍合作，她是一个拥有严谨学术态度和精深研究能力的青年学者，做了大量创业企业调研和多角度的学术考察。尽管她后来离开天津，我们仍然邀请她作为南开大学创业研究中心的团队成员，利用假期回来参加团队的学术活动，联合开展调研工作。她能在位于重庆的西南政法大学带动一批青年学者一起从事创业和创新领域的研究，形成了较为成型的团队且取得了初步的成效，我很为她高兴。也祝愿这个团队不断壮大，取得更多更精的研究成果。

南开大学商学院教授　张玉利
2015 年 8 月

序 一

  进入21世纪，伴随着全球范围内新技术、新商业模式的爆发式发展，传统产业被重新改造，市场机制受到的束缚得以渐次松解，推动一个崭新的创业创新时代降临。实务界对创业创新的探索锲而不舍，起落沉浮而不减活力，也为学术界总结实践经验、洞察运行规律、开展前瞻研究和理论创新提供了绝佳的机遇。学者的使命在于从纷繁复杂的实践现象中抽丝剥茧，透视现象发生的根源、机制和动力，从不同要素之间的关系着手创建新的知识，并寄望于促进实践更加规范、高效。本研究团队此次推出的系列学术专著，正是从时下最新现象出发，以企业实践为指引，以学术洞察为根本，围绕不同视角研究创业与创新问题，希望扮演些许知识创造者角色，为创业与创新理论和应用有所裨益。

  我们关注企业生命周期前端的创业活动，尝试解读新企业初期成长过程中的独特行为规律。创业活动是创业者在风险和不确定性环境中识别和把握机会、获取利润并谋求成长的过程，其重要性、独特性和复杂性要求学术界积极开展研究工作。因此，无论是学术界还是实践领域，创业研究正逐渐从宏观层面转向微观层次，更多地关注创业与新企业成长过程中的管理问题。特别是在互联网蓬勃发展的今天，传统产业正在经历一个瞬息万变的时代。一方面，互联网经济正在一步步地把这个社会的活力激发出来，帮助社会进行发展与全面转型；另一方面，互联网经济的兴起也给企业带来了更大的机遇与挑战。创业者想要在这种全新的背景下获取竞争优势，就必须要去了解互联网经济和管理企业的一些基本流程。本丛书中彭华伟博士的《互联网背景下的创业基础与实践》一书的出版目的就在于为广大新创企业和创业者提供创业上的基本参考与指导。

互联网背景下的创业基础与实践

我们关注从网络的视角解读创业与创新的逻辑，探寻创业企业、中小企业的外部成长路径。企业成长理论告诉我们，企业主要通过内部与外部两条路径来实现成长。从内部来看，企业主要依靠资源的自我积累推动企业成长；从外部来看，企业则依靠联盟、并购等外部拓展活动来整合资源拉动企业成长。在互联网影响下的今天，创业企业的成长轨迹违背了传统的企业成长路线，创业企业可能不再囿于资源的可控性，不再局限于对有限资源的利用，而是更多地依托外部成长轨迹，依靠伙伴关系将外部资源整合成为创业的资源基础。因此，本丛书中韩炜教授、胡新华副教授、邓渝副教授、周杰副教授围绕创业网络、中小企业集群、创新网络、联盟网络的研究正是从网络的视角剖析创业与创新规律，形成对创业企业发展、创新路径探寻的理论解释。

我们从不同的视角关注企业的创新问题，如新产品开发、创新投融资模式等。本丛书中，罗勇博士的《创新扩散中的调节聚焦研究》通过揭示新产品购买过程中消费者的心理与行为，从而基于消费者的角度探寻企业新产品开发策略。刘璘琳博士的《差价量化投资创新模式及实战分析》一书则对量化投资模式及其创新进行了深入分析，为投资者提供了新的视野。其后续研究还将围绕科技型创业企业利用知识产权进行质押融资的问题进行深入挖掘，结合顾客参与的众筹模式，揭示众筹模式下顾客参与价值共创的路径。

2012年我调入西南政法大学管理学院后，在院领导的大力支持下，积极创建"创业与创新研究团队"，集聚了一批优秀的青年教师，并通过申请，成功列入校级学术创新团队行列。不论从成立时间还是团队成员的年龄来看，本团队都是一个年轻的团队。也正因为年轻，受既往的羁绊更少，所以更有创造力和活力。自团队成立以来，我们定期召开学术沙龙，围绕创业与创新问题进行了深入的探索，在大家的共同努力下，团队成员成功立项多个国家自然科学基金、国家社科基金和教育部人文社科项目，在《管理世界》、《南开管理评论》、《管理科学学报》等国内学术界知名期刊和国外期刊上发表众多高质量学术论文，成功召开了首届"创业与创新专题研讨会"，邀请了来自南开大学、上海大学、山东大学、重庆大学、安徽财经大学等多所高校的 20 余名学者参会，很好地促进了本科研团队的对外交流。我们还将创设"创业与创新研究中心"，进一步壮大团队规模，将"创业与创新专题研讨会"常态化，搭建专家学者、创业者、企业管理者之间的交流与合作平台，为团队的持续成长与发展奠定坚实基础。本丛书的出版作为团队建设的阶段性总结，集中展示了团队在创业与创新领域的科研成果，后续我们还将陆续推出优秀著作，期望对本领域的探讨做出我们的贡献，也希望得到学界同仁的指导和建议。

韩炜
西南政法大学管理学院教授
"创业与创新"研究团队带头人
2015 年 8 月

序 二

20世纪以来，信息技术的进步、全球化进程的加快为创业提供了有利的外部环境，创业作为一股世界性潮流已不可逆转。一些学者认为经济的强劲持续增长，关键在于整个社会有旺盛不衰的创业精神和生生不息的创业尝试。2015年，李克强总理将"大众创业、万众创新"作为提升中国经济转型和稳增长的"双引擎"国家战略，创业显然已成为中国经济新的推动力。

21世纪，中国正迈向一个崭新的创业时代，各种创新型创业已经取代了传统的套利型创业。由于互联网的发展，传统创业正在经历一个瞬息万变的时代。一方面，互联网经济正在一步步地把这个社会的活力激发出来，帮助社会进行发展与全面转型；另一方面，互联网经济的兴起，也给企业带来了更大的机遇与挑战。创业者想要在这种全新的背景下获取竞争优势，就必须要去了解互联网经济和管理企业的一些基本流程，本书目的就在于为广大新创企业和创业者提供创业上的基本参考与操作指导。

对正在创业的创业者和团队来说，基于互联网背景下的创业理论与实践指导，将会带来新的观察视角。从这个意义上说，我积极推荐正在思考创业或走在创业路上的创业者阅读本书。

特作序。

商界传媒集团董事、《商界评论》主编：周云成
2015年5月20日

前　　言

从大学毕业后经历的几次或成功或失败的创业，到今天讲授创业管理实践环节的课程，这其中的机缘、起伏与遭遇，使我更深刻地领悟到"创业惟艰"的真正内涵。创业者所承受的压力与挑战、所经历的困境与欢悦、所获得的收益与成长，与一般意义上的就业者相比较，有很大的不同。创业者披荆斩棘、越挫越勇的前行，是通过不断地自我修正、自我温暖与自我鼓励，让自己能坚持走在这条自我设定的梦想之路上，正如一首歌所言"路上的辛酸，已融入我的眼睛"，真正的创业者是永远在路上的。

回首已经过去的 20 世纪，信息技术的进步、全球化进程的加快，都为创业提供了有利的外部环境，创业作为一股世界性潮流已不可逆转。大多数学者与实践者均认为经济的强劲持续增长，关键在于整个社会有旺盛不衰的创新精神和生生不息的创业尝试。在大幕已启的 21 世纪，中国正迈向一个崭新的创业时代。由于互联网技术的飞速发展，传统创业正在拥抱一个瞬息万变的时代，也正在经历着一次很艰难的阵痛与反思。一方面，互联网经济正一步步地把这个社会的活力激发出来，帮助社会发展与全面转型；另一方面，互联网经济的兴起，也给众多的传统企业带来了巨大的机遇与挑战。创业者想要在这种全新的背景下获取竞争优势，就必须要去了解互联网经济和管理企业的一些基本流程，本书的初衷就是为广大新创企业和创业者提供创业上的基本参考与指导。对于已创业的创业者和团队来说，基于互联网背景下的创业理论与实践指导，也将会带来新的观察视角。

一直想写一本与实践相契合的创业方面的书，为初创企业提供一些指导性建议。因此，本书的出版希望能够帮助初创企业更客观地认识自身、团队和机会，帮助没有经验的新创业者设计自己的商业模式，学着写自己的第一份创业计划书，学会融资、财务和税务筹划需要的一些基本知识，学会梳理出企业管理的关键流程，并初步了解怎样去开展互联网营销等。

本书通过大量资料的查找与案例分析，把理论与实践进行比对，认真梳理了互联网背景下创业企业所需的相关理论与实务，尽可能为读者提供一些有价值的阅读体验。本书以发现"实际问题"为核心、以努力"解决问题"为目的，强调理论与实务相结合，帮助创业者在创业的过程中去解决可能会出现的各种问题，抓住创业的关键点。在写作过程中，我们参阅了大量的文献资料，在书后的参考文献中，我们尽可能地全面完整地注明所有参考过的资料，但百密一疏，恐有遗漏。在此，我们向所有正在创业领域研究与实践的专家、学者、企业家，表达我们最崇高的敬意与谢意。

还要感谢南开大学商学院张玉利院长和商界传媒主编周云成先生，百忙之中为本书作序；感谢西南政法大学管理学院曹大友院长和韩炜教授对本书出版的大力支持；同时感谢经济科学出版社的程晓云编辑的鼎力相助，正是有了你们的支持，才使本书得以顺利出版。

本书由彭华伟负责全书的设计、构思与写作，并考量所涉理论在实践中的可操作性。彭华伟、况佳伶负责全书的统筹与修改，根据专业特长，具体分工如下：第 1 章与第 10 章由况佳伶编写，

前言

第2章由张敏、朱丽编写，第3章由黄飞编写，第4章由许宇斌、周阳编写，第5章由姬自强、章洁编写，第6章由何佳楠编写，第7章由何丰均、李艾芮编写，第8章由熊利、陈晨编写，第9章由徐栋、许理、李萌编写，蒋琪负责全书案例的整理分析工作。这是一个高效而优秀的团队，在团队集体工作的无数个夜晚，团队成员都在对创业进行着深入的思考，几易其稿。智慧与思想在交流中熠熠生辉，成果与共识在努力中慢慢呈现。感谢我的团队，你们优秀的个人素质、高效的团队协作，是本书得以面世的基石。同时，也是你们让我学会许多、思考许多。在此，向我所有亲爱的成员致敬！

由于水平有限，书中难免有许多瑕疵和不足之处，欢迎批评指正。希望随着时间的流逝和实践的检验，我们能将此书不停地完善下去。"开放、平等、协作、分享"，这是互联网的精神，也是新一代创业者要遵循的规则，更是我们写作本书的终极目的。

彭华伟于重庆
2015年8月

目 录

第1章 创业概述与时代背景 ··················· 1

  1.1 创业的本质与要素 ··················· 1

    1.1.1 创业活动及其本质 ··················· 1

    1.1.2 创业的基本属性 ··················· 2

    1.1.3 创业的要素 ··················· 4

  1.2 蓬勃的世界创业潮流 ··················· 6

    1.2.1 美国的创业概况 ··················· 6

    1.2.2 欧盟三国的创业概况 ··················· 7

    1.2.3 亚洲的创业概况 ··················· 8

  1.3 中国情境下的大众创业 ··················· 9

    1.3.1 中华大地涌动创业大潮 ··················· 9

    1.3.2 中国情景下的创业困难 ··················· 12

    1.3.3 李克强总理十大创业讲话 ··················· 15

第2章 创业者 ··················· 24

  2.1 创业者的时代 ··················· 24

    2.1.1 创业者的界定 ··················· 24

    2.1.2 中国创业者 ··················· 27

    2.1.3 中国创业者的时代机遇 ··················· 30

  2.2 创业者的心理准备 ··················· 31

    2.2.1 承受压力 ………………………………………………… 31
    2.2.2 摆正心态 ………………………………………………… 33
    2.2.3 承担社会责任 …………………………………………… 35
  2.3 创业者的素质要求 ……………………………………………… 37
    2.3.1 创业者素质的重要性 …………………………………… 37
    2.3.2 创业者的基本素质 ……………………………………… 37
    2.3.3 创业者素质的提升 ……………………………………… 39

第3章 创业团队 ……………………………………………………… 51

  3.1 团队的重要性 …………………………………………………… 51
    3.1.1 创业需要团队 …………………………………………… 51
    3.1.2 团队铸造成功 …………………………………………… 52
  3.2 团队的组建方式 ………………………………………………… 52
    3.2.1 寻找创业合伙人 ………………………………………… 53
    3.2.2 吸引优秀人才 …………………………………………… 57
    3.2.3 构建优势互补团队 ……………………………………… 58
  3.3 团队的管理方法 ………………………………………………… 60
    3.3.1 制定规则 ………………………………………………… 60
    3.3.2 塑造团队文化 …………………………………………… 62
    3.3.3 提升执行力 ……………………………………………… 64
    3.3.4 实施激励 ………………………………………………… 65

第4章 机会评估与资源整合 ………………………………………… 74

  4.1 创业机会的评估 ………………………………………………… 74
    4.1.1 创业机会的定义 ………………………………………… 74
    4.1.2 创业机会的特征 ………………………………………… 75
    4.1.3 机会评估标准 …………………………………………… 76
  4.2 互联网时代下的创业机会 ……………………………………… 82

目 录

    4.2.1　创业的政策背景 …………………………………… 82
    4.2.2　互联网行业的发展 …………………………………… 84
    4.2.3　互联网产业新业态 …………………………………… 89
  4.3　资源整合的基本原则 ……………………………………… 93
    4.3.1　内部资源整合 ………………………………………… 95
    4.3.2　外部资源整合 ………………………………………… 95

第5章　设计商业模式 ……………………………………… 102

  5.1　商业模式的重要性 ………………………………………… 102
    5.1.1　为顾客创造价值 ……………………………………… 102
    5.1.2　为企业创造价值 ……………………………………… 103
    5.1.3　将价值在企业和顾客之间传递 ……………………… 103
  5.2　商业模式的设计 …………………………………………… 104
    5.2.1　客户细分（Customer Segments）…………………… 104
    5.2.2　价值主张（Value Propositions）…………………… 104
    5.2.3　渠道通路（Channels）……………………………… 105
    5.2.4　客户关系（Customer Relationships）……………… 105
    5.2.5　收入来源（Revenue Streams）……………………… 106
    5.2.6　核心资源（Key Resources）………………………… 106
    5.2.7　关键业务（Key Activities）………………………… 107
    5.2.8　重要伙伴（Key Partnerships）……………………… 107
    5.2.9　成本结构（Cost Structure）………………………… 107
  5.3　商业模式的标准化实施 …………………………………… 112
    5.3.1　QSCV——标准化的核心理念 ……………………… 112
    5.3.2　标准化的品牌 ………………………………………… 113
    5.3.3　标准化的服务 ………………………………………… 116
    5.3.4　标准化的质量 ………………………………………… 117
    5.3.5　标准化的管理 ………………………………………… 118
    5.3.6　标准化的人才培训 …………………………………… 122

5.3.7 标准化的特许经营（连锁加盟） …………………………… 122
5.4 未来的商业模式 ……………………………………………………… 125
　5.4.1 未来商业趋势 ………………………………………………… 125
　5.4.2 商业模式的变革 ……………………………………………… 126
　5.4.3 新商业模式解析 ……………………………………………… 128

第6章 创业计划书与风险投资 …………………………………………… 145

6.1 创业计划书概述 ……………………………………………………… 145
　6.1.1 创业计划书的概念 …………………………………………… 145
　6.1.2 创业计划书的作用 …………………………………………… 145
6.2 创业计划书的基本结构与核心内容 ………………………………… 146
　6.2.1 创业计划书的基本结构 ……………………………………… 146
　6.2.2 创业计划书的核心内容 ……………………………………… 147
6.3 创业计划书与风险投资者 …………………………………………… 154
　6.3.1 风险投资的界定 ……………………………………………… 154
　6.3.2 风险投资者的评价标准 ……………………………………… 155
　6.3.3 风险投资的运作流程 ………………………………………… 157
　6.3.4 学会与风险投资者打交道 …………………………………… 159

第7章 融资策略、财务管理与税务筹划 ………………………………… 165

7.1 融资策略 ……………………………………………………………… 165
　7.1.1 融资内涵 ……………………………………………………… 165
　7.1.2 融资渠道 ……………………………………………………… 165
　7.1.3 融资条件与技巧 ……………………………………………… 166
　7.1.4 融资规划与决策 ……………………………………………… 168
7.2 财务管理 ……………………………………………………………… 169
　7.2.1 基本财务知识 ………………………………………………… 169
　7.2.2 资产管理 ……………………………………………………… 177

7.3 税务筹划 ·············180
7.3.1 正确认识税务筹划 ·············180
7.3.2 税务筹划成本 ·············181
7.3.3 税收策略 ·············182

第8章 新创企业的流程管理 ·············189

8.1 流程管理的基本知识介绍 ·············189
8.1.1 流程管理概述 ·············189
8.1.2 流程运行的基本前提 ·············190
8.1.3 流程分级方法及内容 ·············191

8.2 流程管理的重要性 ·············192
8.2.1 对管理者的作用 ·············192
8.2.2 对企业的作用 ·············192

8.3 企业管理的关键流程设计 ·············193
8.3.1 流程的设计与制作 ·············193
8.3.2 流程的优化与改善 ·············195
8.3.3 流程的把控与执行 ·············208
8.3.4 流程的考核与评估 ·············211

第9章 企业市场营销策略 ·············220

9.1 市场营销的重要性 ·············220
9.1.1 客户的维系 ·············221
9.1.2 竞争地位的建立 ·············221
9.1.3 市场动态的把控 ·············222

9.2 市场营销设计 ·············222
9.2.1 选择目标市场 ·············223
9.2.2 确定营销策略 ·············226

9.3 互联网营销建设规划 ·············228

9.3.1 品牌营销 ………………………………………………… 228
9.3.2 流量吸引 ………………………………………………… 235
9.3.3 客户管理 ………………………………………………… 244

第 10 章 注册登记、法律问题与风险管理 ……………………… 252

10.1 企业的注册登记 …………………………………………… 252
10.1.1 工商注册类型 ……………………………………… 252
10.1.2 办理公司营业执照 ………………………………… 254
10.1.3 办理组织机构代码证 ……………………………… 255
10.1.4 税务登记和开立银行账户 ………………………… 255
10.1.5 商标的保护 ………………………………………… 256
10.1.6 其他 ………………………………………………… 256

10.2 创业常涉及的法律问题 …………………………………… 257
10.2.1 企业形式的选择 …………………………………… 257
10.2.2 创业常涉及的基本民商事法律问题 ……………… 259

10.3 创业的风险管理 …………………………………………… 265
10.3.1 创业风险的含义 …………………………………… 266
10.3.2 创业风险的来源 …………………………………… 266
10.3.3 创业风险的特征 …………………………………… 268
10.3.4 创业风险的管理 …………………………………… 270

附录 1 ………………………………………………………………… 279

附录 2 ………………………………………………………………… 295

参考文献 ……………………………………………………………… 305

第 1 章

创业概述与时代背景

1.1 创业的本质与要素

1.1.1 创业活动及其本质

创业是长期且普遍存在的社会现象,只是人们在很长时间里并不知道他们在从事创业活动。随着社会的变迁,人们对企业家及其创业活动的认识在不断深化中。

企业家一词源于"entreprendre",最早见于16世纪,最初的含义是"承担"(to undertake),指的是参与军事征战的人。18世纪初,法国人又将该词用于"从事探险活动的人"。真正较透彻地认识企业家职能和作用的,是在哈佛大学任教的奥地利经济学家约瑟夫·熊彼特。他在1912年出版的《经济发展理论》和1950年出版的《资本主义、社会主义和民主主义》等著作中,不仅将企业家提高到"工业社会的英雄"、"伟大的创新者"的高度,而且强调企业家的职能是"创造性破坏"、"企业是实现新的生产要素组合的经营单位,而企业家是实现生产要素组合的人"。这种组合,并不是对原有组合方式的简单重复,而是一种创新。通过这种重新组合,建立新的企业生产函数，从而引起社会经济的连续变化，推动社会经济的发展。

20世纪80年代初期，人类社会从工业社会进入信息社会，信息技术的普遍应用、全球化进程的加快等为创业活动提供了更有利的环境，新的商业模式不断涌现，资源和生产要素更加便捷地予以组合，技术、产品以及管理创新层出不穷，机会和创造成为商业活动的核心内涵，人们对企业家的活动以及创业的理解也更加概括和具有普遍意义。

比较经典的描述来自哈佛大学教授史蒂文森（Stevenson H.），他把创业活动的本质解释为：不拘泥于当前资源条件的限制，强调对机会的追逐，将不同的资源组合加以利用，开发机会并创造价值的过程。最近，人们从经济与社会发展的高度来理解创业，认为创业是通过向顾客提供利益来创造价值。创业活动能够提供就业机会，能够推动创新，促进经济发展和社会安定，也是个体或组织取得竞争优势的重要手段。

1.1.2 创业的基本属性

创业是创业者对自己拥有的资源或通过努力能够拥有的资源进行优化整合，从而创造出更大经济或社会价值的过程。创业者要在一个商业领域，致力于理解所创造的新事物（新产品、新市场、新生产过程、新原材料、新技术方法）的机会，创业者思考的是如何运用各种方法去利用、开发和创造它们，然后产生各种结果。

目前，创业涉及各个行业领域，如餐饮管理服务、娱乐、商品批发零售、广告装饰设计、室内装潢、策划、房地产、各类服务咨询、法律服务、交通、酒店、旅游、休闲健身、电子信息技术、金融衍生服务、商品配送、互联网等行业。

1. 创业的形式

目前对于创业主要有这几种形式：一是独立创业，二是与人合伙创业，三是引进各类（风险）投资基金创业。资金来源大致是自己筹资、家庭帮助、银行贷款、风险基金投资等，如IT类和互联网行业，较易吸引风险投资基金。

2. 创业的分类

创业有多种途径可选择。从创业者与事业的关系角度看，可分为个人创业、家庭创业、合伙创业和参与创业等；从创业机遇选择的角度看，可分为先深造再创业、先就业再创业、边学习边创业等；从创业的依据和手段两个角度看，还可分为劳务型创业、知识型创业、技术型创业、思想型创业和综合型创业等。

3. 创业的过程

要真正地理解创业，除了知道创业的基本概念、方式和途径外，更重要的是要理解创业过程的本质。

（1）创业是一种发展性的生产活动。创业区别于一般的生产活动，在于它的发展特征。就创业本身来说，既可以是从无到有的创造，也可以是在现有基础上的革新。但不论是创造还是革新，独立地考察创业的内涵都是一个从无到有、从弱到强、从幼稚到成熟的过程。发展是创业的最重要特性，成功的创业都有快速、稳健的发展过程，维持初创企业的健康发展是创业重要而基本的任务。

（2）创业是一种复杂的系统活动。创业的实现是一个复杂的活动过程，是一个由多个创业要素组成的复杂系统。创立企业是一个投入产出系统，即投入资源产出产品和服务，创业的过程就是不断地投入资源以连续的提供产品和服务的过程。能否以最小的资源获得最大的产品，使得企业具有竞争力并盈利，是衡量创业活动成效的标准之一。

（3）创业是一种不断学习的过程。由于创业活动的模糊性、动态性和复杂性，使得创业者一开始就要注重学习，学习掌握市场规律，学习整合创业资源，学习生产经营管理，学习塑造企业文化等。成功的创业过程，必然是一种不断地向社会和他人学习的过程。有作为的创业团队，必然是一个与时俱进的学习型组织。

4. 创业的途径

基于创业活动的复杂性，选项目就要选风险可控又具有创造性的创业模式。

（1）网络创业。有效利用现成的网络资源。网络创业目前主要有两种形式：网上开店，在网上注册成立网络商店；网上加盟，以某个电子商务网站门店的形式经营，利用母体网站的货源及销售渠道。

（2）加盟创业。分享品牌金矿，分享经营诀窍，分享资源支持，采取直营、委托加盟、特许加盟等形式连锁加盟。投资金额根据商品种类、店铺要求、加盟方式、技术设备的不同而不同。

（3）兼职创业。即在工作之余再创业，如可选择的兼职创业：教师、培训师可选择兼职培训顾问；业务员可兼职代理其他产品销售；设计师可自己开设工作室；编辑、撰稿人可与媒体合作；会计、财务顾问可代理做账理财；翻译可兼职口译、笔译；律师可兼职法律顾问和事务所；策划师可兼职广告、品牌、营销、公关等咨询。当然，也可以选择特许经营加盟等。

（4）团队创业。具有互补性或者有共同兴趣的成员组成团队进行创业。如今，创业已非纯粹追求个人英雄主义的时代，团队创业成功的概率要远高于个人独自创业。一个由研发、技术、营销、财务等各方面人才组成的优势互补的创业团队，是创业成功的法宝，对高科技初创企业来说更是如此。

（5）大赛创业。即利用各种商业创业大赛，获得资金提供平台，如Yahoo、Netscape等企业都是从商业竞赛中脱颖而出的，因此创业大赛也被形象地称为创业孵化器。

（6）内部创业。内部创业指的是在企业的支持下，有创业想法的员工承担公司内部的部分项目或业务，并且和企业共同分享劳动成果的过程。这种创业模式的优势就是创业者无需投资就可获得很广的资源，"树大好乘凉"的优势受很多创业者的青睐。

1.1.3 创业的要素

杰弗里·蒂蒙斯是创业教育的先驱，有"创业教育之父"的美誉。他在长期的研究教育工作中提炼出了创业要素模型，被称为蒂蒙斯模型（见图 1-1）。

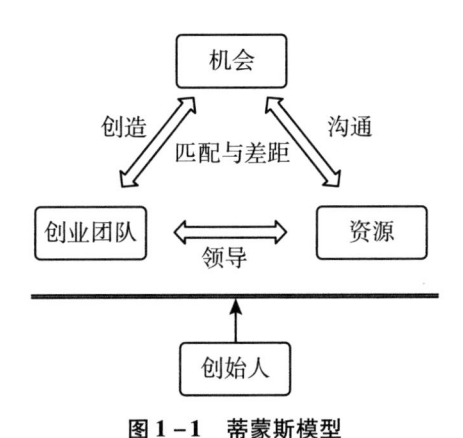

图 1-1 蒂蒙斯模型

资料来源：杰弗里·蒂蒙斯、小斯蒂芬·斯皮内利：《创业学》，周伟民、吕长春译，人民邮电出版社 2005 年版。

蒂蒙斯模型在创业领域的影响巨大，原因是多方面的。首先，该模型简洁明了，高度提炼出创业的关键要素：机会、创业者及其团队、资源，这三个要素在任何创业活动中都不可或缺。没有机会，创业活动就成了盲目的行动，根本谈不上创造价值；机会普遍存在，没有创业者识别和开发机会，创业活动也不可能发生；没有资源，机会就无法被开发和利用。其次，该模型突出了要素之间相互匹配的思想。对创业来说，不论是机会、团队还是资源，都没有好和差之分，重要的是匹配和平衡。机会与创业团队之间要匹配，机会和资源之间也需要匹配，机会、创业团队、资源之间的平衡和协调是创业者创业成功的基本保证。最后，该模型具有动态性。创业的三要素不是静止不变的。随着创业过程的展开，要素之间的重点也相应不断发生变化。创业过程实际上是四项要素相互之间发生作用，由不平衡向平衡发展的过程。成功的创业者，必须要能将机会、团队和资源三者做出最恰当的搭配，并能随着企业发展而始终保持动态的基本平衡。

1.2 蓬勃的世界创业潮流

1.2.1 美国的创业概况

创业作为一股世界潮流，20世纪80年代后从西方到东方蓬勃兴起，一些著名学者认为20世纪90年代后美国经济的强劲增长和蓬勃活力，关键在于整个社会长盛不衰的创业精神和千百万家小型企业生生不息的创业活动，他们是美国经济增长的引擎。

美国从20世纪80年代开始，在一些高校中开展创业计划大赛，推动了创业潮流的兴起。自1983年，美国德州大学奥斯汀分校举办首届创业计划竞赛以来，美国已有包括麻省理工学院、斯坦福大学等世界一流大学在内的20多所大学每年都举办这一竞赛。Yahoo、Excite、Netscape等公司就是在斯坦福校园的创业氛围中诞生的。麻省理工学院的"五万美金商业计划竞赛"已有10余年的历史，影响非常之大。从1990年到现在每年都有五六家新的企业诞生，并且有相当数量的"创业计划"被附近的高新科技企业以上百万美元的价格买走。据统计，美国最优秀的50家高新技术公司，有46%出自于麻省理工学院的创业计划大赛。

美国经济由于创业革命而发生了巨大的转变，创业者们创造出前所未有的巨大价值，彻底改变了美国和世界的经济。当代美国超过95%的财富是在1980年后创造出来的。纵观美国企业的发展史，许多著名的美国高科技大公司，几乎都是大学生创业者们利用风险投资创造出来的，如Intel的摩尔、葛鲁夫，Microsoft的盖茨、艾伦，惠普的休利特、帕卡德，Netscape的安德林，Dell的戴尔，Yahoo的杨致远等。据麻省理工学院的一项统计，自1990年以来，MIT的毕业生和教师平均每年创建150多个新公司，对美国特别是对麻省的经济发展做出了卓越的贡献。

今天的美国，一半以上的公民要么自己创业，要么在创业型的中小企业工作。以前只有大型企业拥有最新的高科技，大家节省时间的工作方式是在一个大工作室里交流。但是现在每个人都有手机、电脑，最有效的工作方式是在家或小型工作室交流。现今，美国无论是创业硬件环境，还是创业资本环境，亦是创业精神与创业内在机制都处于世界领先地位。

1.2.2 欧盟三国的创业概况

欧盟各国很重视改善创业环境，着力发展创业型经济。早在 1997 年，欧盟委员会就召开了"创新企业的建立和就业"的圆桌会议。

英国政府于 1988 年发表了《我们竞争的未来：建设知识推动经济》白皮书，鼓励发展创业，英国政府曾投资 7000 万英镑，在剑桥大学和麻省理工学院之间建立起教育研究的伙伴关系，合作研究的目标是把美国的经验吸收到英国来，鼓励创业，提高生产力和竞争力。英国创业的优势总体来说，门槛更低、政策更灵活、市场更透明。全球创业成本最低的国家中，英国排名世界第三。运营企业的便利性排名，英国位居世界第八。目前英国政府推出一系列创业支持政策，学生在英国只要拿出富有创意的研究或工作成果，成果得到权威金融机构认同的风险投资公司或政府相关部门（包括学校）的认可后，就可以获得 5 万英镑及资金担保信，帮助学生融资创业。

法国从教育制度和财政金融政策等方面入手推动青年创业，鼓励企业创新。根据调查，37% 的法国人希望创立一家属于自己的公司，更有 10% 已经着手在进行实践。在法国，政府希望能通过新的商业发展拉动经济持续增长。法国各地公共和私人实业都摆出诚意姿态，向创业者提供廉价的工作环境、特殊签证，甚至是国家补助。

德国人创业情绪普遍不高，只有不到 50% 的德国人在接受调查时表示创业对他们具有吸引力，同样的调查显示，约有 65% 的法国人、68% 的波兰人和 79% 的荷兰人都对创业表示出了不小的兴趣。德国自主创业意愿逐年降低的原因：一是德国人面对风险非常谨慎，墨守成规，比较安静，严谨和沉稳，是德国人的长期传统。二是对失败不够宽容，经营企业失败的人会受到来自社会的压力。约有42%的德国人远离创业就是因为这个原因,远远高于美国的32%,许多美国人自豪于他们曾有过失败的创业经历。创业需要的是速度,德国的风险投资商却非常谨慎,并不期望公司呈现爆炸性的增长。当然这些情况或将会发生改变,如今德国的大学毕业生若将创业列入就业目标,德国政府也会对此提供积极帮助。

1.2.3 亚洲的创业概况

新加坡作为500多万人口的国家,以富裕、整洁、高效而闻名于世。它的市场很小,加上这里的人们大多受过良好的教育,思想上偏向于循规蹈矩,毕业后大多会选择到政府当公务员、到金融机构做白领、到国有企业或跨国公司里就职。所以新加坡创业率与积极性一直不高。然而,现在的新加坡政府对在新加坡创业和投资非常支持,对于在新加坡入驻的企业,政府一般会做天使投资和A轮融资,天使投资的规模是50万美金,A轮融资政府一般会拿出1000万新币。政府还会鼓励机构一起来投资A轮,除了承诺给参与A轮融资的机构做LP(有限合伙人)之外,还会一起共担风险。因此往往大家会把新加坡当作一个中转点,在新加坡创业设立公司。

在经历了20年的经济停滞后,日本年轻人"正变得非常非常保守"。日本文化对失败者欠缺宽容,这被认为是创业者们面临的最大障碍。日本大公司的终身雇佣制度与"年功序列"工资体系对年轻人来说依然极具吸引力,"经济乏力之时,年轻人倾向于稳定。"许多日本年轻人并不愿选择创业"披荆斩棘"的生活。在一项以世界13个国家年轻人为对象的工作意识调查中,回答"对创业不感兴趣"的日本人高达58%,为受调查国中最高。打造一个鼓励冒险精神的社会,是日本今后的重要课题。日本要成为"创业大国",必须为创业者打造可持续尝试的环境。

在寡头资本垄断严重、社会资源分配不均的韩国,政府不得不考虑经济转型。为扶持中小企业发展,韩国政府提出了"创造经济"的口号。韩国大学则流传这样一种观念,"大学是预备企业,大学生是预备企业家"。调查显示,70%的韩国青年希望自己能够创业,这个数字排全球第一位。韩国国内的创业很多是通过跟大学合作，在大学内设立创业支援中心。支援中心实行"严进宽出"政策。对大学生要求进入创业中心的申请，韩国政府和学校要进行严格筛选。寻求创业的大学生需要提供详细的创业计划书，然后根据创业的方向，由大学教授和创业投资专业委员会组成的评审团来评价决定。如果顺利进入创业支援中心，大学生可以很容易获得"一条龙"的服务，如创业所急需的人才、场地和资金。为了进一步减轻韩国青年的创业风险，韩国政府支持创业的另一项特色是建立庞大的专业人才导师库，从而为不同成长阶段的初创企业提供定制化服务。根据初创企业面临的具体困难，由不同导师提供差异化帮助。

创业已成为许多国家年轻人的首选，以世界13个国家的年轻人为对象进行的一项调查结果显示，在调查中回答"对创业不感兴趣"的仅为6%左右，而回答"考虑将来创业"的年轻人达40%。根据行业研究报告表明，近9成中国人对创业持积极态度，62%的受访者想开创自己的事业，远高于国际平均水平。近几年，中国也在逐步降低市场准入门槛，通过企业登记制度改革，2013年新登记注册的公司呈现井喷式增长，新增企业数量较2012年增长60%以上。

1.3　中国情境下的大众创业

1.3.1　中华大地涌动创业大潮

改革开放30年以来，中国的中小企业迅速崛起，在数量和质量上不断提高，对社会经济的影响也越来越明显。改革开放的进程，是市场经济的进程，更是全民创业的进程，公民创办企业已经成为一股浩浩荡荡的潮流。从农村家庭联产承包责任制的改革，到大力发展乡镇企业，再到后来的企业股份制改革，都是千千万万人闯荡市场和选择创业的具体实践。这三次创业大潮，也是促进生产力发展的大潮。

第一次大潮是创办乡镇企业。20世纪80年代初的创业潮，公社的干部，或者有些经济头脑的、敢于创新冒险的人都投身其中。一个社会的活力在于把最聪明的人调动起来，同时推动经济的快速发展。社会上称之为改革开放初期"个体户"的创业潮。

第二次是在1992年邓小平南行讲话之后的"下海"潮。这次讲话意义重大，历史上很难找到"一篇讲话改变一个国家"的情况，这次南行讲话后，相当一批公务员中的精英纷纷"下海"。南行讲话推动了中国第二次经济大发展。

第三次是21世纪初的海归潮。中国加入WTO、互联网经济这两个关键因素在这次大潮中起了推动作用。一批海归和国内精英结合起来，使得中国经济从2001年到2014年发展异常迅猛。这次创业大潮因而被称为"网络精英"式的创业潮。

今天的中国，已经进入了新经济环境下政府与市场共同催生的"大众创业"潮中。2015年，中国GDP增长目标下调至7%。在投资驱动后继乏力、就业压力日渐增大之时，创业就成为经济领域新的刺激点。2015年3月5日，李克强总理在政府工作报告中着重指出，推动"大众创业、万众创新"是未来政府工作的重点内容之一。"大众创业、万众创新"既可以扩大就业、增加居民收入，又有利于促进社会各阶层间的纵向流动和公平正义的实现。3月11日，国务院办公厅印发《关于发展众创空间推进大众创新创业的指导意见》，部署推进"大众创业、万众创新"工作，在公共服务、财政支持、投融资体制等方面予以支持。创业，尤其是互联网创业，正迎来近年来最好的政策环境。当前的创业主要包括以下三种类型。

1. 企业创业

新创的中小企业是中国经济新的增长点，它们吸纳了大量的城镇就业人口和农村剩余劳动力，同时提供了大量的产品和服务，对中国的经济持续高速增长起到了重要作用。2009年以来，在北京、深圳、杭州、成都、苏州等创新创业氛围较为活跃的地区已涌现出近百家新型孵化器。

2013年以前，中关村创业大街还是一条萧条的图书城步行街，随着移动互联网时代来临，中关村创业大街现已成为国家自主创业示范区。2014年，中关村科技企业孵化器数量超过1600家，在孵企业8万余家，就业人数175万人。中关村创业大街上的创业者，就是李克强总理在政府工作报告中首次提及的"创客"人群的缩影。当"创客"一词出现在此次政府工作报告中，成为两会热词时，很多人还没完全了解它的含义。"创客"来源于英文单词"Maker"，是指出于兴趣与爱好，努力把各种创意转变为现实的人。目前，中国民间形成了北京创客空间、深圳柴火创客空间、上海新车间三大"创客"生态圈。李克强总理曾对"深圳柴火"有过一次探访，这一词汇才渐为人知。

2. 民间创业

创业开始由精英走向大众，出现了以大学生等90后年轻创业者、大企业高管创业者、科技人员创业者、留学海归创业者为代表的创业"新四军"，越来越多的草根群体投入创新创业，为创新驱动发展注入新动力。据统计，2014年全国网络创业就业总体规模接近1000万人。大众创业也呈现出五大特点：创业服务从政府为主到市场发力；创业主体从"小众"到"大众"；创业活动从内部组织到开放协同；创业载体从注重"硬条件"到更加注重"软服务"；创业理念从技术供给到需求导向。就拿农村创业来说，在规模化、现代化的农业领域，诸如家庭农场、专业大户、农业合作社、乡村旅游等，成功创业者大有人在。同时，农村创业还涉及健康服务、电子商务、教育文化等高端领域。

李克强总理指出，我国有13亿人口、9亿劳动力资源、7000万企业和个体工商户，人民勤劳而智慧，蕴藏着无穷的创造力，千千万万个市场细胞活跃起来，必将汇聚成发展的巨大动能，一定能够顶住经济下行压力。全国政协委员厉以宁也表示："今后经济增长靠什么？要靠广大人民的创新精神、创业活动。也就是说，过去我们所习惯的靠数量规模的扩大、靠投资的驱动，这些都不能适应新的情况了。所以今后的动力来自人民的创造力。"

3. 科研创业

天津、杭州、四川等地相继出台政策支持措施，支持科研院所创新创业,包括中国科学院、中国电科集团旗下研究所在内的科研院所已经举办多届创业比赛,输出大量优质创业项目。

改革开放、市场经济、全民创业三者相向同行。可以说,全民创业始终是改革开放和市场经济的一个重要标志。到现在,中国经济发展的速度迅猛,逐渐有第四次创业大潮来临的势头,有两个迹象可以表明:第一,80后、90后年轻人创业热情很高,在中国历史上是罕见的,这是与移动互联网革命紧密相连的。同时,社会上有一批非常活跃又年轻的人在创业,这就很好地解释了当前经济增速在下降,就业反而增加的现象。第二,公务员"下海"的越来越多,这将会是一个越来越普遍的社会现象。

1.3.2 中国情景下的创业困难

三次创业大潮后,伴随着互联网的快速发展,使得当前中国的创业迎来了前所未有的良好态势,创业趋势和创业环境越来越好。然而,创业所面临的困难还非常多,从创业环境的宽松程度,到企业自身创业机会的把握,再到创业过程中的知识产权问题、税负问题、诚信问题等,都需要中国情境下的创业者必须十分警惕且认真权衡。

1. 创业需要的宽松环境

环境需要且只能由政府来营造。政府要尽可能创造条件让凡是想创业的人能够创业;在资金、土地、准入门槛,在政策、服务、法规各方面,积极鼓励,热情扶持,顺畅其路。

创业需要好的社会环境和舆论环境。首先,要大力营造创业的浓厚氛围。然后,需要集中精力建好创业平台。创业维艰,创业之初往往缺平台、缺渠道、缺服务,政府的作为就是搭好平台、创建渠道、提供服务。其次,要落实创业者融资途径,有热情、有项目、缺资金是很多创业者面对的最大困难,通过政府、金融部门和创业者的共同努力,形成多元融资平台。同时,放手激活各类创业主体,充分发挥带头富、带领富的"双带"作用。最后,还要不断优化好创业环境。即营造良好的政策环境、政务环境、服务环境。这就要求政府在推动全民创业时态度更加坚决、信念更加坚定、导向更加鲜明、行动更加迅速，进一步放开思想、放开政策、放开手脚，全力清除一切障碍，大力营造创业至上、追求成功、宽容失败的社会氛围，真正实现各类主体从不创业到想创业、从创小业到创大业的嬗变。

2. 创业同商机把握紧密相连

当下创业同改革初期创业所面临的商机有很大不同。改革初期创业，正是工业化初期，那时创业面临的是短缺经济常态，相对而言创业门槛较低，市场空间比较大，无数创业者在工业化初期的大潮中成功寻找到适合自己的商机，并都成长为企业家。

如今工业化进入中后期，多数行业产能过剩，经营成本大大提高，资金、土地、劳动力等市场资源更为紧缺，再在传统产业中寻找更多低端的商机已经不太可能。目前创业面临的新常态是过剩经济，创业门槛大大提高，没有相当的实力和条件，一抓一大把的商机不可能再有，去简单复制以往的创业模式更不再可行。

但市场永远涌动着商机，就如江河永远流淌着水一样，只要市场经济存在和发展，商机就不会枯竭。越是发展和发达的市场经济，就越能提供旺盛丰富的新商机。只有寻找到市场新商机，才能掀起全民创业的大潮。

3. 知识产权保护意识比较薄弱

知识产权保护涉及很多方面，包括法律、政治、经济、文化等领域，目前，我国缺乏一套有效的知识产权保护机制，对中小企业的知识产权保护力度不够。如山西老陈醋商业秘密泄露事件的发生；景泰蓝、宣纸等民族绝技的泄密；国内大量的知名商标在国外被抢注等。

知识产权对于高科技企业而言，是企业的核心竞争力。然而，当前中国的中小企业对知识产权的保护意识却很薄弱，这与我国法律中与知识产权保护的相关法律空白有关。我国企业每年取得省部级以上的重大科技成果有几万个，而申请的专利数却不到10%。企业较为重视有形资产的保护，却忽视了对无形资产的保护，从而导致每年我国有很多知识产权被"抢注"。因此，增强知识产权保护意识已成为创业者的共识。因此，在大力保护已有的知名商标同时，应加强对创业者商标申请的支持和相关意识的培养。

4. 中小企业税费负担极高

中国的税负水平在世界上是较高的。根据《福布斯》公布的2009年税负痛苦指数排行榜中，中国得分159，比2008年上升了7个百分点，排名从2008年的第5位升至第2位，仅次于法国。实际上，《福布斯》在计算中还没有把中国的收费和罚款计算在内，如果加上这些项目，中国内地的税负痛苦指数将位居世界第一，成为世界上创业、投资和经营税负最高、最痛苦的国家。世界银行专家认为，政府收入比较规范、人均收入750美元左右的国家，最佳税负只需维持在18%左右。发展中国家的宏观税负一般在16%~20%，印度为20%，韩国为18.5%，巴西为17.3%。发达国家税负水平因为含有社会保障税，平均水平较高，在38%左右。而中国税费水平高达32.87%，这其中还不含社会保障税，远远高于其他发展中国家水平。

一个国家的社会就业渠道主要是企业，其中小微企业是主力。每千人中小微企业数量多的国家，就业率就高，中等收入者所占的比重就大；反之，就业率就低，贫富差距就大。日本、韩国、新加坡和中国台湾地区在现代化过程中没有出现失业率高的问题，主要原因是中小企业数量多，政府对中小企业采取各种措施加以扶持，特别是政府对中小企业制定的税负水平较低。

中国地区税负差异很大，这就导致每千人拥有的中小企业数量也存在巨大差异。税费负担高的地区，每千人中小企业数量少，城镇人口从业率就低，农业劳动力人口比率就高，城市化的比率也低。中国东部地区税费比重高，但出口退税率高，实际税负大大降低；中国西部地区非税财政收入远高于东部地区，企业税费负担，对当地的创业、投资和就业影响大，也导致了小微企业经济发展缓慢。

5. 诚信问题日益凸显

随着社会经济的发展，诚信已经成为市场经济体制的重要组成部分。然而，在当今中国的市场经济中，非诚信行为已经成为困扰市场、各国政府和各个经济主体的严重问题。尤其是各中小企业，已经陷入了诚信问题的怪圈。中小企业数量庞大，各企业素质参差不齐，初期生存压力大，盈利速度较慢。这导致商业市场中种种欺诈行为的滋生：见利忘义、制假售假、违法经营等。

对于大部分人而言，利益的诱惑往往容易使其突破道德、舆论的约束，进而做出违背诚信的行为，因此，制度与法律的外在牵制是维护诚信原则必不可少的前提。目前，我国在诚信建设方面并没有系统的相关制度和法律体系，诚信在诸多领域主要还是靠道德约束及舆论引导得以落实。因此，在未来的商业社会中，政府要加大企业的诚信问题的监管，使人们对企业诚信的重视大于人们对产品价格的重视。联想集团控股董事柳传志称，诚信是自己和联想寻找合作伙伴的首要条件，"合作的时候我们首先关注价值观是否相同，不然合作到一定程度后，由于价值观的不一致，比如互相没有诚信的话，将会有大的不可收拾的问题出现，那代价就会非常惨痛"，因此即使合作对象的精明和聪明有 100 分，但若诚信只有 80 分，这 20 分也会严重影响今后的合作。

1.3.3 李克强总理十大创业讲话

2014 年，在李克强主持召开的 39 次国务院常务会议中，有 18 次提到鼓励创业。2014 年 9 月召开的夏季达沃斯论坛上，李克强总理那段"掀起大众创业、草根创业新浪潮"的观点，让本就火热的创业势头继续升温。其实在正式引燃"创业浪潮"之前，李克强总理 2014 年已经就与创业相关的投融资、吸引人才、股权期权，以及金融创新等领域做了重要讲话，这些讲话也能反映我国未来几年创业的趋势。

1. 关于吸引人才

"要把发挥人的创造力作为推动科技创新的核心，人是科技创新最关键因素，必须充分尊重人才、保障人才权益、最大限度激发人的创造活力；要加大人才培养力度，使青年创新型人才脱颖而出，吸引广大海外人才来华创新创业。"

——2014年1月10日　国家科学技术奖励大会

科技创新的核心就是人才。无论是吸引海外人才归国创业，还是创新企业对本土高端人才的招聘，需要的是更加人性化的政策，这就需要国家在户口、子女教育等政策上为创新企业加大扶持力度。

2. 关于取消行政审批

"今年要再取消和下放行政审批事项 200 项以上，深化投资审批制度改革，取消或简化前置性审批，充分落实企业投资自主权，推进投资创业便利化。"

——2014年3月5日　第十二届全国人民代表大会第二次会议

取消以及简化前置性审批，能让创业者们在具体操作项目的时候更加容易，同时能将大部分时间用在创业项目的运营上，比之过去每周有一半的时间去行政审批部门周旋内耗，是非常大的进步，这更有利于创业者专心于经营项目。

3. 关于大学生创业

"坚持实施就业优先战略和更加积极的就业政策，优化就业创业环境，以创新引领创业，以创业带动就业。今年高校毕业生将达 727 万人，要开发更多就业岗位，实施不间断的就业创业服务，提高大学生就业创业比例。"

——2014年3月5日　第十二届全国人民代表大会第二次会议

李克强总理上任以来，一直在鼓励全民创业。大学生的创新思维更加活跃，可以不断学习与研究更新的行业知识。大学生创业也能解决更多大学生的就业问题，但是年轻人毕竟缺乏经验，因此政府需要创造更好的环境来鼓励与激励大学生创业。

4. 关于金融支持创业

"金融创新应该为老百姓的创业、就业提供动力支持，老百姓的感受是衡量金融业服务的最重要标准，要以此倒逼金融改革和创新。"

——2014年3月26日　考察沈阳瀚华小额贷款公司

空谈金融创新或者单纯在创新后服务于特定领域及大型企业集团，这样的做法没有太大的意义。只有让老百姓在创业及就业的过程中顺利地享受到融资或者借贷，并且促使金融机构为大众及中小企业提供更多的金融服务，才是真正的变革。也就是将过去金融的B2B模式变成B2C模式。

5. 关于释放科研人员活力

"我们国家是从计划经济体制过来的，科研力量基本集中在中央级、省级的科技单位里，他们创造的科技成果，自己没有处置权、收益权。如果给科研单位'松绑'，中国的科技发展完全可能有更多突破，要通过改革，允许科技人员持有股权、期权，让创造性劳动的价值得到更好实现。"

——2014年7月2日　国务院常务会议

人是企业发展中最重要的资源，尤其是对科技型公司，没有技术人才是万万不能的。创业过程中会出现各种风险，当今社会已经无法单纯靠高薪留住人才，通过股权的合理分配，让科技人才参与并融入这个公司，才会让公司和团队更有凝聚力。

6. 关于推动大众创业

"要破除一切束缚发展的体制机制障碍，让每个有创业意愿的人都有自主创业空间，让创新创造的血液在全社会自由流动，让自主发展精神蔚然成风，借改革创新的东风，在960万平方公里大地上掀起大众创业、草根创业新浪潮。"

——2014年9月11日　天津夏季达沃斯论坛

靠权钱交易获得发展，以及靠巧取公共资源或垄断而致富的行为正在失去市场，良性的市场经济正在复苏并蓬勃发展，真正意义的知识经济和新商业文明正在崛起。这是创新能力和创业冲动蓄势已久的创业者们的重大机遇。

7. 关于简政放权

"推出简政放权、放管结合的进一步措施，做实行政审批、市场壁垒和各种'路障'的'减法'，做好市场空间、创业天地的'加法'，激发市场活力，形成更多机遇，不仅创造更多社会财富，而且使千千万万的人在公平规范竞争中实现人生价值。"

——2014年11月3日 国务院座谈会

民权促民主，民主放民生。民权等待简政放权；民主期待科学放管；公平规范机制体现民生。这恰恰是市场经济使然，是社会文明进步的体现。

8. 关于支持创新

"我们强力推进改革，就是要减少对创新活动的干预，让想创业、能创新的人都有机会、可作为，形成'大众创业、万众创新'的局面。这样可以把人口红利转化为人才红利，让改革成为富民的改革，让创新成为惠民的创新，实现人的全面发展、社会公平发展、经济可持续发展。"

——2014年10月14日 第三届莫斯科国际创新发展论坛

9. 关于降低小微上市门槛

"要取消股票发行的持续盈利条件，降低小微和创新型企业上市门槛。在资本市场服务实体经济的大背景下，降低上市门槛的新IPO节奏，未来或将从互联网等新兴企业向更多小微和创新型企业递延。"

——2014年11月19日 国务院常务会议

中小企业在整个国家经济体系中起着中流砥柱的作用。一个新的时代来临，也是机遇和挑战的重塑、思路和格局的再造。中小企业要拥抱互联网，紧跟国家发展的步伐。

10. 关于推动互联网发展

"我们将不断加强网络基础设施建设，提高网络普及率。继续着眼于互联网业的外部环境和自身成长，支持网络技术、服务持续创新，政策更加丰富。同时坚持依法管理互联网，严厉打击网络侵权、窃密等违法犯罪行为，在发展中做好监管工作，让互联网更好成长，根深叶茂，引领创新创业新潮流。"

——2014年11月20日 首届世界互联网大会（乌镇峰会）

李克强表示，"互联网+"未知远大于已知，未来空间无限，这势必将深刻影响和重塑传统产业格局。

随着互联网、移动平台和大数据等高科技的突飞猛进，新的商业形态和模式层出不穷，引爆新一轮创业潮。"新一轮创业潮"已成为外媒讲述中国故事时的一个热词。《华盛顿邮报》网站以《去东方吧，创业者们》为题刊文称，中国正在迅速改变，技术和创新逐渐引导中国走向新的高峰。英国《金融时报》指出，创业精神已在中国蓬勃兴起，这是不可逆转的进程。当每一个有创业意愿的人拥有自主创业的空间，当创新创造的血液在全社会自由流动，强大的能量将汇聚成气势磅礴的发展洪流，成为驱动中国经济发展的"新引擎"。

总的来说，中国已经吹响扶持中小企业和新经济的号角，为中小企业的发展和解决遇到的"瓶颈"提供了有力的政策支持。2015年3月15日，国务院总理李克强指出："市场活力的激发需要政府去清障开路，今天我们要做更多的事，进一步放宽市场准入，实现证照合一，让服务业企业注册登记别那么费劲，要清障还要搭台，特别是创业的小微企业，要更多提供低廉租金，给企业插上翅膀，政府要引导资金，种子资金，同时还要进一步减税，让他们轻装前进。国家的繁荣在于人民创造力的发挥，经济活力来自于就业创业消费的多样性，我们推动双创，就是让更多人富起来，让更多人实现人生价值，有助于调整收入分配，创造社会公平，也会让更多年轻人，尤其是贫困家庭的孩子有更多上升空间。"中小企业必须加强自身建设和苦练内功，抓住当下这个创业的大好趋势。只有这样，才能逐渐融入国家发展脉搏，不断壮大。

这是一个创业者最好的年代，这也是一个全民创业的时代，更是一个有文化、有知识的年轻人创业的黄金时代。对创业者来说，凡是想创业、能创业者皆可创业。尽管时下创业门槛有了很大提高，但仍有许多机会等待着新创业者们。创业不问身份，在鼓励和支持所有想创业者创业的同时，更要鼓励和支持大学生勇敢走进创业的新时代。年轻大学生有专业知识，没有条条框框的约束，创业优势突出。特别是时下创业大多与互联网相联系，互联网元素已经成为年轻人创业的必要前提。"就业"与"创业"一字之差，走的却是两条人生路。有梦想、有闯劲、有能力的年轻大学生可以给自己人生找个创业机会，成功者会走进财富大门。同时，这也是一个海归人才回国创业创新的最好时间节点。今非昔比，年轻英才回国创业人数越来越多，有成大势大潮之趋向，将为未来中国乃至世界的发展开启崭新空间。

案例

移动浪潮之下的措手不及

从曾经的创业新锐、资本宠儿到被并购后的苦苦挣扎，维络城短短几年时间经历了"过山车式"的命运。如果要总结维络城失败的原因，最重要的一点就是其业务模式遭到了移动互联网的巨大冲击，而在核心业务遭到冲击的时候，维络城没有及时调整并展开新的业务。这让维络城的失败几乎成为了必然。

风靡一时的维络卡

2004年，维络城创始人张毅彬还刚刚从上海华东师范大学毕业，在逛商场的时候，商家盲目地发放优惠券的现象引起了他的注意。他发现，虽然此类优惠券发放到了消费者手中，但却很难博得消费者的好感，同时他也发现，网络上各种打折信息吸引了不少消费者，却很难应用到线下。

于是，张毅彬决定做一个可以让商家发布优惠信息，让消费者自助打印优惠券的设备。维络城的终端设备上有15个小灯箱，分别展示15个优惠券，消费者可以有选择地打印。

2006年年末，维络城正式成立。设备最早设在了上海地铁的出入口，因为消费者往往会在出地铁站的时候，会有购物或者吃饭的需求，这时候正好需要用到优惠券。不过，打印优惠券需要一张维络卡，终端设备接收到卡的感应后才会打印优惠券。在合作伙伴方面，维络城找到了DQ冰淇淋等年轻人喜欢的品牌，同时这些品牌也非常适合轻量级的快速消费。因为人们对优惠券的巨大需求以及地铁口的区位因素，维络城的服务一经推出就收到了消费者的欢迎。尽管每张维络卡售价高达20元，但仍旧销售火爆。

维络城终端设备的出现解决了商家发放优惠券和消费者查找优惠券的需求，这让优惠券的使用效率得到了极大的提升。有统计发现，维络城的优惠券在打印后被使用的概率是30%，而路边随机发放的优惠券使用概率仅为5%。如此高的使用率让维络城受到了商家的欢迎，成为了商家向消费者展示自己的新平台，同时也是招来顾客的招牌。

2008年，维络城在上海滩坐拥会员近200万人，1000多台终端机一年吐出2000万张优惠券。这颗冉冉升起的商业新星引发了广大媒体的争相报道，"最有潜力的科技公司"、"最具投资价值的创新公司"和"最佳新锐营销平台"等赞誉接连而至。

遭遇移动互联网的全面冲击

论究维络城成功的原因，主要有两点：一是通过设定终端设备对接了商家和消费者对优惠券的不同需求；二是通过终端设备将点设在了人流密集的商圈，让优惠券的获取和使用变得非常方便。而维络城的缺点主要是成本太高，包括终端设备的硬件和维护成本，以及地铁商圈等不菲的进场费。

然后移动互联网的出现却让维络城的优势荡然无存。智能手机完全就是一个移动版的维络城，并且这个移动维络城可以无处不在。但是，这个移动版的维络城并非来自维络城公司，而是来自量更大的团购网站。如果把"团购"看成是一种优惠，它同样可以实现商家优惠券的展示和用户优惠券的获取，并且团购和手机结合后，其地理位置功能更加强大。

从用户角度来说，用户通过智能手机使用电子优惠券，免除了打印和携带纸质优惠券的麻烦，同时也能做到，即时获取、即时使用。可以说，团购在使用的便利性上，将维络城优化的消费者使用场景做到了极致。

从成本上说，维络城有硬件成本，进入地铁和商圈需要进场费，而团购网站则不存在进场费以及面向消费者的硬件成本。

另一点不可忽视的因素是，团购网站为消费者提供的优惠折扣更大，而对于优惠券业务来说，折扣往往是决定用户选择的关键因素。因此，在面临移动互联网和团购冲击时，维络城显得不堪一击。

没能成功转型

事实上维络城并非没有看到移动互联网的机会和挑战，如维络城本身也推出了移动客户端，提供优惠券服务。但在面临移动大潮的时候，仅仅象征性地推出移动互联网是永远不够的。

有媒体报道称，张毅彬为人十分执着，这让维络城这一新生事物很快落地成为现实。但过分的执着慢慢演变成一种固执，使他在面临未来趋势的变化时，仍然坚持"一条道路走到黑"。也就是说，尽管看到了移动互联网的浪潮，但张毅彬的心仍然在线下终端业务上。

对维络城来说，过去多年铺设线下终端设备是一种资产，但是如果要放弃这些来拥抱移动互联网的话，那它就成了包袱。尤其当这些终端设备还能赚钱的时候，壮士断腕需要巨大勇气。而除了这些线下的终端设备，更难转型的是"人"。不仅仅是张毅彬需要看清移动互联网，维络城的员工也需要相信移动互联网，并且快速学习，适应移动互联网的发展。这一点对于现在的维络城来说，也是有一定的困难。

如果再将维络城和让它走投无路的团购做一下对比，2010~2011年是维络城最鼎盛的时期，同时也正是团购在中国爆发的时期。此外，团购行业竞争非常激烈，又是一场"烧钱"的战争。在这种情况下，维络城很难放弃原有收入良好的业务，投入到"烧钱"而且竞争激烈的业务中，或许张毅彬没有预料到团购和移动互联网带来的冲击会那么迅猛。

如果张毅彬能够预见到2012年和2013年维络城遇到的危机，他应该会在2010年就做出让维络城向移动互联网彻底转型的决定，即使转型可能困难重重，但是背水一战比自欺欺人仍然更有可能成功。

经 验 总 结

1. 过去的成功很容易成为未来转型的包袱。创业要顺势而为，看准风向，但同时也要坚决取舍。有人说：判断力与执行力是创业者必须认真修炼的两大基本能力，判断力是方向的选择，执行力是做事的效率。拥有其一就是难得的人才，二者兼备将是少有的天才。

2. 这个世界唯一不变的就是变化。在创业和守业的过程中，把握时代发展的脉搏，无论何时都是至关重要的大事。

第 2 章

创 业 者

2.1 创业者的时代

2.1.1 创业者的界定

早在 1803 年,法国经济学家让·巴蒂斯特·萨伊(J. B. Say)就提出,创业者是能够将经济资源从生产力低的地方转移到生产力高、产出多的地方的人。著名经济学家熊彼特(1934)则认为创业者的本质是创新,这样,创业者概念中又加了一条,即标新立异,打破既有秩序,创造出一些与众不同且有价值的东西。简而言之,创业者的任务就是创造性地破坏。

就创新性而言,雷·克罗克开办麦当劳和早期其他的快餐店就有本质区别,虽然最初都承担了各种风险,但明显前者才是时代的创业者。也许麦当劳经营的各种产品,其他快餐店也能做,但因为克罗克运用了新的管理理念——标准化管理,设计出新的生产流程,制定出新的生产标准,从而创造出了新的商业模式,所以,克罗克才是创新型创业者。

根据 2014 年年初发布的全球创业观察组织(GEM)的报告显示,相比发达国家,中国的创业者中仍然有相当多的人是因为就业困难而被迫选择创业。从就业者到创业者，有以下认知上的巨大区别。

1. 创业者与就业者

（1）全局意识。创业者要有长远眼光和战略意识，企业产品的设计研发、生产制造、终端销售、售后服务及现金流管理，每个环节都需要创业者设计并把握；而就业者大多数最初考虑的都是工作的稳定性和收益性，一般不需要战略意识，只要自己的任务能保质保量完成即可。

（2）责任意识。创业者在为自己打工，从事开拓性的工作，因此他们要承担风险。当企业的某一环节出现风险或问题时，创业者的第一反应是立即找出风险或问题的源头，寻找各种补救措施，并估算企业可能的损失，并要求员工要以此为戒。创业者对于一个不能用现有方法解决的问题会积极寻找其他的途径解决，直到这件事完成；就业者是为别人打工，大多从事程序性的工作，一般不用单独承担企业的风险，当风险或问题出现的时候，就业者面对问题的第一反应大多是回避，尽可能减少自己承担的责任。面对问题，就业者大多习惯于先请示上级，然后等待上级指示明确了再说，即使他有其他更优的办法可以完成，一般也不会轻易尝试。因此，创业者更适合做决策型工作，就业者更适合做程序性工作。

（3）成本意识。对于创业者来说，每一块钱的节省就是利润，没省下来就是成本，所以精打细算是许多老板的习惯性思维，这是从创业初期就养成的习惯，但又区别于我们所说的"抠门"，这是一种对每一笔支出认真细致的思考。而就业者在耗费公司资源时，一般不会这么"小气"，很少有员工会像老板那么关心企业浪费了多少资源，因为从某种意义上来说，企业资源是"公共资源"，即便浪费了，也不是员工独自承担全部成本，所以就业者在使用企业"公共资源"时，往往会比老板更"大方"。

（4）时间意识。创业者对完成一件事情的定义是把整件事情彻底解决，所以往往更具有时间观念，今天能完成的就不会拖到明天；就业者会习惯把工作分解，每天只完成规定的部分。所以，我们经常能听到老板抱怨工作进度慢，而就业者抱怨工作时间长、加班频繁。

2. 创业者的使命

（1）经济转型的拉动者。从国际经验观察，伴随着一国经济发展和人均 GDP 上升，产业结构也会发生相应的变动。如今，中国正进行新一轮的经济转型：国家统计局数据显示，2014 年全年最终消费对经济增长的贡献率达到 51.2%，网络消费在整个消费中增速明显，2015 年 1~4 月，网上商品零售额 8690 亿元，增长 40.3%，网上服务零售额 1745 亿元，增长 43.9%，电子商务的异军突起给中国传统商贸市场带来新的挑战。以小米为代表的移动互联终端设备商、以淘宝和京东为代表的电商，把中国经济拉到了新的领域。这一轮创业带来的经济转型，是新"黄金十年"的起点。作为新一轮转型时期下的创业者，实现的不仅仅是个人的财富增长，更肩负着拉动中国经济转型升级的使命。

（2）就业机会的提供者。从统计数据来看，等量资金投资于小企业所创造的就业机会是大企业的 4 倍。一个国家有 99.5% 的企业属于小企业，65%~80% 的劳动者在其中就业。管理学家彼得·德鲁克认为，创业型就业是美国就业政策成功的核心。美国"创业一代"经营的约 5% 的年轻、快速增长的公司创造了 3400 万个工作机会，占所有就业岗位的 77%。在中国，城镇化进程每年需要就业的人数将保持在 2400 万人以上，而在现有经济结构下，每年大概只能提供 1100 万个就业岗位，年度就业岗位缺口在 1300 万左右。原先由政府包揽的就业和创业活动逐渐被市场取代，产业结构调整以及政府出台"创业带动就业"等政策，也为创业者带来了创业的机会。

（3）创新精神的实践者。创业有利于培养创业者艰苦奋斗的作风，而在自主创业的过程中，困难和挫折在所难免，创业者必须拥有顽强的意志和良好的品格，并在这个过程中培养自立意识、风险意识及拼搏精神。

创业活动是最有利于培养创业者创新精神的平台。中国目前的国情决定了要解决经济转型与民族复兴，就必须拥有大量富有创新精神的人才。创业者的创业活动有利于培养勇于开拓创新的意识，把就业压力转化为创业动力，培养出各行各业越来越多的创业者，以此克服我国在资源、人口、技术等方面的不足。中国目前 65% 的发明专利、75% 的企业创新和 80% 的新产品开发均由中小企业提供，可见，创业者始终是创新精神的引领者与实践者。

2.1.2 中国创业者

从《全球创业观察中国报告（2014）》的数据显示：有22.4%的人表示"期望在未来三年内创办企业"，有27.4%的人认为在未来的六个月中存在创办企业的良好机会。有72%的人认为创业是一个不错的职业选择，76%的人认为创业者社会地位较高。《中国经济生活大调查（2014~2015）》显示：我国2014年参与创业的人数占到总劳动力的13.6%，2015年打算创业的占到总劳动力的20.5%。就2015年4月30日央视新闻公布的数据来看，87.5%的青年、82.4%的中生代对未来中国经济发展持乐观态度，他们推崇市场化主导，支持国际的自由贸易，展现出活跃的创业思想。

1. 中国创业者的创业初衷

我们来看几个简单的例子：

（1）一位计算机科学家研发出了几款新软件，坚信这几款软件很有市场，因为市面上还没有出现类似的软件，很有再开发价值，因此他希望创建一家公司来研究和销售该产品。

（2）一位由公司底层做到中层的技术工，因为受够了上司的颐指气使，不愿再看别人脸色，而且自己也掌握了不少实际操作流程，摸清楚了公司的运转规律，于是想自己创业当老板。

（3）一位女孩，从小就崇拜可可·香奈儿，渴望有一天能像她一样创立自己的品牌，于是大学里她学了服装设计专业，毕业后在一家服装制造企业工作了几年，有了一定的经济基础后，她毅然辞去工作，成立了自己的公司，注册了自己的品牌。

（4）一位员工在一家大型企业奋斗了多年，一个月三四千的工资从未改变，这样的薪资在大城市来说可谓杯水车薪，他非常渴望能通过创业改变自己的经济现状，于是破釜沉舟，向银行申请贷款，创立了自己的公司。

上述这些例子是创业者在社会中的缩影，归结起来，创业的初衷主要有以下几点：

（1）自我奋斗，实现人生价值。这是中国创业者创业的很普遍的一个原因，特别是改革开放以后，顺应时代的号召，许多人都萌生了下海创业的想法，其中最典型的就是80年代的温州农民。温州农民闯荡中国的方式是修理雨伞、钢笔、铁锅，或者倒卖点零用百货，到处流浪，寻求商机。不过正是他们的这种创业意识，使得三十多年后的今天，温州农民成了中国最富有的人群，他们掌握了中国最吸金的经商技能，他们的财富甚至可以让他们的后代走出国门，把生意拓展到全球。

（2）兑现创意，实现个人梦想。有些人思维灵敏，容易产生新的想法和创意，当他们意识到新产品或服务创意时，他们就会渴望自己的创意成为现实。如果自己所在的公司无法满足自己实现新创意的愿望，他们便极有可能离开原来的企业，带着自己的新创意去创业。雷军40岁时创立小米，他自己也称，小米之所以能成功，是因为他找到了一个"台风口"——移动互联网。他在这个圈中见证的第一件大事是 iPhone 在 2007 年 1 月发布，iPhone 是个革命性的产品，颠覆了所有人对智能手机的定义。第二件大事是 2008 年 9 月 Android 的发布，这带给了他更大的震撼，在他看到 Android 的第一眼，他就知道一个巨大的机会来了，于是萌生出用互联网方式做 Android 手机的想法。正是最初的这个创意，成就了今天的小米，也成就了今天的雷军。

（3）生活所迫，实现财务自由。忠旺集团创始人刘忠田，迫于生活，14岁就怀揣借来的200块钱上长白山做木材生意，后转做化工，生产耐火材料，钢厂没落后，又成立了塑编厂，给水泥厂供应编织袋，总之，什么有商机，他就做什么，最后终于成就了中国目前最大的民营铝型材生产商：忠旺铝材。娃哈哈创始人宗庆后，年幼时家庭没有任何物质优势，成年后为了养家糊口，先后在农场和茶场工作，在纸箱厂做过推销员、在电器仪表厂做销售管理、在杭州工农校办厂做过业务员，后来创办娃哈哈。通过创业，原来生活在社会底层的企业家们不仅摆脱了贫困，获得数以亿计的财富，还赢得无数的荣耀。

2. 中国创业者的创业环境

当前,国家把鼓励创业提到了高度重视的地位,为此也配套出台了一系列改革措施,来优化创业的外部环境:如通过金融改革支持小微企业发展,降低中小企业融资成本;建立存款保险制度,深化银行改革,建立民营银行试点;扩大信贷资产证券化试点规模,推进资本市场健康发展等,切实增强创业者创业信心和降低创业者创业成本。

如"三证合一"的改革就是我国最新出台的政策——在市场监管、质监、国税、地税四个部门实施"多证联办"的基础上,推行营业执照、组织机构代码证、税务登记证"一窗受理、内部流转、三证合一、一证三号"的市场主体登记制度,逐步实现"一证一码"登记模式。在县行政服务中心组建商事登记中心,设立"三证合一"办证窗口,统一收件,统一发放证照,实行"一个窗口受理",提供"一站式服务"。"三证合一"的实施范围主要是营业执照核发权在市场监督管理局的市场主体的设立、变更、注销登记。这一措施的实施,大大简化了原来的行政审批程序,为创业者带来便利(见表2-1)。

表2-1　　　　　　　　　　"三证合一"

工商营业执照	营业执照 代码:×××××× 纳税人名称:××× 法定代表人:××× …… "一证一码"	以前	现在
		至少要跑四个部门 (工商局、质监局、国税、地税)	一个 综合窗口
组织机构代码证		4份申请表 至少跑8趟	一份申请表 跑2趟
		提交材料26份 填写166项	提交材料13 份填写74项
税务登记证		少则半个月 多则几个月	3~5天

再如,2015年,国家对创业提供了最新的一些"政策福利",如表

2-2所示。

表2-2　　　　　　　　　　相关政策福利图

资金	创业担保贷款最高额度10万元
渠道	国家中小企业发展基金　国家新兴产业创业投资引导基金
平台	科技企业孵化器　大学科技园
减税	2015年一季度为小微企业累积减税240亿元，受惠面在90%以上

2015年一季度，我国GDP增长目标下调至7%，初步核算，国内生产总值140667亿元，按可比价格计算，同比增长7.0%。从环比看，一季度国内生产总值增长1.3%。从这些数据可以看出，我国经济还有下行压力，因此在投资乏力、就业压力增大的情况下，创业就成为新的经济刺激点，这也为广大创业者提供了又一轮的创业机遇。

2.1.3　中国创业者的时代机遇

在工业（制造业）、商业（商品流通业）、服务业中，工业企业具有最复杂的产业链，因此，我们以工业企业为例，看看工业企业的运作构成：

产品设计→原料采购→产品制造→仓储运输→订单处理→批发经营→终端零售

结合这条工业产业链和大多数创业者的创业经历，我们可以看出：创业者创业，可以从上游开始，掌握产品核心设计原理或制造技术，如马化腾创立腾讯、雷军创立小米、柳传志创立联想、李彦宏创立百度、任非正创立华为等；也可以从下游开始，一路摸爬滚打，如许茂才创立世茂集团、牛根生创立蒙牛、黄光裕创立国美、王传福创立比亚迪等。

但无论从哪里开始，在这条产业链中上游、中游、下游，创业者都必须先找到自己的切入点，然后辐射到其他环节，这个辐射的过程就是学习。创业者的学习更多是经验和直觉的积累。这就是从他人的经历中与自身的实践中积累经验，提升眼界。创业对创业者的心理素质、身体素质、知识素质、能力素质都有较高要求。尤其在这个网络化、信息化的时代，你要接收和筛选海量的信息，不具备一些基本的素质是举步维艰的。

2.2 创业者的心理准备

虽然目前国家有各种鼓励创业的政策，但创业仍是项高风险的投资，特别是一些小微型企业，抗风险能力更低。创业之路不可能一帆风顺，所遇到的问题甚至会超出预期，使创业之路越走越艰难和迷茫，创业者大多数是在资源高度约束、未来高度不确定的情况下去开展商业活动的，创业活动很强调创业者及团队的能力。此外，创业者还要在创业前做好各种心理准备。

2.2.1 承受压力

压力是我们对生活中各种境遇、各种变化、各种需求在生理、心理和情感上的自然反应。我们的生活、学习、工作过程中都会产生压力。对创业者而言，由于要考虑整个公司的大小事务，身心常常会处于高压之下。实践证明，管理压力的成败往往会极大地影响创业的成败，因此，创业者需要对自己压力的管理引起重视。

1. 竞争压力

中小企业是我国国内最活跃的经济体之一，但其存在的平均寿命却不长。目前我国注册登记的中小企业已超过1000万家，占全部注册企业数的九成，虽然企业数量众多，但企业的生命周期很短，据《中国中小企业人力资源管理白皮书》调查显示，我国中小企业平均寿命仅2.5年，重复走着"一年发家，二年发财，三年倒闭"的老路，能做强做大的企业更是寥寥无几。究其原因，大多数企业是死于激烈的商业竞争。

由于近几年政策的宽松与鼓励，原来对创业犹豫不决的人也投身创业大潮，成为创业者，更加剧了行业之间的竞争，所以，创业者在看到机遇的同时，也要结合自身情况，考虑其背后的压力。

2. 财务压力

创业就要融资，中小企业融资难、持续经营时间短等问题相对于大型企业来说更为突出，而财务压力过大是其中的重要因素。中小企业的财务风险往往是由于外部融资引起，财务压力大小与财务风险的高低是密切相关的。影响中小企业融资的关键问题是其管理素质比较差、财务制度不够健全，中小企业严重欠息、呆账和坏账的比例普遍偏高，这使人们对小企业融资有一定的芥蒂。

另外，调查数据显示，过半企业的关键人员均为技术类人才，显示出科技人才在中小企业的重要地位，这与当今中国知识经济日趋高涨的大环境不谋而合。然而中小企业最难招聘的人员也是"技术人才"，究其原因，在薪酬上，中小企业难具竞争力。虽然高成长性中小企业可以获得风投支持，但工资水平居行业前列的中小企业，寥寥无几。工资增长对公司的经营成本构成较大压力，一方面反映出中小企业成本压力较大，另一方面则由于中小企业人工成本占运营总成本的比例较高，这对中小企业的财务能力也提出了一定的要求。

3. 情感压力

创业是一份高压的工作，而且是一场"持久战"，会影响到你和你最亲近的人的生活，创业者需要心灵上的鼓励和安慰，如果得不到家人的支持，很多创业者便更容易导致创业失败。所以，除了要做好承担来自家庭压力的心理准备外，创业者们一开始就要多与家人沟通，争取支持，这不仅能为自己解决后顾之忧，也能为自己创业带来信心和原动力。

压力不能任由其发展，创业者要有承压的准备，但也要找到合适的发泄途径，这里简单介绍几种常用的减压方法：

精神超越——价值观和人生定位。

理性反思——自我反省和写压力日记。

心理慰藉——找时间和家人朋友聚聚。

建立平衡——给自己留出休整的时间和空间。

时间管理——不让时间控制你,你要安排好时间做自己的事。

4. 机会成本

如果创业者是放弃自己原来的工作而选择创业,那么创业就意味着要舍弃原来工作的薪资,转变原来的工作方式。当自己的事业遇到各种困难举步维艰,又看到以前的同事拿着稳定的薪酬,享受优厚的福利待遇,还能带薪休假时,创业者就可能会怀疑自己当初的选择。

"真正能坚持下来的创业者需要顽强的毅力。中间你会疲惫,还会受到诱惑,当你周围的朋友,特别是同龄人都挣了钱,你就很容易被诱惑,说我不应该做这个事情。关键在于你能不能坚持下去。"易观国际集团创始人、董事长兼首席执行官于扬曾这样说。

创业肯定有机会成本的,原来的工作条件越好,薪资越高,创业者创业的机会成本也就越大。创业者的压力肯定比在别人手下工作要大得多,因为创业不是一个人的事,一旦创业,创业者就对员工、对公司负有责任,创业者不能随便对别人说"这个问题我解决不了",因为你不解决就没人来解决,这是你的事业,现在你是老板。

决定要创业就不能再老是想自己选择创业对不对,凡事都有机会成本,用西方的一句俗语来说就是"永远不要为打翻的牛奶哭泣"。

2.2.2 摆正心态

"失败的一定比成功的多,所以在做好积极准备的同时,更重要的是要为失败做好准备。如果你没有为失败做好准备的话,我建议大家不要轻易去创业。"在日前举行的中国大学生自主创业经验交流会暨全球创业周峰会上,上海复星高科技有限公司董事长郭广昌作为一个 1992 年开始创业的"过来人",回忆起自己创业时的酸甜苦辣,先给年轻的创业者们泼了一盆"冷水"。

创业不同于就业，就业相对安全，就业不顺随时可以再换别的公司，对就业者本身的影响不会太大，创业则不然，创业失败对创业者打击是很大的，甚至会让某些创业者从此一蹶不振，失去奋斗的信心和勇气。国家支持创业者创业，但是创业者也要根据自身考虑，充分评估创业的困难，做好思想和行动准备。

1. 以乐观自信的心态创业

曾有人以乐观自信的心态为研究对象，以随机抽样的方式收集了 145 家技术型新企业的数据来探讨自信对企业绩效的影响及影响路径。结果表明，自信会通过影响风险承担，间接正向影响企业绩效。自信是一种比较稳定的人格状态，由于肯定自己的能力，创业者会为自己设下更高的目标，并对未来保持一种积极性，也往往能承受更大的挫折和失败。

有时候创业者的处境会很像《鲁滨逊漂流记》里独自在荒岛求生的鲁滨逊。鲁滨逊的可敬之处就在于，不论多艰苦的处境，他都能以积极乐观的心态支撑自己找到求生的希望。鲁滨逊在孤独无助的情况下，把自己在孤岛上所处的有利条件与不利条件——作了比较和分析之后，尤其他看到尽管目前的处境悲惨，但比起落难的同伴，也还是有值得庆幸之处，从而增强了在孤岛上生活的勇气（见表 2 - 3）。

表 2 - 3　　　　　　　　　　　　　条件对比

不利条件	有利条件
被困在孤岛上很难有获救的希望	还活着，没有像同船的伙伴一样被淹死
与世隔离，时刻受到困难和痛苦的威胁	还有食物，不会被饿死
没有衣服、被褥	在荒岛上即使有衣服也用不上
没抵御野人的自卫能力和手段	所在的孤岛上没有野人和野兽
没人交谈，没人来解除自己的愁闷	海浪把船送到岸边，可从中取出有用的东西

保持乐观自信的创业心态，并用这种情绪去感染你的生意伙伴和你的员工，甚至还有你的顾客。即使在逆境之中，乐观的人也会满怀希望，这有利

于创业者带着积极的态度去思考问题，更有利于创业者在思考中充分发挥自己的想象力。智慧和经验，我们都可以训练和积累，但是，当心态发生倾斜的时候，我们就很难再去扶正。不论是控制欲望的时候，还是制定目标的时候，正确的心态都是最好的控制器。最重要的，这样的心态能保护创业者在失败中不至于受严重的内伤。

2. 正确认识挫折的意义

不是人人都适合创业，适合的创业机会也不是人人都能做成。许多人对创业存在着误解，喜欢夸大成功、贬低失败是我们的惯性思维。很多企业在成功后会杜撰很多"英雄壮举"，这是可以理解的：一方面成功路上很多失败的事情确实不足为外人道，另一方面包装自己的心理是人的天性之一。但实际上，再充分的创业准备都是不完善的、再团结的创业伙伴也会发生摩擦、再厚实的资金也有周转不灵的时候，在创业的道路上，没有哪个创业者的成功是一帆风顺的，只要你能从失败中有所体悟，那么失败的价值就是无可估量的。失败的经历会使一个创业者迅速成熟起来，认真审视自己的管理方式，谨慎对待每一个管理决策，这是创业者走向成功的重要过程。

2.2.3 承担社会责任

随着社会的发展，企业责任将被越来越多的人认识，这无疑对企业的监督、和谐社会的构建都有积极的促进作用，此外，提高企业的社会责任感也有着重要的现实意义。

1. 自身伦理道德的要求

以伦理道德为主要内容的企业文化的形成和发展，是一个企业成熟的标志。所以企业在为股东赚取更多利润的时候，必须遵守一定的是非准则，必须承担自己的社会责任，使企业、市场和社会获得共同繁荣和发展，使企业成为社会良心的维护者。任何组织的存在和发展，只有在它拥有为社会，至少是为大多数人所接受的道德上的正当性时，才能被大众视为是正义的，才能为社会大众所认可和接受。管理学教授斯蒂芬·P·罗宾斯（Stephen P. Robbins）认为，企业社会责任"是一种工商企业追求有利于社会的长远目标，而不是法律和经济所要求的义务。"这就要求我们对企业社会责任有更深刻的思考。

2. 树立企业形象，赢得良好信誉

企业形象是社会对企业的评价，它是由企业的经营思想，经营作风，行为方式等多种因素组成。良好的社会形象是企业生存和发展的重要条件。承担社会责任的企业一定是诚信的企业，他们为顾客着想，提供优质服务，优质产品，让消费者满意，从而赢得顾客对企业的信赖，在顾客中树立起良好的企业形象。企业善待社会、服务社会，在从事公益活动的同时，也提高了自身在社会中的声望，创造了一种企业的品牌效应，对于产品的推销和优秀员工的招聘会产生积极的作用。良好的声望有助于企业吸引顾客、投资者、潜在员工和商业伙伴。今天，许多消费者和投资者都希望从打交道的企业中找出高水准的公司，越来越多的消费者不仅对他们所购买的产品和服务感兴趣，而且对提供这些产品和服务的企业的行为感兴趣。

3. 为企业赢得更广阔的发展空间

企业承担社会责任有利于为企业创造更广阔的生存环境。如提高企业员工的责任感、积极性和创造性，有助于企业生产活动的有序进行，使决策者和经营者具有更大的灵活性和自主性，有利于获得相关企业的信任，合作与帮助，有助于得到政府的信任而更多地得到政策资源与优惠。企业在承担社会责任的过程中，将利益相关者的利益和社会整体利益的提高与企业个体利益的实现有机结合起来，会受到全社会的普遍尊重和支持，为企业带来更多潜在的发展机会。所有这一切，都为企业的长远发展创造了良好的条件。

2.3 创业者的素质要求

2.3.1 创业者素质的重要性

纵观全球商业发展史,凡是在商业领域大有作为者,他们的身上都散发着独特的魅力,拥有着与众不同的特质。而往往就是这些魅力与特质,让他们成为无数才华横溢者的追随对象,并在创业的道路上引领他们走向成功。同样,在全球化发展的时代,要想在激烈的竞争中立于不败之地,就必须要有创业精神,而创业素质就是创业精神的具体体现。可见,创业者素质对于创业的成功与否起着决定性的作用。

无论是对于创业初试者,还是已经小有成就的创业者,能够正确认识创业素质都是有百利而无一害的。那么,创业者应该如何正确认识创业素质呢?

创业素质既不同于那些易于形成的特征,诸如独立、自主等,也不同于我们平常所说的能力,诸如思维能力、学习能力等。它是创业者在开始创业之前所经历的物质与精神力量的聚集过程。它对创业目标的明确,创业机遇的把握,以及创业决策的制定和创业计划的实施起着积极的促进作用,而且为创业者战胜各种艰难险阻、应对各种问题提供有效的手段。

2.3.2 创业者的基本素质

美国《时代周刊》曾经有这样一段话:"在 21 世纪,改变你命运的只有你自己,别期盼有人会来帮助你。从现在开始,'学习、改变、创业'是通往新世界的唯一道路。"创业,是一个发现和捕捉机会并创造新颖产品,来提升服务和实现其潜在价值的过程。创业能否成功与创业者的素质关系极大,那么,立足于现代的创业者需具备哪些基本的素质呢?

根据我国现今的创业环境及综合分析众多成功创业的案例，总结出现代创业者不可或缺的两大基本素质。

1. 身体素质

创业绝不像参加一次拔河、跑一次马拉松那样短暂，无疑是漫长而又艰辛的。创业者一旦决定创业，便要做好打一场持久战的准备。这场战争不容创业者有一刻钟的懈怠，小小的休憩都有可能会让你与成功擦肩而过。所以创业是一场身体素质的比赛，这就要求创业者要有良好的身体素质为基础。我们也许会失败于物质的匮乏或者资金的短缺上，但最不能允许的就是输在身体素质上。

2. 心理素质

如本章第 2 节所言，创业者在创业的道路上往往会面临各种各样的心理问题，诸如来自各方的压力、面临的商业道德问题等，这时候，一个好的心理素质往往就发挥了巨大的作用。它不仅能够帮助创业者在最短的时间内恢复积极的心态，而且能有效地促进问题的解决。

3. 知识素质

现代的创业者要想创业成功，都要学习，学习范围可能至少会涉及以下基本知识。

（1）基本的商业知识：包括经营企业所不可或缺的法律、会计、财务、营销、人力资源、宏观经济、组织结构、战略管理等。

（2）基本的营销及货物知识：市场预测与市场调查，消费心理，定价策略，销售渠道的开发；批发、零售，货物种类、质量的有关计量，货物运输及真假货物识别，对有关危险品的管理等。

（3）基本的公关和行业知识：怎样进行环境影响评估，工商管理部门怎样进行经济检查，行业管理部门如何进行行业管理和检查，所在行业的行业规则、业务知识及其他行业基本规则。

（4）相关的法律知识：《合同法》、《公司法》、《反不正当竞争法》、

《消费者权益保护法》、《产品质量法》、《税法》、《商标法》等法律知识及劳动用工和社会保障知识。

创业者当然也必须要借用外脑来处理上述相关业务，如请教咨询公司；也可以雇佣专业人士，如用会计师和律师来处理这些专业问题。但对于一个初创企业的创办者和经营决策者，对以上知识应该要有基本的了解。对其中的某些领域，甚至应该成为专家，如一家金融服务公司，创业者就应该是金融理财的专家；而对一家营销策划公司，创业者就应该是市场营销的精英。

创业者获得知识的途径有许多，专门的培训或指导、专门的讲座等都可以让创业者得到他想要的知识，学习对于创业者来说，是一门永远不能丢掉的功课，处理平时遇到的各种问题也是创业者们积累经验和知识的好机会。

2.3.3 创业者素质的提升

1. 目标与胆量

关于目标与胆量，大量事实表明，目标越高，胆量越大，创业成功的几率就越大。目标与胆量的匹配有五种境界。

境界一：有目标，但是不敢将目标公之于众；

境界二：有目标也敢将其公之于众，但没有面临困难和挫折的胆量，故总会半途而废；

境界三：有目标也敢将其公之于众，有面对困难和挫折的胆量；

境界四：有远大目标并将其公之于众，有面对困难和挫折的胆量；

境界五：有远大目标并将其公之于众，有面对困难和挫折的胆量并且形成一种坚定不移的信仰。

现实生活中的大多数人都处于第三个境界，而创业的特殊性驱使创业者必须要达到第五种境界，这是创业者和其他人群的区别之一。为了更好地完成自己的创业活动，创业者必须要有目标，不必过大，超出自己力所能及的范围；也不能太小，轻而易举就实现。它应该是通过不懈努力才可实现的。

2. 耐力与恒心

耐力，即创业者的承受能力。创业之路崎岖坎坷，成功之前，承担各种心理压力在所难免，遭受他人的冷嘲热讽更是家常便饭，这就要求创业者要有超出常人的耐力，有的时候，将心理压力和他人的否定统统转换成促使自己前进的动力也是一个很好的选择。

恒心，即创业者的坚持程度。许多创业者在经历一些较大的挫败后就选择退出创业之路，也因如此，他们与成功失之交臂。创业者不妨将创业路上的每一个挫折，都当成对自己的一个考验，经受得起多大的挫折，才配拥有多大的成功，成功属于持之以恒的人。

3. 谋略与野心

谋略，其实就是一种思维方式，一种处理问题和解决问题的方法。对于创业者来说，智慧是不分等级的，它没有好坏、高明与否的区别，只有好不好用、适不适用的问题。归结创业者的智慧就是：不拘一格，出奇制胜。

野心，可以理解为一种不甘人下的心理。对于创业者来说，成功是有等级之分的，不受制于蜗角虚名，也不满足于蝇头小利，要敢想别人不敢想的，敢做别人不敢做的。

4. 怀疑与创新

历史在演进，环境在变化，受不同环境熏陶的人对于同一问题的看法可能截然不同，因而很多过去的理论会随着环境的变化而变得与现实格格不入，这就要求创业者敢于怀疑，勇于创新。怀疑能促使创业者穿透事物表象寻求其本质，做到真正理解问题。创新则能帮助创业者寻求新的解决问题的方法，打破传统思维的桎梏。创新和怀疑如影随形，有怀疑能力的人表明他有创新的潜力；反之，有创新能力的人也一定具备怀疑能力，这些都是创业者不可或缺的素质。

创业是创业者的一个创新的过程，创业者要想提高自身的怀疑和创新能力，就必须多质疑、勤思考。对于一切事物，要透过现象看到本质，敢于怀疑，敢于提出自己的新观点。

5. 像营销者一样思考

出色的营销者总有自己的一套方法去销售产品，并且十之八九都能将产品销售出去，这是他们的经营之道。创业者可将创业活动当成是一个产品的销售过程，像营销者一样思考，学习营销者的经营智慧。

（1）眼界。眼界决定境界。营销者往往能透过消费者的购买行为看到商品甚至行业的未来走向，他们总是能将目光放得更加长远，因此他们总是比别人更早准备，更能抓住机会，更易成功。

可见，广博的见识，开阔的眼界，可以有效地拉近创业者与成功之间的距离，使创业者少走弯路。

（2）择势。势，就是形势。创业者一定要看准形势，顺势而为，不仅要看到国家政策之大势，还要看到消费者喜好之中势，更要看到自身性格、特长、兴趣等小势。营销者总是能在最佳的形势下，在自身的充分准备下将产品销售，这也是他们对于形势的选择精准的表现。

成功之人基本都具备选择恰当形势的能力，俞敏洪如果不是抓住当时全国性的英语热和出国潮，未必一定会有今天的成功。因此，创业者在创业过程中也一定要针对不同时期的形势做出正确的选择，明势所趋，择优而从，才能事半功倍。

（3）交友。《科学投资》认为，人际交往能力应列在创业者素质的第一位。营销将顾客当成自己的朋友，他们对自己的朋友给出最真诚的建议，提供最有价值的信息，以此来增进友谊，完成自己的销售。一个不懂得与顾客打交道的营销者不可能成为营销精英，同样，一个不懂得交友之道的创业者不可能结交到朋友，而一个孤立无援的创业者要想创业成功，更是天方夜谭。

（4）自省。自省其实是一种学习能力。创业既然是一个不断摸索的过程，那么创业者在这个过程中犯错误也就在所难免。反省，正是帮助创业者认识并且改正错误的过程。营销者会对自己的营销活动进行反省，从而总结优化自己产品与服务的方法，以及与客户交流更融洽的方式，以此来巩固营销行为。创业者也应如此，每天进行一次反省，每隔一段时间对自己进行一次反思，总结思考，扬长避短。创业者只有通过反省，才能"吃一堑，长一智"，才能避免重蹈覆辙。

并非要求创业者必须完全具备这些素质才能去创业。因为即使是已经成功的创业者，也很少有能完全做到上述所说的。在克服缺点与发扬优点间，只要你的缺点不致命，则可以进行创业的尝试。

案例1

"为自己代言"的陈欧

"作为男性，为什么选择做化妆品网站？""因为我是水瓶座，做事情是不按常理出牌的。"这是属于陈欧的80后的回答。

结束了在美国斯坦福大学MBA的学习，陈欧回到北京，注册了北京创锐文化传媒有限公司，刘辉、戴雨森便是公司的联合创始人。而这也是陈欧在忍痛卖掉了一手创建的游戏平台Garena后的第二次创业。曾经的伯乐徐小平联合险峰华兴的创始合伙人陈科屹给了他钱，公司开始做游戏广告生意。但是，陈欧很快便觉察到这个模式在中国"水土不服"。

作为一个善于观察生活的男人，他发现，中国的广大女性消费者对于线上购买化妆品的信心不足，线上化妆品行业没有"领头羊企业"存在。对于他来说，化妆品就是新大陆。他总结出了三个"可行条件"。首先，电子商务在中国正在高速发展是不争的事实；其次，化妆品需求很大，但市场上还没有一个可信的化妆品网站；最后，做这个别的男人不好意思做的行业，反倒给了自己机会。

就在陈欧和他的两位合伙人为着是做电商还是社区而争执不休之际，国内刮起了团购热。陈欧提议先借着团购的方式做着玩，凭感觉一步一步来。由于公司的流动资金只剩下30万元，他们只好一面继续着游戏广告业务，一面用了两天时间在技术上让团美（聚美优品前身）上了线。产品方面，陈欧找来了做过多年化妆品采购的朋友"江湖救急"。这就是聚美优品的雏形。

"挫折不叫失败,它只是创业路上遇到的小插曲,是你路上的小石子,你可以把他踢开,也可以跨过去,只要不被绊倒就好。"这样描写的背后,显示出陈鸥的什么呢?反映出80后的什么呢?

"80后"被称为"苦逼"的一代。十多年艰苦求学,毕业后却碰上失业潮,找不到工作;找到了工作,收入又不高,买不起房子车子;如今"奔三"的年纪,不少人还单身,沦落为"剩男剩女"。在这样的压力之下,生活的困窘可想而知。

"我希望不管怎样,大家还是保持一种乐观心态,一起奋斗,千万不要被生活压力打倒了。"阳光、朝气蓬勃、有激情、充满正能量,这是陈欧给人的印象,而这也正是他希望传达给80后的信息。

"活着,就是为了改变世界"

其实在更早之前,陈欧的创业理想已经萌芽。"大三大四,快毕业的时候,大家都在找工作,但是我真的不知道自己要做什么,我既不想继续读书,然后硕士、博士毕业之后再去找工作,那样的按部就班不适合我。互联网的创业故事激励了我,我也选择了创业。"于是大学四年级时,陈欧仅靠着一台笔记本,创办了一家在线游戏平台Garena,成功积累了"第一桶金"。

聚美优品无疑已经改变了人们的生活,而陈欧也希望通过自己的经历能改变更多的人,给他们带去更多"正能量"。"我希望更多的年轻人都能参与到创业中来,一起去努力、奋斗,去创造价值。就像今天的聚美一样,每天有上百万用户上聚美买东西,给人们的生活带去更多的美,更多便利。"

然而不是所有年轻人都适合创业,陈欧总结了创业需要具备的"三力":"一是魄力,因为创业需要勇气,你需要承担风险,需要狠下心做些别人不敢做的事。二是判断力,因为作为一个创业者、企业家,需要对企业方向做一个判断,一定要有正确方向,才能避免整个公司犯下致命的错误。像我刚回国时做的是游戏业务,最后我转型过来做了化妆品电商,找对了方向。最后一点是领导力,这是最重要的一点。公司创始人需要团结很多的人，整合很多资源。如果没有领导力，公司团队必然会'一盘散沙'，缺乏凝聚力，更谈不上创新，最后失败就是必然的。"尽管曾经经历重重困难，陈欧依然保持一颗阳光的心。

享受创业

在有人谈到"创业是为了造富"时，陈欧曾表示强烈的不认同。"给你举个例子：我26岁从斯坦福毕业，如果毕业就去做金融，理论上我挣大钱的机会更多点。但我总是想着做点自己的事，而不是去打工，所以我大学时就做了一个叫Garena的游戏平台，从斯坦福毕业回国之后又尝试做了一个游戏内置广告平台。大学刚毕业的时候，我什么都没有，为创业吃了很多苦，但是在那种情况下，我都能把事情做成，所以后来当自己已经成长起来、有了更好的平台、更棒的团队和更多资源的支持后，还会怕啥呢？后面再创业，对我来说，就是一种享受。"

学IT出身的陈欧，当然知道卖3C类电子产品其实就是在"卖货"，化妆品就不一样了，是在卖"美丽"，并且这个市场潜力巨大。这不单单是一个数字生意，做化妆品市场，令我觉得自己是在做一个带有艺术性的感性的生意。我们的产品可以让别人更幸福，我自己也会觉得很快乐。做美丽的生意不仅自己会感到享受，也能让大众享受到美好。

经 验 总 结

1. 对于每一个成功的创业者，在他们刚开始创业时尽管什么都没有，困难重重，实力也很弱小，但是他们心里总有一个远方的目标，这就是为之奋斗的动力，支撑创业者趟过一个个险滩。

2. 成功创业需要承担责任和义务，只有敢于承担责任才有可能成功，企业的发展困难难免，要有积极的处事应变能力和化解风险的能力，如果具备某个行业的专业技能更有助于你快速成功创业的话，那么管理能力和决策能力则是让你守住江山的必备能力。

3. 学会看别人吃一堑，自己长一智；如果自己吃了一堑，则必须长十智。创业不能总寄望于反复的试错来换取成长，因为一定时间内机会总是有限的，要多学习别人失败的经历，多珍惜有限的奋斗时间，毕竟很多时候，再回首已是百年身。

案例2

冲动之殇：凡客的失控性大跃进

凡客，这个几乎是在一夜之间风靡于一二线城市的服装品牌，在中国互联网和电商历史上划过一道闪光、绚丽的光，留下了令人深思、不可磨灭的痕迹。

在最兴盛的时期里，"我是凡客"在年轻人群体中成功引发了一场关于时尚和文化的大众潮流，一波波扩散开来。在短暂的光辉尚未散尽时，这家公司已陷入了深深的困境之中。

当凡客的仓库堆满了拖把、面膜甚至是电火锅的时候，路边公交车站那些引人注目的广告甚至还没有来得及撤下。

凡客会再次复苏，还是继续沉沦？这个命题的答案可能要交给时间，但对于凡客这段历程的反思，对于整个中国互联网都具有现实意义。

凡客拥有过很多荣誉。作为一家创建于2007年的互联网服装品牌，它的亮相并不惊艳，网站正式运营之时只有两款衬衫产品可供购买。在创业初期，凡客只卖出了10多件衬衫，顾客主要通过《读者》杂志了解到这个品牌。

但是随后凡客如同站上了"风口"，开始飞速发展起来，通过模仿更早的PPG（批批吉服装网络直销公司）经营模式，加上铺天盖地的网络营销，凡客在不长的时间里成为一二线城市白领们熟悉和谈论的服装品牌。在其运营初期的短短十个月里，即获得了IDG（技术创业投资基金）、联创资源、软银赛富、启明创投的先后三轮投资。

接下来，凡客迎来了高速增长期。2010年，随着"凡客体"的走红，这家服装电商公司达到了自身发展的最顶峰，复合增长率超过100%，当年实现了 20 亿元的销售额，这已经是一个惊人的成绩，但是作为凡客 CEO 的陈年并不满足。在媒体采访中，他总是不经意提到千亿公司的价值和目标。

在制定 2011 年计划的时候，陈年和管理团队毫无理由地抛出了"60 亿元"这个增长远超 200% 的目标。2011 年 3 月，在接受路透社采访时，陈年又将这个销售额拔高到"100 亿元"——一场为了上市而猛冲业绩的"大跃进"正式开始。

为了实现 100 亿元的销售额，几乎成为成功企业典型的凡客迅速开始的一场"自我毁灭之旅"。

"大跃进式"的疯狂扩张

2011 年，凡客为了实现陈年规定的销售额大肆扩张，从服装延伸到化妆品、小家电等项目，甚至几个 80 后员工就能自行新开发出一条产品线。在最疯狂的时期，凡客拥有 30 多条产品线，包括服装、家电、数码、百货，甚至包括拖把。

在这样盲目的扩张运动中，凡客原有的管理体系荡然无存。新开发的产品线成了凡客难以处理的巨大包袱，关系到凡客品牌核心价值的服装业务也迅速下滑。因为缺乏服装行业人才的加盟，凡客处理与服装厂的关系时缺乏经验，整个订单管理流程也非常原始——选择和决策，甚至常常取决于负责人的"个人感受"。

服装产品季节性和周期性很强，抓不住市场需求就很容易压货。对于消化不掉的库存，凡客只能靠打折来处理，而热卖的爆款产品，凡客又会突然地要求代工厂追单，这种缺乏预期规划的"突袭"对服装代工厂商来说非常难以接受，严重影响了工厂与其他品牌的愉快合作。

在一轮轮的折腾后，凡客几乎彻底放弃了初期的严谨优质的产品供应商，转而向拥有更大灵活性的中小代工厂订货。这些工厂在产品质量和款式上的短板很快造成了凡客在库存上的滞销和积压。在一次次的恶性循环中，原先凡客的忠实用户发现，这个品牌的服装质量正以"感受得到"的速度下降。

坊间流传的一份 2011 年年底凡客为 IPO 上市所准备的申报材料，显示：

截止到2011年9月30日，凡客总库存高达14.45亿元人民币（2.286亿美元）——截止同期，凡客完成的六轮融资额也不过4.3亿美元。

收缩阵线　策略摇摆

凡客擅长营销，这是一个业界公认的事实。但正是对"营销"的过度自信和依赖，让凡客脱离了服装零售行业的一些基本规律，最终把营销变成了一种自我欺骗式的表演艺术。

自2012年起，有关凡客的媒体报道几乎变成了一种固定模式：陈年站出来怒斥去年凡客做法的荒谬，然后大刀阔斧锐意改革，为凡客找到了新的方向。但第二年的同一时候，陈年又站出来怒斥了上一年凡客的错误，再来一轮新的改革……这成了陈年、凡客与媒体之间的固定节目，就像春晚会在每年除夕上映一样毫无悬念。

在几次"改革"未果后，凡客终于意识到了问题的核心所在。2012年，陈年疯狂削减产品线，裁掉了与服装无关的家电、数码、百货等品类，将过去负责产品规划的两大事业部分拆成了以产品为中心的12大事业部和产品线，让它们承担从产品规划、开发到营销的全部功能。

更重要的是，凡客这家公司终于把目光从销售额上调整过来，陈年对事业部的考核指标也从过去的销售额变成了销售额、毛利润、售罄率、库存周转率等多项指标。

在凡客未能全年盈利的2012年，陈年把精力都放到了清理库存上。2013年，凡客对外宣布，"经此一段，凡客回笼近10亿资金，库存周转期也降至30天以内，几乎为零。"

外界一度把这一节点看作是凡客回归和复兴的"里程碑"，但随后，凡客又在公司的发展方向上陷入了困惑和摇摆中。整个2013年上半年，包括凡客内部员工甚至陈年在内，都未能清楚一个问题：公司未来到底是做品牌，还是做平台。

因为在凡客未能全年盈利的2012年，作为平台、抽佣金、无库存的V+业务却是盈利了。这让一手打造了凡客品牌，并以此为傲的陈年也动摇了。

发展思路的不明晰给公司带来的影响是显而易见的。2012年年底，陈年一度公开表示要回归品牌。人们所期待"我是凡客"之后，这家公司又会迎来怎样的新爆发点；然而到了 2013 年年中，不过半年时光，陈年的想法又变了。

处在摇摆中的陈年宣布，要将凡客平台开放给更多的传统品牌，并将佣金扣点降到 5% 以下。后来，陈年干脆宣布凡客 2013 年年中的战略重点是：开放与合作。

平台梦碎　模仿小米

在宣布开放与合作政策后的几个月里，凡客把站内大量的资源都分给了第三方品牌。尽管凡客宣布将采取"自有品牌+零售渠道"两条腿走路的模式，但第三方产品还是不可避免地与凡客自有产品形成了激烈竞争。让陈年惊讶的是，这些来自第三方的产品，很快就在凡客的搜索结果中排到了前面，甚至挤掉了凡客自己的热卖款式。

陈年又动摇了。凡客开始了渐渐人为地收回给予第三方品牌的货源，刚刚改版几个月的首页又改回去了，整个网站的重心又回到了凡客自有品牌身上。最热门、原本是品牌特卖的位置换成了品牌类导航，凡客首页上的第三方品牌入口，首页只有最右侧的几个文字链。在反复动摇的过程中，第三方品牌失去了对凡客的信心。

和网站上的变化相对应的是，现实中的"凡客"变换了办公地点。陈年把凡客北京总部从位于二环的雍贵大厦，搬迁到亦庄开发区的科创三街。这种远离市中心的迁移方向再度引发了人们对这家公司的担心和质疑。

凡客刚刚搬到新址不久，就经历了供应商上门讨债的危机。在获知陈年将参与凡客成立 6 周年纪念日的消息后，数名被长期拖欠货款的供货商找上门来，将陈年堵在了凡客的"新家"，一栋五层小楼里。据传，这次影响甚大的讨债甚至还有凡客内部人士参与其中。

在解决了登门者的债务纠纷后，这次风波渐渐平息。但仍有部分供应商的欠款问题尚未解决，这些供应商选择了"不再闹"。他们的理由是，如果事态继续扩大，一旦凡客倒下，欠款就真的变成无法追回"死款"。所以部分经销商在继续和凡客周旋的同时，选择了不再向外部施加压力。只是在这一波危机之后，凡客的平台梦已经很难延续。

再后来的凡客，选择了一条模仿小米的道路。有传闻称，陈年和凡客真正放弃平台化道路，源自2013年6月雷军与陈年的一次深入沟通。作为凡客最早期的投资方，雷军一直在凡客发展中扮演着重要角色，甚至VANCL的最后两个字母，就分别代表陈年的C和雷军的L。接下来几个月里，雷军进入凡客内部会议中，帮助陈年梳理公司业务和转型，凡客也开始了"小米化变革"。

谁能拯救凡客

学习小米，打造"极致的单品"，是凡客为自己选定的新路标。在这一战略下，凡客推出了"300支"衬衫的概念——在服装行业，往往用支数代表纱线数量，数字越高，成本越高，手感越好。在目前的时装领域，120支以上已属于高级产品，凡客将水平线拉到"300支"，确实与小米最初进入手机市场时的跑分打分很相似。

几次摇摆，走极致单品路线的凡客能否摆脱困境，目前还没有答案。但很多问题，是凡客依靠极致单品无法绕过去的。

在注重"鼠标+水泥"的电商行业里，凡客在仓储和物流上的投入正在不断收缩。现在凡客只租用了北京、上海和广州的仓库，这也成为凡客送货速度变慢的重要原因。曾经由凡客培训出的如风达配送，相关资源已经转向小米手机，凡客不再是其核心业务对象。

更大的隐患还在于服装行业本身。在凡客当年的疯狂扩展、积压库存等恶性循环中，有一批中小型服装代工厂因被拖欠贷款而倒闭。今天的凡客在服装加工圈内已失去信誉，在订单优先级和账期等问题上，凡客甚至不如部分二线淘宝品牌。

尽管陈年对于品牌营销仍然热衷并且擅长，有关"300支"的话题也在不断发酵，但更多的迹象表明，凡客想找回2010年前后的辉煌，已非常困难。

一位前凡客员工曾评价，比起商人，陈年更像是一个文人。在凡客迅速发展时，他没能克制自己的乐观和浪漫主义欲望，从而引发一场"大跃进"，在凡客止损期，他又因为反复强调策略，丧失了凡客平台化发展的可能。雷军的介入和小米化路线让凡客又找到了一个方向和概念，但从本质上看，那个曾经属于陈年的凡客，已经成为一场回不去的记忆。

（资料来源：腾讯科技频道）

经验总结

1. 企业在高速增长期更要克制冲动和欲望，越是扩张迅速，越是需要科学的管理，否则将为公司发展埋下长久的隐患。

2. 做加法易，做减法难。在选择扩张产品和业务的时机上要格外严谨，聚焦核心业务，永远是企业的生存准则。

3. 重视产业链上下游合作关系，建立成熟严谨的管理流程和操作规范，不要轻易放弃原则，不要与做事没有底线的合作者结成战略伙伴，当然，自身也要一言九鼎，不轻易失信于人。

第 3 章

创 业 团 队

3.1 团队的重要性

3.1.1 创业需要团队

创业是一项复杂的系统工程，需要志同道合的团队共同努力，才可能成功。联想董事局名誉主席柳传志认为"建班子、定战略、带队伍"是联想的管理圣经，在九个字中，有六个字与团队相关。

能力再强的人创业也需要一个团队，有的创业者个人能力很强，但就是聚集不起一个团队，这样的创业是很困难也是很危险的。只有组建一个好的团队，创业才可能成功。创业需要一群同甘共苦的人，紧密协作去实现一个目标。

柳传志曾经说过，是否有一个优势互补、紧密配合、把公司当作命根子来做的班子，是公司成败的关键。做成一件事首先是机制的问题，其次是班子的问题，最后才是自己能力的问题。1994 年，柳传志创办《电脑时代周刊》时写道："现在，靠一个人单枪匹马闯天下的时代一去不复返了，每个人都必须和别人合作来做事，这也是 1996 年赵文权找我一起创办蓝色光标时我们又邀请了另外三人一起创办的原因。"

现代社会是团队的时代，科技发达、竞争加剧，一个人纵然能力再强，也越来越无法仅凭一己之力来成就一番事业，即便是在个人才华起决定性作用的艺术、文娱领域也是如此，没有一个幕后团队的支持和保障，就不会有歌手周杰伦的成功，也不会有 NBA 赛场上姚明的驰骋。

3.1.2 团队铸造成功

优秀的团队很大程度上能够帮助新创企业生存下来，乃至取得巨大的成功。在团队中，管理者通过果断调整无法胜任的人，不断培养人才，来把事情做对。

建立一个志同道合、优势互补的团队是创业成功的前提。柳传志认为，"人"在企业是第一位的，合适的人是有效数值1，后面带一个0，是10，带两个0，是100，带三个0，是1000，没有合适的人做1，再多的0也没用。而管理者的能力不在于自己能够做多少事，也不在于比部下强多少。优秀的管理者清楚自己需要什么样的人，并能找到自己需要的人，激发他们的工作热情，让团队成员彼此认可、相互配合地展开工作。

如今三大互联网巨头 BAT 无人不知，阿里巴巴之所以强大，是因为背后有马云团队；百度之所以强大，是因为背后有李彦宏团队；腾讯之所以强大，是因为背后有马化腾团队。没有强大的团队，他们都不会有今天的成就。

3.2 团队的组建方式

一个优秀的创业团队是初创企业成功的根本保证。因而，如何打造一支高效、和谐、富有战斗力和执行力的创业团队则是所有创业者应该思考的问题。团队组建过程中需要注意的几个关键点。

3.2.1 寻找创业合伙人

通常来说，创业合伙人主要包括以下三种模式。

（1）"家族式"创业，如当当网、四川希望集团；

（2）"熟人式"创业，几个熟人一起组建团队，如腾讯、新东方；

（3）"项目式"创业，创始人凭借独特的商业创意寻找志同道合的创业伙伴，如阿里巴巴、巨人集团。

所谓"物以类聚，人以群分"，无论是日常的人际相处，还是在合伙创业的时候，人们总是倾向于选择那些与自己合拍的人。许多创业合伙人决定一起做事业的时候，都是基于共同的理念、目标和价值观。

创业者在组建创业团队时，最需要注意的是团队结构的完整性，确保每一位团队成员能各施所长，并且形成强有力的互补性优势和团队竞争力。而要实现这一点，必须符合以下三个条件。

（1）确立共同的理念、目标和价值观，团队成员之间志同道合、相互团结；

（2）每位团队成员都在各自擅长的领域发挥专长，形成强大的团队合力；

（3）在共同的理念和目标的基础上，团队成员应在个性、风格、行为模式方面存在一定的差异。

在一个创业团队中，正是由于团队成员之间在行为模式上存在差异，彼此之间才能更清晰地看到对方的优点和不足，也更容易看到团队建设和管理中所存在的缺陷。而在第三个条件的研究上，目前大多数的专家依旧会以"二分法"来解读，即双方的性格实现互补，内向者负责"当家"，主管执行部署；而外向者主事，负责制定企业战略。

许多有凝聚力和战斗力的企业都采取这样内外互补的组合，赢得成功。例如，海尔的张瑞敏和杨绵绵、娃哈哈的宗庆后和杜建英、阿里巴巴的马云和何一兵等，都是通过采取内外互补组合的方法。但是这样的"二元"结合随着竞争的激烈，成功的概率却在不断地降低，甚至不断涌现出"三元"

乃至"四元"的团队。目前，用比较流行的"TOPK技术"，用来识别、选择创业合伙人，可供借鉴。

运用"TOPK技术"选择创业合伙人

所谓"TOPK"，是由Tiger（老虎）、Owl（猫头鹰）、Peacock（孔雀）、Koala（考拉）四个英文单词的首字母组成，而"TOPK技术"就是这四种动物的组合技术。举例来说，如果你属于"老虎型"性格，那么你就需要有猫头鹰型、孔雀型、考拉型三种性格的创业合作伙伴，从而形成"一个好汉三个帮"的顶级智慧（Top Knowledge）：

T型管理者：大多数风风火火，当机立断，敢于承担和冒险，他们倡导"要立刻去做，以自己的方式"。他们会根据现状做出决定，当然在选择之前，也会先做出几个备选的方案。在T型管理者的眼中，现在要远远比过去跟未来重要得多。他们待人接物"对事不对人"，属于工作导向型，非常看重结果，工作节奏快，但也比较容易跟下属产生冲突。

O型管理者：做事总是思前想后，井井有条。他们有坚韧意志和很强的纪律性，讲求逻辑和原则。他们倡导的是："因为事实是如此，所以我们应该这样做。"他们能够面面俱到地分析现状，也很注重通过过去的事实来预测未来，如果没有让他们信服的证据，很难说服他们。和T型领导者一样，他们也"对事不对人"，属于工作导向性，但是工作的节奏比较缓慢，为人严厉，如果环境变化得十分迅速，他们容易与下属产生摩擦。

P型管理者：很有热忱，精力充沛，平易近人，而且很有语言天赋，擅长演讲。他们直来直往，喜欢挑战和竞争。不过他们对事情不十分敏感，相反对人比较感兴趣。他们专注于追逐梦想，因此看重未来，却往往不关注现实中的某些细节。他们的工作节奏非常快，但头脑冷静，做的决定不轻易改变。在和员工交流的时候，他们总是着眼于未来的描绘，而比较不会给员工踏实的指导和意见。员工会很难跟得上他们跳跃的思维。

K型管理者：属于群居型，喜欢众人一起工作的氛围，他们也会营造团队之间相互尊重、欣赏的气氛，在做出决策的时候，他们总是希望与相关工作人员的意见一致，以至于工作的节奏非常慢。他们喜欢规避风险，做事不温不火，对事情不敏感，但是非常关切人的感受，属于关系导向型。因为真诚随和的个性，员工喜欢找他们倾诉，但他们在倾听之后，也不会做出什么决定，常常犹豫不决、优柔寡断。

运用 TOPK 技术为你的创业团队寻找搭档，还需要注意以下一些问题：

（1）无论你定位于哪种风格，都可以创业，并可能获得成功。

（2）任何一种风格的人，都可能成为核心的领导者并获得成功。

（3）作为创业者，首先需要了解你的个性风格，与搭档形成自然的互补互动。如果熟悉 TOPK 技术，并能有意识地运用到创业中去，不仅有助于成功，更有助于企业基业长青。在《西游记》中，观音菩萨就像是根据 TOPK 技术来挑选取经团队的，她根据西天取经这项事业的需要，选取了不同风格的人组成了取经团队。猫头鹰型的唐僧、老虎型的孙悟空、孔雀型的猪八戒以及考拉型的沙僧，这个完美的团队，最终历经劫难而取得真经。

（4）如果懂得运用 TOPK 技术，创业的成功率会更高。如携程网的创业团队在最初就按照 TOPK 技术寻找四人团队。平易近人、擅长处理人际关系的范敏为考拉型风格，果断老练、当机立断的沈南鹏为老虎型风格，开拓创新的季琦为孔雀型风格，冷静理性的梁建章为猫头鹰型风格。

（5）当四个风格的人并不齐全的时候也可以创业，最好是边创业边物色人选。如猫头鹰型的比尔·盖茨和考拉型的保罗·艾伦在 1975 年创业，孔雀型的史蒂夫·鲍尔默在 1980 年加入，老虎型的杰夫·雷克斯在 1981 年加入。四人组合在企业成立六年之后才得以实现，但他们创造了一个时代的商业传奇。

（6）如果想要比竞争对手更强，只需要比你的竞争对手多一种风格。多出来的风格未必在创业初期就集齐，可以通过创业过程中寻找好的伙伴而拥有，也可以在原核心成员的基础上训练而成。

（7）运用 TOPK 技术，不代表创业就一定成功。运用 TOPK 技术只是代表着成功的概率会比较大，但是创业成功需要很多因素，只有在其他条件较为具备的基础上，TOPK 技术的应用才可能成为创业成功的关键因素。

如果你并没有深入了解创业伙伴的个性及风格，那么在创业过程中搭档的关系便很容易破裂，最终导致企业走向失败。

TOPK 技术可以帮助创业者们更好地看清自己的优势和不足，扬长避短，同时也能够更加客观地看待创业搭档的喜好，将彼此之间难以融合的"盲点"消除掉。如果你想跟你的合作伙伴一起走向成功，那么就需要明确各自的行为风格，做到知己知彼，达成默契，在各自擅长的领域中充分发挥，这样你们就已经站到了成功的起跑线上。

小案例

唐僧的团队

《西游记》里的唐僧师徒，我们就可以将他们视作一个绝佳的团队。在这个团队中，师徒四人虽然性格迥异，但他们却能完全胜任自己的角色，而且相互之间配合默契，形成强有力的互补优势。以性格特征而论，唐僧、孙悟空、猪八戒、沙僧分别拥有完美型、力量型、活泼型、平和型四种性格特征。

唐僧一贯坚持"因为值得做，所以要做好"，只要瞄准了一个目标，就坚定执着地去实现它，这就是典型的完美型人格。这种性格特征的人最大的优势就在于，他们胸怀大志、目光深远，而且能够从更高的层面去看待事物的发展。但完美型的人也有自己的缺陷，如过分地追求完美，在处理问题时因过于谨慎而变得瞻前顾后、优柔寡断。

孙悟空属于典型的力量型人格，他在整个团队中扮演着中流砥柱的角色，具有强大的执行力，能够游刃有余地完成每一项任务，但是这种性格的人往往不善于合作，有着极强的控制欲，而且不擅长处理团队的人际关系。

猪八戒性格风趣、幽默十足，属于典型的活泼型性格。这类性格的人热情奔放、感情丰富，善于在工作中寻求乐趣，能够活跃团队气氛。但是，他们最大的缺点就是意志力薄弱、耐心不足，想法也有些不切实际，而这种性格上的缺陷也往往使他们陷入信任危机。

当唐僧在想、孙悟空在做、猪八戒在说的时候，沙和尚却比任何人都显得默默无闻，他在这个团队中看似毫无存在的必要。然而，当这个团队出现危机、人心涣散时，他却能体现出强大的凝聚力。因此，像沙和尚这种平和型性格的人，在这个团队中同样是不可或缺的重要角色，他是整个团队的稳定器。具有这类性格特征的人做事沉着冷静，而且善于处理团队中的冲突，能够与团队中的每位成员都相处得十分融洽和谐。但美中不足的是,由于过分追求和谐,就会在一些事情上往往因逃避冲突而过分地迁就他人。

3.2.2 吸引优秀人才

对于那些充满创意、技能素质过硬的人才而言,待遇要求自然也会很高,但是,这并不意味着初创企业找不到好的人才。例如,当初的阿里巴巴、腾讯等。马化腾最初的创业团队,也就是由5个同学和校友组成的,而且他们的技术也算不上是出类拔萃;至于阿里巴巴,马云对互联网技术完全不懂,他的"十八罗汉"大多是来自他的学生和以前创业的旧部。

其实创业初期,初创企业最需要的并不是特别出类拔萃的人才,而是整个创业团队要形成强有力的互补和支撑,并且确保每个创业成员都具有良好的发展潜力。当然,如果你的公司有一个新颖独特而且极具竞争力的商业模式,也能够吸引一批才华横溢、能力超群的优秀人才。对于创业者来说,在组建创业团队的过程中,选择创业人才时,要注意以下4点:

(1)寻找有创业激情、有发展潜力的人。"创业的激情+成功的欲望"是确保创业成功的先决条件,所以创业者应该寻找那种不甘于现状,想在这个社会有所作为的人。

(2)尽量给员工提供一个能施展才华的工作环境。成熟型公司虽然有成熟的管理制度,人才也比较多,但是由于体制过于臃肿僵化,导致很多优秀的员工无法施展自己的才能。而新创公司吸引人才的一大优势,就在于它给员工提供一个自由发展的工作平台,而不像成熟型公司那样论资排辈。

(3)建立以目标为导向的激励机制。建立激励机制的目的在于向员工传递这样一个信息:尽管我们的公司正处于起步阶段,但是我们在不断地成长和发展,未来有广阔的发展空间。通过这样的激励措施来吸引和留住人才。

(4)提供多样化的工作岗位。在许多大公司里,很多员工都是十年如一日地坚守在一个岗位上,而新创公司的另一个突出优势就在于它的灵活性。创始人可以根据团队成员的兴趣和性格,为他们提供多样化的工作岗位，这样既能够让团队成员学习更多的技能、积累更多的经验，同时也能为公司创造更大的价值。

3.2.3 构建优势互补团队

现实中的创业团队，有的员工可能拥有天才般的大脑，但却不善于团队协作；有的员工可能资质平庸，但却肯吃苦耐劳，具有大局意识；也可能有的员工没有太高的学历和知识，但却善于学习和钻研……作为初创企业的领导者，只有当意识到这种差异的存在，才能对每一位团队成员的优势进行互补性搭配，构建出一支优势互补的团队，实现"1+1>2"的效果。

创业者在搭建创业团队的过程中都应该注意以下5点：

（1）确保创业团队在技术、产品、销售、管理、财务等各个环节形成优势互补。如果团队中的成员都是技术型人才，那么往往会过分看重技术，忽视销售和服务；而如果团队主要是由市场销售人员构成，那么在技术、设计等方面可能缺乏敏锐的视角和领悟力，这样也不利于新创企业的成长。

（2）确保创业团队目标一致，在公司的重大事项上保持高度透明，以避免因相互猜忌而产生沟通障碍。

（3）把每一位合伙人当作公司的创始人，在公司内部发挥主人翁精神，激发每一位合伙人的斗志，将公司的事情当作自己的事情去认真对待。

（4）在创业的过程中，合伙人之间难免会产生一些理念上的冲突和矛盾，所以当这些矛盾和冲突出现时，团队中需要有一个很好的争端解决机制，既能有效解决分歧，又不伤了彼此间的和气，如通过投票方式解决问题。

首先要想构建一支优势互补的团队，创业者还需要有效地利用团队中的资源优势。对于创业者来说，掌握的可控社会资源越丰富，你的企业成功的概率就越大。一个成长型公司在不同的发展阶段，对于社会资源的需求也是不一样的。如在初创阶段，创业团队中往往以技术型人才为主导；而当公司进入快速发展和扩张阶段时，企业往往更需要市场、营销方面的专业人才；当规模越来越大、逐步进入成熟稳定阶段时，企业对于管理人才的需求就显得尤为明显。

其次,在构建优势互补型的创业团队时,创业者还需要注意团队成员的品格与修养,也就是人品,如诚实、勤奋、宽容、乐观、责任心等。作为公司创始人,你必须选择品行端正、具备较高素质和修养的创业人才,只有这样才能打造出一个高素质的团队,确保每个团队成员都能和谐相处,实现共同的团队目标。

从人力资源管理的角度来说,建立一支优势互补、知识技能高度匹配的尖端团队,是创业成功并建立持续竞争优势的关键所在。

(5)选择团队成员时,相似性与互补性的平衡。人们往往愿意同与自己具有相似性的人交往,觉得相互之间更加了解,而且更容易自信地对彼此未来的反应和行为加以预测,从而更易选择他们作为合作伙伴。创业者往往也会遵循"相似性导致喜欢"的原则,倾向于选择那些在背景、教育、经验上与他们非常相似的人。但是,这样可能存在的最大问题就是冗余:相似的人越多,他们的知识、技能和欲望重叠的程度就越大。例如,当所有人都是技术专家,这在设计一个现实中可行的新产品时十分有用,但对市场营销、法律事务或者有关员工健康与安全等方面的规定知之甚少。这通常不利于企业获取必要的财务资源以及有效整合资源,而且如果所有人都在同一领域,往往具有重叠的社会网络,能够从对方获取到的其他资源的人就很有限。

由于创业团队需要宽泛的知识、技术和经验,因此,在互补性而不是相似性的基础上选择合作创业者通常是一种更有效的策略。创业团队为获得成功,必须掌握非常宽泛的信息、技能和能力,当创业团队的成员在各重要方面都具有高度的相似性时,这种效果就不太可能出现。理想的状况是,如果一个团队成员所缺少的东西可以由另一个或者更多的成员提供,将能实现优势互补,因为好的团队能够整合人们的知识和专长。因此,强调互补性在一定程度上是非常有必要的,因为它提供给新企业一种强有力和多样化的资源基础。

请注意:团队组成成员之间相似性和互补性的平衡是一个非常值得考虑的问题。在选择创业合伙人的时候,应当更加偏重于相似性,选择志同道合的人,才可能共担风险、携手前行;而在选择中低层干部的时候,则要偏重于互补性,这样组成的团队才能更加富有凝聚力和战斗力。

3.3 团队的管理方法

3.3.1 制定规则

在团队中,存在这样的游戏规则,你必须事先制定好规则,公开透明地让每个人都看到并记住,管理才能有一个好的开始。

在团队里面,不论是领导者还是员工,都是玩游戏的人,双方都要遵循规则进行博弈,在追求胜利的道路上,要实现共赢,同时还要让自己的利益最大化。有人说,这套规则是不平等的,因为领导者占据了各种管理优势,但事实也告诉我们,输赢不由优势决定,关键是你会不会玩。很多管理者在看似"稳赢"的道路上"挥舞鞭子",最后却发现自己输了,管理规则完全失效。这是因为他不知道怎么制定一套适合于自己团队的规则。

任何一个好的团队,都有一套非常好的规则。好的规则可以做到让员工快乐地、服从地"玩游戏"。因此,要带好一个团队,就需要让自己成为一个设计者,并让这个规则为所有人服务。在制定游戏规则时,有三个层面:第一个层面是一般通用性规则,它是所有规则的基础;第二个层面是工作性的规则,主要包含工作流程、方法;第三个层面是总章,类似于宪法,是团队的指导性文件。

1. 一般通用性规则

针对所有群体的行为规则,称为一般性通用规则。全体成员的行为都要在这个规则的范围内,它具有调节成员关系、宣示团队性质的特点。一般通用性规则要讲清楚三件事。

(1)团队管理、分配等规章制度明细以及它们的适用条件、范围和变通前提。

（2）团队行为准则以及成员的行为规范。一般通用性规则要一清二楚地列明员工在各个领域的行为规定，细化到每一环节。

（3）破坏规则的后果。违反不同的规定会有不同的惩治措施，要把这些规定公示。

2. 工作流程规则

工作流程规则，是解决通用性规则没有解决的规范和步骤的规则，以及怎样在规则下为公司赚钱。

工作流程规则一般分为三个部分：

（1）对于工作可能出现的问题进行预防和处理。如产品缺损遭到客户投诉该如何处理；售后时对待客户要用怎样的服务态度和沟通方法等。有了流程上的规范，员工只要遵守办理即可，不必每次都开动脑筋原地创造。

（2）对工作的监督规定。创业团队的优势就在于方便监督，也便于设计运转有序的监督体系。要检查岗位设置、人员分配是否合理，保证每个团队成员在工作中都是尽职尽责的，就需要设置监督系统。小团队可以是一个人、两个人，大团队可以由几十个人来构成这个系统，执行监督任务。如果你正在管理一伙人，没有设定一套有效的监督体系，肯定是要出大问题的。

（3）对工作效率的保证。改善业务流程就意味着提高工作效率，工作流程规则必须具备这方面的功能，它可以随时调整业务的计划、流程和环节，进而理顺工作进程，让效率得以提高。

3. 指导性规则

如果说一个团队领导人仅发挥发布任务的职能，只告诉员工去完成某项工作，缺乏引导和指示性的精神，那么团队成员在执行的时候就很难真正投入。"你只说了要完成某项任务，没说我可以通过什么方法完成，我只要达到目的就可以了。"最后你会发现结果根本不是你想要的。

团队中的指导性规则就是一种"纲领性文件"，是团队所有游戏规则的"指导性章程"，团队的指导性规则就起"宪法"的作用。无数事实表明：

如果没有一个很有高度的章程来明确公司的价值观和追求的方向，员工就会缺失灵魂，没有办法从团队中获得精神力量。其他任何一项制度也都会成为一纸空文。有了一个原则性的规定，对团队这个"游戏"的性质进行定性以后，所有的细节制度才有血有肉。指导性规则是团队成员共同的信仰，没有信仰的民族是可悲的，而没有信仰的团队是脆弱的。

一个成熟而富有战斗力的团队，必须要有一个规则的蓝本，通过这个精神框架来设计团队发展方向、行事作风，各成员之间的关系等。需要注意的是，制定自己的团队"宪法"必须结合自己的实际情况"原创"。创业团队单纯地把阿里巴巴的"企业宪法"搬过来照用，那是不行的。

3.3.2 塑造团队文化

一项调查显示：在受访的创业者当中，抱怨最多的是：

团员成员安于现状，不求新求变；

员工普遍"僵尸化"，工作简单机械；

成员缺乏工作激情，士气萎靡不振；

缺乏统一的团队目标，责任分工混乱；

上下沟通严重受阻，管理者与员工之间信息不对称。

很多创业者常常抱怨："去年底，我们制定了一项非常具有前瞻性的战略，最终却因执行不到位导致战略搁浅"、"现在最忧虑的是上个季度的销售计划和目标，只实现了理想预期的一半"、"员工也不知道怎么搞的，整天无精打采，一点工作斗志都没有"、"我们虽然是一家初创公司，但员工薪酬比同行业公司的薪酬还要高一些，然而让人难以理解的是，员工离职率竟然高达30%，我不能想象公司还能坚持多久"。

在商业竞争日益激烈的今天，初创企业中存在的种种乱象和弊端，随时可能将公司推到风口浪尖上。上述问题集中反映了一个最本质的问题，即创业者在团队建设和管理过程中，没有建立起共同的愿景、使命和价值观。

企业管理的最高境界就是文化管理，而文化管理的核心就是建立共同的团队愿景、使命和价值观。在一个初具雏形的创业团队中，团队成员的价值观存在较大的差异。这个时候，如果创业者不能在团队中树立起共同的愿景、使命和价值观，那么团队就难以形成强有力的凝聚力，成员之间就会缺乏信任，协作意识淡薄。这个公司的前途就可想而知了。

小案例

松下

　　松下公司之所以能发展成为一家举世瞩目的国际领先企业，其中一个很重要的原因就是员工深受公司愿景、使命和价值观的影响。在谈到企业的经营管理时，松下幸之助曾说："当公司有100名员工时，我必须要站在员工的最前面，身先士卒、发号施令；当公司的规模扩大到1000名员工时，我必须站在员工中间，恳求员工努力为公司服务；当员工达到1万人时，我只有站在员工后面，默默地感激他们的付出；而当员工达到5万～10万人的规模时，我除了心怀感激之外，还必须双手合十，以拜佛的虔诚之心来领导他们。"

　　也就是说，随着企业经营规模的不断扩大，松下幸之助就不再运用自己的个人意志来领导这个企业，而是通过企业的文化和精神来感染和熏陶员工，从而有效地激励员工发挥他们的工作潜能。

　　具体而言，松下的企业愿景包括两个"革新"活动，即"绿色生活革新"和"绿色商务革新"。所谓"绿色生活革新"，就是为全世界的人们带来可持续的、安全的、舒适的、充满欢乐的生活方式；而"绿色商务革新"，则是指实现"零成本、零时间以及零库存"的目标。

　　松下公司的使命是：认识企业家的社会责任，鼓励进步，促进全社会的福利，致力于世界文化的进一步发展；松下的价值观是：公平、和谐与合作，力求进步，礼让与谦虚，互相适应与同化，感谢。正是基于共同的愿景、使命和价值观，使松下公司形成了强有力的凝聚力和向心力，同时也让员工在工作实践中获得了实实在在的归属感和自豪感。松下在全球拥有将近30万名员工，每天早上8点，全体员工都要朗诵公司的"纲领、信条和七大精神"，并放声高唱公司歌曲。在所有的日本企业当中，松下是第一家拥有公司之歌的企业。

松下幸之助说:"如果员工犯了错误,但能够坦然承认错误并及时改正,公司是可以原谅他的,就当是给员工交学费,让他从中吸引教训;然而,如果他背离了公司的愿景、使命和价值观,我会毫不留情地解雇他!"由此也能够看出,松下集团对公司愿景、使命和价值观的重视程度。

作为初创企业的创始人,在管理的过程中要特别注重公司的文化建设和管理,明确共同的愿景、使命和价值观,确保创业团队形成强大的优势,从而有效地实现团队目标。

3.3.3 提升执行力

作为新创公司的创始人,要想有效地提升团队的执行力和战斗力,可以从以下几个方面入手。

1. 奖罚分明,坚持公平、公正、透明的原则

无论公司的规模有多大,创业者都必须建立一套公开透明的奖惩机制,确保每一名成员都能得到公平、公正的待遇。创业者应该向每一位团队成员灌输"奖罚分明"的理念:贡献大,奖励就越多;影响了团队的利益,就该受到惩罚。通过这样的机制提升团队的执行力和战斗力。

2. 明确团队的阶段性目标,及时掌控目标进度

作为创业团队的领导者,必须要明确团队当前的状况和目标,让每位成员都清楚地知道目前的工作任务,还要对目标的进度进行及时的掌控和追踪。只有明确了团队的阶段性目标以及目标的实施进度,才能真正了解公司的经营状况,提高团队的工作效率。

3. 充分信任与授权,给团队成员实现自我价值的机会

对于创业公司来说,相互间的信任显得尤为重要。如果不信任自己的员工,不懂得授权的艺术,必然会在工作中感到劳累不堪,技术型的创业者尤其如此。授权并不意味着要做"甩手掌柜",而是教会员工做事的方法,信任他们能做好，鼓励他们不要担心犯错，此外还要对员工的工作进行及时的监督和指导。

4. 根据员工的职业倾向和性格特点安排工作岗位

作为一家新创公司的创始人，必须切记这样一句话：让合适的人在合适的岗位上干合适的事情。在招聘创业人才的过程中，要善于观察员工的职业倾向和性格特点，安排最适合的工作岗位，以便于发挥员工最大的工作潜力和创造性。

3.3.4 实施激励

许多老板认为只要按时按量给员工发奖金就是对员工的激励。事实上，只用金钱作为激励手段，员工很难真正地付出忠诚，一旦有更好的条件，他们会毫不犹豫地抛弃现在的公司，转投待遇更高的公司。所以，除了给钱以外，管理者还必须给员工提供有适当挑战性的工作，让他们收获存在感及成就感，这既是团队竞争性的保证，也是你留住人的关键。

物质待遇是现代团队不可或缺的基础。钱当然能起到激励的作用，但更重要的是让员工觉得每天都可以学到很多新东西，在这里可以实现自己个人的事业目标。因此，要让员工在工作中时不时发现新的挑战，而且是可以在他的努力和上司的帮助下克服的。

金钱和荣誉从某种意义上是对个人成就和价值的肯定，而精神激励更能留住一个员工的心，他会从心底感激你，而不是只说一些体面话，背后却抱怨连连。

有研究表明：在人们的工作中，所关心的并不只是他们获得了多少收入，更多在于薪资和升迁制度的公平性。所以，公司十分有必要拉开收入的档次，设置公平的制度，再用量化的经济指标来衡量员工的不同能力和价值，在部门内部建立"能力优先"的机制。简而言之，团队必须建立一套公平的薪资制度来保证激励制度的良性发展。

既然主要的奖励手段是金钱，那就必须让他们在薪酬的获取中收获成功的感觉。这是我们通过薪资培养下属成就感的另一要点。他会觉得："我通过公平的竞争，奖金比同事多出一倍，我是比他们更重要的人，对公司的发展起到了巨大的作用。"这时他就获得了自我肯定。

在培养下属成就感的过程中，要尽量做好以下四个方面：

第一，避免手段的僵化：采取一刀切的方式是错误的。要根据自身和团队的情况来设计培养员工成就感的方法，分析各种方法对于个体员工的作用，灵活有效地制定相应的激励手段。

第二，物质奖励很重要：精神不能当饭吃，切忌只强调成就感。精神激励的作用有时是无法持久的，我们要把其和物质激励完美地结合起来。也就是说，只注重给名声（地位和荣誉），反而容易让成就感失去所依存的基础，让员工觉得你是一个"忽悠型"管理者，只是在骗他们为公司做牛做马，实际上却没有真金白银的回报。

第三，担起责任：领导者要避免过分监督，要勇于承担责任。有些领导者对自己的部门进行过度严密的督导，以免员工出现偷懒或者效率下降："我不能让他们白拿钱不干活！"这将使员工成为一台台没有生气和活力的机器，丧失想象力和创造性。作为领导者，将权力下放给手下以后，就无须事无巨细地过问。要点是，必须按照制度进行定期的检查，以确保他们没有违反公司的各项规定，并完成了制定的任务。真正卓越的老板往往都具有敢于承担责任的精神，给自己手下安全感，最终收获了员工的忠诚。

第四，区分冲突：鼓励认知性冲突，减少情感性冲突。有人的地方就会有冲突。在团队内部，对事不对人的认知性冲突将有助于改善决策质量，并提高决策在团队成员中的接受程度；而对人不对事的情感性冲突，会在团队内部培养起冷嘲热讽、互相回避的不正之风，严重影响到团队的整体绩效及决策质量。

员工不可能总是保持充满激情的投入，即便对老板感恩，也有一定的时间段，时间一长就会麻木。工作失误增多，老板就拿出"鞭子"，但这就造成了员工的心理落差。员工会觉得："怎么以前没有这么多规定？"老板却想："你们只想拿好处，却无法忍受不好好工作所带来的一点批评和惩罚。"要想从心理层面征服一个人，往往"抽一鞭子给块糖"才是明智的选择。

必须依靠健全的制度、公正的执行，而不是依托管理者个人的想法。以"人治"的模式去解决，只会陷管理者于不义之地，也会放纵或者压制员工的正常工作思维，耽误他们的成长。

如何才能有效地运用"胡萝卜加大棒原则"，而不是经常不得已挥起我们手中的"大棒"？要注意以下几点：

（1）赞赏必须要让员工看到。有意义的团队赞赏必须是可视的、形象化的，而不是"悄悄话"。对一名员工来说，高度赞赏的价值不亚于一次意想不到的公费旅行，你必须让他们看得到，而且最好让全公司的同事都能目睹他接受奖励的一幕。但是很遗憾，这些在许多公司甚至一次都没有发生过。

（2）主动地给予员工"成就感"。"赞赏"往往是人们在工作中十分稀有的体验。所以当有些人获得领导者的主动称赞和给予的成就感时，会突然觉得自己对公司是如此重要，立刻就下定决心要为公司付出更多——哪怕前一秒还在盘算怎样才能顺利地离职，跳到隔壁那家公司。

（3）该挥舞的"大棒"也不能少。如果把减少员工犯错寄希望于"胡萝卜"，那么错误只会回来越多，因为员工往往意识不到自己犯了错，需要"大棒"来提醒他们公司"红线"的存在。在适当的时候挥舞"大棒"，才能产生最好的效果，帮助员工加强自律，养成好的工作习惯。

案例 1

不是一个人的阿里巴巴

1999 年 1 月，全球互联网创业的第一个高潮悄然而至。雅虎、亚马逊等美国网站的先行者纷纷上市，美国纳斯达克的股票一路上扬；杨致远等人一夜暴富，孙正义等风险投资者获利几十倍，就连买了网络股的股民也赚了个盆满钵满。中国互联网市场也热闹非凡。网站崛起如雨后春笋，网站烧钱如烧纸；新浪、搜狐、网易不但势头强劲，而且也在跃跃欲试准备上市。

互联网背景下的创业基础与实践

此时的马云，两手空空，仍无声无息，而且身体欠佳；此时的马云团队可以说只有十几个人、七八条枪，而且情绪低落，内心迷茫。这就是阿里巴巴诞生的大背景。

1999年1月的一天，马云把十几个创始人召在一起说："我们开始创业了。请大家把自己口袋里的钱放在桌子上。但有一个原则，第一不能向父母借，不能动老人的退休本钱；第二不能向亲友借，影响人家一辈子的生活；我们是愿赌服输，输了，钱都是自己的；如果不成功，大不了重新来过！"说完，马云率先把自己全部积蓄放到了桌子上。接着，大家开始你1万他2万地凑，最后凑了50万。

这次集资的重要意义首先在于，它决定了公司的性质是合伙人的股份制公司。当时中国人创办公司绝大多数是自己控股，自己当老板，而且一般控股都在60%~70%。以后即便股权稀释，创始人也永远控股永远是大老板。就连新生的网络公司也未能免俗。阿里巴巴的50万启动资金，马云自己完全可以解决，无非多借点而已。当时马云要想控股要想当老板轻而易举，而且团队其他人也不会反对。但马云还是慷慨地把自己的股份分给了18个创始人。他看重的是团队，是朋友，是友情，这是阿里巴巴价值观的源头。他说："我们很健康，股份每个员工都有，最大的股份在管理者手里。这是个很科学的概念，我们不是东方家族企业。"

其次，它把阿里巴巴一开始就放在了一个坚实的可持续发展的轨道上。马云当时就接受了西方最先进、最健康的公司理念。他说："家族气、小本本主义、小心眼，这些东西都不行，西方的公司是用制度来保证，而我们中国人是用人来保证。"他当时就提出：公司是永远的，人是会换的！正是这种理念和制度保证了阿里巴巴持续长远的发展，才使阿里巴巴有可能做一个持久的伟大企业。

马云很强调阿里巴巴的精髓是用东方的智慧、西方的运作面向全世界的大市场。他重视西方运作手段，要求公司的管理、资本的运用、全球的操作均采纳西方的方式。马云的创业理念也很先进。共同创业、共同持股、共同打天下的机制和理念，无疑能更大地激发团队的干劲，因而越来越多哈佛大学、斯坦福大学的工商管理硕士向阿里巴巴靠拢。

第3章 创业团队

阿里巴巴现在的几位副总裁都有一段加盟的故事。营运总裁蔡崇信是中国台湾人，7岁到美国，然后在美国的耶鲁大学读的法学硕士，毕业以后在华尔街当了四年律师，然后被 Investor AB 公司派往亚洲负责整个亚洲的风险投资。他到阿里巴巴之前是作为投资者来的。几次接触下来，他在跟马云到美国的路上对马云说，如果马云你同意，我就加盟你这家公司。马云当时吓了一跳，他的年薪百万美金，后来蔡崇信太太跟马云讲："马云，当时我觉得他疯了，但如果我不让他去阿里巴巴，他这辈子都会恨我。"

在长达一年将公司的关键职位——首席技术官空置后，阿里巴巴在阳光五月宣布，出生于上海的世界搜索引擎之王、雅虎搜索引擎专利发明人吴炯将领衔构建阿里巴巴电子商务交易平台，真正实现网上交易。曾就读于上海交通大学的吴炯先生，在美国硅谷工作和生活十几年，亲身参与和见证了互联网的兴起与发展，对互联网技术和商业有全面的了解和判断。他于1996年4月加入全球最大的互联网网站雅虎，是全球一半以上网民使用的雅虎搜索引擎的首席设计师，1999年11月23日，吴炯先生作为唯一发明人，获得美国授予的搜索引擎核心技术专利。吴炯的加盟，将大大加强阿里巴巴在电子商务技术方面的研究和开发力量。

作为在美国硅谷创业成功的华人典范，吴炯的决定影响了一大批硅谷华人精英加入到阿里巴巴在美国的研究开发中心。吴炯说，阿里巴巴在全球率先提出"B2B电子商务模式"，是下一代互联网的开山之作，这家拥有优秀的国际化管理团队的网站提出建设全球最大的网上交易平台的目标，对任何一个网络技术人员都具有难以抵挡的诱惑力，这个宏伟目标的实施，给技术研究和开发提供了广阔的空间，充满了挑战。现在，阿里巴巴在美国的研究开发队伍已汇聚了来自 Oracle、Yahoo、Excite Home、Eloan 和 GetThere.com 的技术精英。吴炯表示，雅虎的搜索引擎形成了全球几亿人的上网习惯，阿里巴巴的电子商务平台将通过改变几千万商人的商务方式，来影响全球几十亿人工作生活的方式和质量。

阿里巴巴负责市场的副总裁 Todd Daum 曾经是美国运通卡的市场总裁，美国人，MBA 毕业，9年内在美国运通卡从零打到市场总裁。阿里巴巴的战略副总裁 Sanjay 是印度人。马云说，那次他在香港互联网世界大会上演讲完后，看到有个很帅的印度人在边上站着，一个半小时以后他过来对马云说："Jack，我有话要跟你谈，你有没有时间？"马云跟他谈了三分钟，就知道他是自己要找的人。Sanjay从美国哥伦比亚MBA毕业，后来在麦肯锡咨询公司工作了两年，他的爷爷就在香港开进出口公司，从麦肯锡回来以后就接手家族企业，把家族企业从香港发展到北美、南美、欧洲，业务越做越大。

阿里巴巴能取得今天的发展固然有机遇的因素，但主要是马云和他团队伙伴奋斗的结果。"芝麻开门"远不是念一句口诀那么简单。用马云的话来说，"国际互联网人没吃过的苦，我们都吃过了，他们尝到的甜头，我们还一点没尝到。"

经验总结

创业团队不管大小、规模，都必须做到"五脏俱全"。既不能是清一色的技术流成员，也不能全部是搞终端销售的，优秀的创业团队成员各有各的长处，大家结合在一起，正好是相互补充，相得益彰。一个优秀的创业团队必须包括以下几种人：一个创新意识非常强的人，这个人可以决定公司未来发展方向，相当于公司战略决策者；一个策划能力极强的人，这个人能够全面周到的分析整个公司面临的机遇与风险，考虑成本、投资、收益的来源及预期收益，甚至还包括公司管理规范、章程、长远规划设计等工作；一个执行能力较强的成员，这个人具体负责下面的执行过程，包括联系客户、接触终端消费者、拓展市场等。

案例2

出色的团队在于沟通

张春是上海矽维电子科技有限公司的总经理，他的企业是自动化工业机器人产品的设备供应商和服务商。张春的公司成立于2009年，企业成立当年就实现了70万元的销售业绩。2010年，企业实现快速发展，完成销售业绩277万余元，纳税近50万元，实现净利润30万元，企业的员工也由初创时的5人发展到14人。张春自己总结，他的企业能有今天的成绩和发展，最重要的因素是他打造出了一支出色的团队。

亲力亲为，甘做表率

对于什么才是企业的领导力和执行力，张春认为那就是"老板要做员工的表率"。在公司刚成立的那段日子，张春曾经有过一个明显的感受，只要自己亲自上，各类问题总能得到很好的解决，但如果是交给手下的员工，问题总是得不到及时的解决，甚至会丢失客户。然而仅靠自己的力量，是无法把公司做大的；只有努力提高员工的技能和素质，才能保证企业的发展。他曾经请专家来培训员工，可是这样做费时费钱，收效却并不理想。几经思考，张春决定亲力亲为，下功夫将企业里所需的各种技术、服务知识和自己的销售经验总结出来，编成一本《工作守则》，然后用这本书来培训企业的员工。他一边定期组织员工培训学习。利用每周五下午的时间，亲自讲课、亲自示范，而且每周都要指定员工轮流分享自己的经验。一边手把手地教给员工，在日常的工作中，注重对员工的示范作用。在他的这种做法下，企业员工的素质明显有了比较快速的提升。

工作内外，真诚相待

在张春的创业团队中曾经发生过一件令大家印象深刻的事情。公司成立之初，张春的创业团队一共有5名成员，其中除了陈永红是四川人之外，包括张春在内的其余4人都是上海人。一起讨论问题时，其他四人习惯性地用上海方言沟通，这让陈永红感觉很不舒服，总觉得自己被团队的其他成员孤立了，加之生活习惯上的不一致，团队内部的矛盾越来越多，后来发生了不愉快的争执。张春这才认识到问题的严重性，他立即找公司其他人详细了解了情况，张春这才明白自己作为团队的领导居然忽视了生活习惯以及地方差异这类细节，使团队的重要成员感觉被孤立，难以融入。

张春立即打电话给陈永红，亲自上门拜访，和他沟通并道歉。首先张春向陈永红真诚地检讨自己长期以来没有顾忌到因为方言问题给陈永红带来的烦恼，并诚恳地邀请陈永红回归团队。他们彻夜长谈，陈永红被张春的真诚彻底打动了，并进行了自我检讨，决定回到团队的大家庭中。这件事不仅是陈永红深深地被张春感动了，团队的其他成员也对张春的行为深为敬佩。从那以后，团队所有的成员都把张春看做自己真正的朋友，无论是工作还是私事都愿意找张春聊聊。张春的团队从此也拥有了更强的凝聚力。

分享成功，实现共赢

张春一直都是一个宽容积极且善于分享的人，还从来不吝啬给予员工鼓励和表扬。在企业里只要有员工有出色的表现和成绩，张春总是利用各种机会和场合给予大力的表扬，对于犯了错的员工，也甚少批评，多是用鼓励代替。她的善于分享不但体现在经济上，也体现在公司的管理上。在经济方面，张春公司的业务提成比例是本地同行业企业中最高的，只要公司的员工能够完成一定的任务目标，年底张春总是会给这些业绩好的员工兑现高额的现金奖励，他还在公司设计了一种管理期权制度，将自己在公司的股权拿出一部分奖励给公司的业务骨干。在管理方面，张春非常注重请员工们一起来参与决策。对公司的重大决策和事件，张春总是充分地收集大家的意见和建议，使每一个员工都能感觉到自己的重要性和在公司的地位。对那些提出好的建议并给公司创造了效益的员工，张春也会给予他们高额的奖励。有一次，公司为开拓一个重要的集团客户来征求大家的意见，一位员工提出了一个定制产品的好建议，当此建议被公司采纳并得到客户的认可后，张春立即奖励给这位提出建议的员工一台笔记本电脑。员工们都知道，在张春的公司，只要自己好好干，就一定能得到公平、合理、满意的回报。

善待离职的员工

张春所在的行业人员流动是比较大的，特别是销售人员经常跳槽，这让很多同行的公司头疼不已。为了避免人员跳槽给公司带来的损失，同行们采取了不少的办法，如公司的客户资料严格对员工保密，强迫员工交保证金，始终拖欠员工一个月的工资等。对这些办法张春是不屑一顾的。公司刚创办的第一年，员工跳槽的现象也时有发生，每当员工离职的时候，张春总是会诚恳地和这位员工谈话，并请其吃饭，认真地了解员工离职的原因。对想跳槽到同行公司干的员工，张春愿意为他们提出好的推荐意见，对想离职自己创业的员工，张春会鼓励他们好好干，并愿意为他们提供帮助。这样一来，即使是已经离职的员工也仍旧对张春赞不绝口，有的甚至在离职后有了更好的发展也不忘和张春保持业务上的联系。

以上就是张春自己总结的打造企业团队的经验。最能说明其正确性的是，2009年上半年，金融危机使企业面临暂时的困难，半年的时间公司给员工发不出工资，可这半年的时间里没有一位员工提出离职，大家都把自己的命运和张春的命运拴在一起，和张春一起努力度过了这段困难的时期。现在，张春相信，只要他拥有这样一支好的团队，公司的事业就没有做不好的可能。

经 验 总 结

1. 当团队出现矛盾时，管理者必须解决具体问题。张春的实践给我们的启示是，要学会在竞争中合作，在合作中竞争，不仅能化解许多危机，而且能够促进企业提高生存能力，寻求更加广阔的发展空间。

2. 团队是所有创业要素中最复杂、最动态化、也是最有升值潜力的资源，创业常常是"成也团队、败也团队"。能管理好你的团队，创业就成功了一半。

第 4 章

机会评估与资源整合

4.1 创业机会的评估

4.1.1 创业机会的定义

经济学博士伊斯雷尔·柯兹纳认为,一系列的市场不完全就代表着创业机会,他认为机会是一种可能性,这种可能性是指企业通过进行资源整合,满足市场的某种需求,就可以实现企业的市场价值。

简单地说,创业机会就是指那些具有较强吸引力的、较为持久的有利于创业的商业机会。创业者能据此为客户提供有价值的产品或服务,并同时从中获益,取得利润。

许多创业者在发现创业机会后,往往都对自己所发现的创业机会在未来能够带来丰厚的利润满怀信心,相信自己必将成功。但众所周知,创业本身就是一种高风险的活动,几乎九成以上的创业最后都以失败告终。创业的成功与失败之间,除了一些不可控的因素外,有许多创业机会在创业初始就注定了未来失败的命运。

因此,创业者发现了创业机会,并不意味着创业活动就此发生。创业机会的发现只是创业活动的起点，如果想要提高创业成功几率，一定要理性创业，在创业前必须对创业机会进行合理评估，再依据评估结果做出是否创业的决策。只有对机会进行准确评估后，创业成功的概率才能大大提高。

4.1.2 创业机会的特征

一个有价值的创业机会应具备以下四大特征，我们可以从这四大特征来整体把握机会评估的原则。

1. 吸引力

首先，吸引力体现在产品对消费者的吸引力，即产品存在市场需求，能满足消费者需求。创业最重要的是产品，产品能否满足用户需求、满足消费者偏好，用户能否接受该产品或服务并愿意为此付费，对于创业而言至关重要。要使产品对消费者具有吸引力，获得顾客认可，这就要求企业在创造产品时要以用户思维去思考，要求企业站在用户的角度看问题。只有当企业制造的产品能抓住用户需求心理，满足用户的需求，才能吸引更多的潜在顾客，获取更大的市场份额。

其次，吸引力还体现在产品对创业者的吸引力，即产品的市场需求要足够大。在这里，要了解市场需求大小，采取的方式往往是提前对市场需求进行调研和测试，将产品拿到真实的市场中去检验。之后，通过测试结果对比研究所发现的机会，判断它是否具备诱人的市场需求，如不满足，则直接选择放弃。

2. 持续性

持续性是指市场需求应该是长期持续的。在了解市场需求量后，还需了解产品的市场需求能否长期持续。如果产品的需求不具持续性，潜在消费者购买次数少，甚至是只买一次，就没有了第二次，那么即使当前的市场需求较大，由于其不能支持产品需求的持续增长，也应考虑放弃。相反的，如果初创企业面临的市场需求小，初始利润获得少，而市场需求能持续，潜在消费者愿意购买多次，那么产品的潜在增长空间很大，创业项目也可以坚持下去。

3. 适时性

适时性是指创业者现有的能力和其能整合的资源与创业机会所需的条件应基本匹配。当发现了创业机会，创业者要清楚认识到这个机会是否适合自己。只有创业者和机会之间匹配程度较高时，创业活动才最可能发生，也更可能取得成功。因为个体即使看到了创业机会，也可能因为个人的知识、技能、关键资源等方面的欠缺使得个体与机会不匹配。一般情况下，在创业者的能力及能整合的资源与创业机会所需条件匹配程度不高时，则说明这个创业机会并不适合该创业者，放弃为上策。

4. 时效性

杰弗里·蒂蒙斯曾说，一个具体的创业机会，其存在的时间是短暂的。创业机会具有很强的时效性，机会不可能永远存在，甚至可能转瞬即逝，正所谓：机不可失、失不再来，创业者必须赶在机会之窗敞开时加以开发利用。机会之窗是指将创意市场化的时间，即将商业创意推广到市场上所花的时间，若竞争者已有了同样的思想，并已把产品推向市场，当市场容量趋近饱和时，机会之窗也就随之关闭了。

这四大特征是创业机会最本质、最重要的特征。创业者在对创业机会进行评估时应当先从这四大特征入手，利用自己的先前经验、专业知识、社会阅历等快速地对机会进行初始判断。

4.1.3 机会评估标准

在依据创业机会的四大特征对机会进行初始判断后，我们还需要从以下五大标准对机会进行系统全面评估，使得创业者能站在更细致客观的角度评估自己发现的创业机会。

1. 市场

（1）市场潜力。一个好的创业机会应该能生产出满足特定顾客需求，并为顾客带来价值的产品。产品带给顾客的价值越高，市场潜力越大，创业成功的机会也越大。如果所生产的产品在满足顾客需求的同时，能在较短时间内（1年左右）为客户提供某种可测量的便利，如提高收益、降低成本、高附加值等，则此种产品必然具有较大潜力。如果为顾客提供的便利不明显或时间较长（超过3年），则此产品的市场潜力不大。

（2）市场规模。市场规模即市场容量，是目标产品或行业的整体规模。市场需求越大，市场规模越大。

①市场规模大。一般来说，一个总销额超过1亿元的市场规模是有吸引力的。在这样一个市场上，占有大约5%甚至更少的份额就可以取得诱人的销售额。同时，市场规模大者，新创企业对其不易构成威胁，市场竞争激烈程度相比市场规模小者较低，从而避免了饱和式竞争，也降低了创业失败的风险。

②成长速度快。一个正在成长中的市场，通常也会是一个充满商机的市场。一般情况下，利润率高、处于成长期的朝阳产业相比成熟产业，对创业更为有利。在朝阳产业中，尚未形成稳定的市场格局，发展空间广阔，而在成熟产业中，成长空间相对狭小，其利润空间也较小。对于创业者来说，相比进入成熟的行业，进入朝阳产业往往更易取得成功。此外，成熟行业竞争对手多，集中度、进入壁垒较高，初创企业也难以进入。

如果初创创企业进入的是一个市场规模巨大而且处于成长中的市场，那么企业在这个市场上即使仅占有较小的份额，也能拥有相当大的销售量，并且发展潜力大，这样的创业机会更易成功。

（3）成本结构。成本结构即成本构成，是产品成本中各项费用、成本所占的比重。成本结构也是评估机会的一个重要标准，具备合理的低成本结构能给企业带来较大的竞争优势，从而使得创业成功的概率提高。在分析成本结构时，当我们发现某种成本占企业总成本比重很高时，则该成本因素可能成为企业的主要风险，我们要特别关注该风险，进而改进成本结构。同时，低成本往往来源于行业中存在的规模经济，而对于初创的企业来说，低成本往往来源于技术与管理，提高技术水平和改善管理是改进成本结构的重要方式。

2. 资本与获利能力

（1）毛利。单位产品的毛利是单位销售价格减去直接的、可变的单位成本。一个好的创业机会应能持久地获取高额毛利。毛利率高的创业机会能使企业较早地达到收支平衡，在财务上遭受严重损失的风险也相对较低。反之，毛利率低的创业机会，风险则较高，遇到决策失误或市场产生较大变化时，初创企业很容易遭受损失，创业不易成功。

$$毛利率 = (销售收入 - 销售成本) / 销售收入 \times 100\%$$

一般来说，最理想的毛利率是40%，而当毛利率水平低于20%，这个创业机会就需要权衡考虑。

（2）税后利润。高而持久的毛利通常会转化为持久的税后利润。一般而言，具有吸引力的机会至少能创造15%以上的税后利润，若税后利润不到5%，则该机会则不具吸引力。

（3）损益平衡所需时间。损益平衡所需时间也就是盈亏相抵后获得正现金流量的时间。合理的损益平衡应该能在两年以内达到，若企业三年仍达不到损益平衡，该创业机会一般也不值得投入。

（4）资本需要量。一般来说，资本需要量少的投资机会往往更受创业者欢迎。初创者缺乏经营经验，资本需要量较少的创业，风险性较低，创业者承受失败的能力也相应较高。同时，许多个案显示，资本额过高并不利于创业成功，有时还会延长损益平衡的时间，因此在创业开始时，资金需要量大、回报率较低的创业机会是不可取的。在通常情况下，知识越密集的创业机会，对资金的需求量越低，投资回报反而越高。同时，在创业开始时，不要募集过多资金，最好通过盈余积累的方式来积累资金。而相对比较低的资本额，将有利于提高每股盈余，并且还可以进一步提高未来上市的价格。

（5）预设退出机制。对于创业者来说，创业初期，创业者的启动资金主要来源于家庭和亲友，同时可以根据当地相关的创业政策获得一部分无息贷款，因此项目选择必须因地制宜，充分考虑自己的实际经济情况，进行合理的资金评估，制定短期、中期、长期预算规划，合理预估盈利空间、盈利时间，同时做好亏损准备，预设退出机制，从而减少损失。同时，在资金不足的情况下，创业者还希望得到风险投资者的资金支持。对于风险投资者来说，通常会考虑创业失败资金抽回的问题。有吸引力的机会应该有完善的退出机制，没有退出机制的机会对于创业者和投资者来说都没有太大的吸引力。

3. 竞争优势

（1）现成客户。创业者可以考虑在准备创业的领域，是否存在现成客户。今天许多公司的销售人员出去自己创业，把自己积累的客户带去新公司就是利用现成的客户资源来进行创业。当然，这样做，是否有违职业道德，值得商榷。

（2）技术。创业者要考虑你所拥有的技术、经验是否达到行业内的较高水平。在当今时代，技术和创新是创业成功的关键，如果你拥有本行业的高端技术，则更容易取得成功。

（3）关键资源。能获得别人不能获得的关键资源是创业者所具有的强大优势。

（4）成本优势。较低的成本能为企业带来较大的竞争优势，从而使得相应的投资机会富有吸引力，一个新进企业如果没有低成本优势，它的预期寿命会大大缩短。

4. 创业环境

（1）法律政策环境。首先，创业必须遵守各项法律法规。在法律规定的范围内活动，这是创业的前提，否则，创业没有成功的可能。例如，如果创业者所发现的机会是非法的，那就不符合创业的前提条件。

其次，企业经营离不开国家特定政策的影响。当今，国家支持大众创业、万众创新，在税收、贷款等方面都对企业有优惠的扶持政策，例如，对软件等技术创新企业在税收政策方面给予了许多优惠政策，提高小型企业的公司税起征点，适当提高对小型企业贷款不良率的容忍度，并对小微企业进行金融支持等政策。这些都有利于新创企业的成长和发展，在这种国家支持创业的政策大环境下，创业变得相对容易。

最后，创业者还应考虑所创项目是否受到国家政策扶持。受国家政策扶持的项目能让创业者享受到最好的补贴优惠，从而降低创业者的资金风险。目前，国家对新能源、新材料、生命科学、生物医药、信息网络、空间海洋开发、地质勘探等战略性新兴产业的项目都有扶持。

（2）经济环境。企业面临的社会经济条件及企业自身的运行状况、发展趋势、产业结构、交通运输、资源等经济情况是制约企业生存和发展的重要因素，在较好的经济环境下创业更易成功。

（3）社会文化环境。文化环境对于市场需求尤其重要，如果你的产品不符合地区的文化、价值观念，那么要使产品获得消费者认可非常困难。例如，速溶咖啡，因为美国人的时间观念很强，能节约时间的速溶咖啡就十分受欢迎，然而在拉美的一些国家，就会遭到妇女的拒绝，因为这些国家的人认为使用这种节省时间的饮料是由于懒惰，所以在拉美的文化环境下，速溶咖啡并不受欢迎。因此，创业者要对当地教育水平、思想观念、宗教信仰等进行调查，从而确定产品的接受程度。若接受程度低，则表示创业机会不理想。

（4）产业竞争环境。在任何市场上销售产品，企业都将面临竞争，竞争失败即意味着创业失败，因此我们必须对竞争环境进行分析，竞争激烈的产业环境不利于创业成功。按照"波特五力模型"的观点，一个行业中的竞争，不只是存在于原有竞争对手之间，还存在着其余四种基本的竞争力量：潜在的行业新进入者、替代品的竞争、买方讨价还价的能力和供应商讨价还价的能力。这五种基本竞争力量的状况及综合强度决定着行业竞争的激烈程度。由此可知，该企业在未来市场中的地位及可能遭遇竞争对手反击的程度。通过对这五种竞争力量的分析，判断竞争形势，再决定是否加入竞争。如图4-1所示。

第4章 机会评估与资源整合

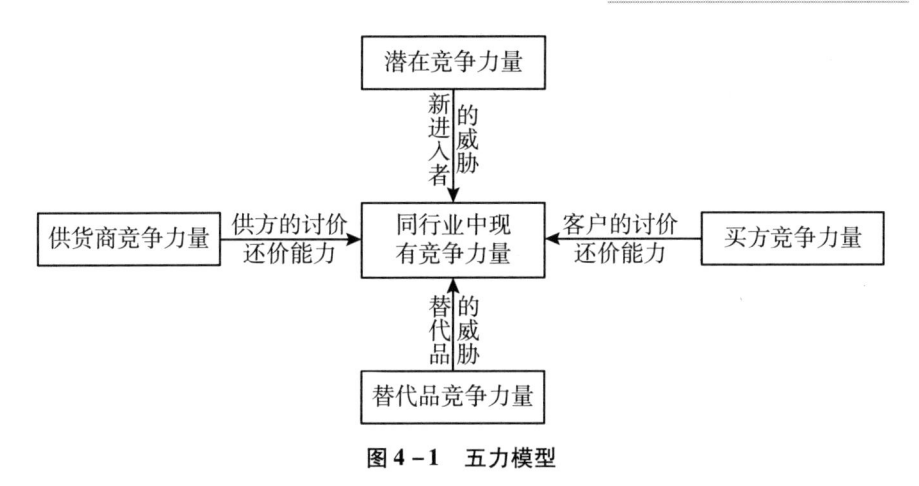

图 4-1 五力模型

同时，创业者还需对自然环境等因素进行分析，考察特定的创业机会在这些环境下是否适合创业。

5. 致命缺陷

对于创业来说，机会本身不能存在任何致命的缺陷，一个或更多的缺陷会提高创业的风险。通常，这些缺陷涉及上述种种准则之中的一个或几个。在许多例子中，市场规模太小、市场竞争极其激烈、进入市场的成本过高或竞争者不能以具有竞争力的价格进行产品销售等，都可能是一种致命缺陷。在对机会进行评估时，如果发现机会存在着致命缺陷，创业基本很难成功。

当然，创业机会并不是必须满足所有条件，而是满足得越多，取得成功的概率越大。同时，创业者能够评估创业机会的时间非常短暂，特别是在当今飞速发展的互联网行业中，产品是以用户为导向的。因此，创业者不能等到自认为产品达到完美时，才将产品推向市场，相反，创业者必须及时抓住机会，因为今天如果不及时采取行动，明天机会可能就被竞争对手抢先一步占领。如百度，如果当时李彦宏等到产品做到尽善尽美再推向市场，百度还可能成为如今搜索市场的老大吗？恐怕是不可能的。因为做到完美是不可能的，追求完美只能无限地拖长产品面市的时间，在当今互联网产品更新如此快速的时代，这种行为显然不可能抢占先机获得成功。因此，对于发现的机会，行动一定要及时，否则机会转瞬即逝，将难以成功。

81

同时，创业机会的评估虽然短暂，但却非常重要，是创业者发现创业机会之后做出是否进行创业决策的重要依据。创业者要快速参照这些标准对机会进行评估，准确做出决策，这样才能把握住机会，取得成功。

4.2 互联网时代下的创业机会

4.2.1 创业的政策背景

2015年3月15日，李克强总理在人民大会堂回答记者提问，在谈到大众创业时，李克强表示，大众创业、万众创新实际上是一个改革。国家的繁荣在于人民创造力的发挥，经济的活力也来自就业、创业和消费的多样性。当今我们的社会，需要创业的人才。

近年，我国电子商务发展迅猛，引发了新的投资热潮，开辟了就业增收新渠道，为大众创业、万众创新提供了新空间。现今，国家大力支持电子商务发展。2015年5月7日，在国务院印发《关于大力发展电子商务　加快培育经济新动力的意见》中就提出要为电子商务发展营造宽松的发展环境。政策主要体现在以下3个方面。

1. 降低准入门槛

要求清理电子商务领域现有的前置审批事项，简化注册资本登记，深入推进电子商务领域由"先证后照"改为"先照后证"的改革，同时，放宽电子商务市场主体住所的登记条件等。2013年9月11日，《网络商品交易及有关服务管理办法（征求意见稿）》规定，尚不具备登记注册条件、从事网络商品交易的自然人应当通过第三方交易平台开展经营活动，并向平台进行实名登记，现阶段对尚不具备登记注册条件的自然人放宽准入条件，允许其暂不办理工商登记注册。

2. 降税减负

从事电子商务活动的企业，经认定为高新技术企业的，依法享受高新技术企业相关优惠政策，小微企业依法享受税收优惠政策。同时，逐步将旅游电商、生活服务类电商等相关行业纳入"营改增"范围。再者，在《关于跨境电子商务零售出口税收政策的通知》中表示，除财政部、国家税务总局明确不予出口退（免）税或免税的货物以外，电子商务出口企业出口货物，只要同时符合四项条件，也适用增值税、消费税退（免）税政策。

3. 加大金融服务支持

建立健全适应电子商务发展的多元化、多渠道投融资机制。研究鼓励符合条件的互联网企业在境内上市等相关政策。支持商业银行、担保存货管理机构及电子商务企业开展无形资产、动产质押等多种形式的融资服务。鼓励商业银行、商业保理机构、电子商务企业开展供应链金融、商业保理服务，进一步拓展电子商务企业融资渠道。引导和推动创业投资基金，加大对电子商务初创企业的支持。

同时，国家也大力鼓励在电子商务领域就业创业。经工商登记注册的网络商户从业人员，同等享受各项就业创业扶持政策。未进行工商登记注册的网络商户从业人员，可认定为灵活就业人员，享受灵活就业人员扶持政策，其中在网络平台实名注册、稳定经营且信誉良好的网络商户创业者，可按规定享受小额担保贷款及贴息政策。在中小微企业应用电子商务、拓展业务领域，国家鼓励有条件的地区建设电子商务创业园区，指导各类创业孵化基地为电子商务创业人员提供场地支持和创业孵化服务。

在国家政策的大力支持下，电商企业的发展潜力无穷。

有人说："中国每10年就会出现一个时代的机遇"。从家庭联产承包责任制到改革开放，从国有企业改制到扶持农业与养殖等其他产业等。我们看到的成功者，无一不是抓住了时代的机遇，大胆拼搏。他们的成功既是意料之外，又在情理之中。

当今中国正面临着"中等收入陷阱"问题——当一个国家的人均收入

达到中等水平后，由于不能顺利实现经济发展方式的转变，导致经济增长动力不足，最终出现"经济停滞"的一种状态。中国加快社会发展、经济结构转型等问题已迫在眉睫。国家需要人民创业，创造更多的价值，协助国家转型。所以政府也必然会在政策上给予初创企业更多的优惠。近年来，国家经济飞速发展，人民的经济实力日益增强，但是消费能力还没完全释放出来。而随着互联网的发展，消费者与商家信息交流越来越顺畅、越来越广，支付方式和物流服务也日益便捷。互联网经济正在一步步地把这个社会的活力激发出来，一步步帮助社会进行发展和转型。加入到这个时代的创业大潮中，这是我们应该开创的事业，也是我们应该抓住的机遇。

4.2.2 互联网行业的发展

2014年12月15日，阿里巴巴集团董事局主席马云出席在台湾召开的"2014两岸企业家峰会"并发表演讲。马云表示，互联网时代尚未真正到来，或者说互联网才刚刚要开始，下一步全球大趋势是要从IT（Information Technology）走向DT（Data Technology），而且"观念"的转型升级才是成功的关键。

互联网经济的兴起给企业带来了新的机遇与挑战。而初创企业想要在这种全新的经济背景下获取竞争优势，必须要去了解互联网经济的特点，它能给我们提供有利的指导。只有去熟悉它、了解它，才能更好地把握住时代的脉搏。互联网经济的特点，主要体现在3个方面。

1. 互联网特征

互联网的本质是计算机之间的互联互通，以便能够做到信息共享。互联网具有典型的开放性、全球性、非中心化、平等性与个性化特征。

（1）开放性。一是对用户开放；二是对服务者开放；三是对未来的改进开放。

（2）全球性。网络拓展了人类的认识和实践空间，庞大的地球在不知不觉中变成了"地球村"、"电子社区"，人人都可以进入这个"地球村"，成为这个"电子社区"的一员。

（3）非中心化。互联网把社会各部门、各行业乃至各国、各地区联成一个整体，形成了一个相对自由的"网络时空"。网际交往突破了现实社会行为所具有的以自我为中心的互动特征，互联网技术消灭了权威式中心化的主体意志，而代之以平等自由的主体间交往，所形成的网际关系是非中心化的。

（4）平等性。网民可以充分感觉到自由性与主体之间的平等性。网民可以阅读来自许多外信息源的消息，可以自由选择议论话题，而不必受编辑、新闻出版机构的控制，享受只有网络公民之间的平等交流。

（5）个性化。互联网是世界上最大的计算机网络的集合，既互通信息、共享资源，又相互独立、各自分散管理，每个网民都有可能成为中心，人与人之间趋于平等。网络呈现出的分散性、自主性和隐蔽性等特点正是网民生活的个性化的表现。网络为人的个性发展提供了广阔的空间，使个体的创造性能够获得极大的张扬。

由此可见，互联网对传统营销带来了颠覆性的变革，这种变革不仅体现在初创企业外部运作环境、目标市场和细分市场、初创企业营销战略、产品、渠道、价格以及促销等运作模式，还体现在互联网与创业营销更能适应动态市场环境。互联网与创业营销在应对多样化的顾客需求时，都追求创造性地利用资源、不断创新、风险承担、超前行动等。

2. 互联网环境下消费者的变化

互联网环境下消费者的变化主要表现在消费者范围的改变、消费者偏好的改变和消费者行为的改变。从消费者范围来看，"世界是平的"，互联网使企业面对的消费者从某一区域延伸到了全球。相比传统营销，互联网化的企业机会显然更多。国内许多中小型企业开始通过阿里巴巴、中国诚商网等电子商务平台进行外贸交易。因此，企业必须重新定义自己的市场，明确自己的细分市场，挖掘属于自己的"蓝海"。这一点与创业营销的机会驱动特点相吻合。此外，从消费者偏好来分析，作为特定的消费者群体而言，许多新的顾客价值因素成为顾客关注的焦点，如支付风险因素、配送因素等，而这些因素随着电子商务的发展，其对于顾客的重要性必然发生变化。由此可见，企业能否快速地适应消费者的变化对于营销的成功十分重要。最后，从消费者行为的变化来看，互联网经济环境下的消费者不再是传统环境下产品和服务的被动接受者，而是营销的主动参与者。通过互联网，消费者不仅可以与企业进行低成本的信息交流，而且可以参与到产品的开发设计过程中。

3. 互联网环境的竞争状况

与传统环境相比，互联网市场进入壁垒相对较低、竞争焦点多样化、竞争环境更加激烈。首先，从市场进入壁垒来看，互联网的开放性使许多中小企业无需建立庞大的商业体系或投入较多的资源就能加入到国际大市场并参与竞争。在这种经济环境下，大小公司的机会更加均等。众多的中小企业可能通过创业营销获得超常规的发展。其次，从竞争的激烈程度来看，在互联网经济环境下，消费者能低成本地获取必要的信息，从而有了更多的选择机会和表达机会。他们可以在互联网范围来追捧全球第一，从而导致"赢者通吃"现象。可见，企业要在互联网经济环境中生存与发展，就必须在某方面成为最优秀者，如果不以创业营销理念来武装市场人员的头脑，企业就无法得知自己的发展机会在哪里，更不会不断地以创新来获取长期的竞争优势。最后，从竞争焦点的变化来看，传统营销的竞争焦点主要是产品的内在质量和服务，而互联网环境下企业的竞争焦点还包括信息的查询是否方便、物流是否配套、支付是否安全等。竞争焦点的多样化为企业开展营销活动提供了更大的空间，而创业营销理念有助于企业不断地把握各种市场机会。

4. 互联网创业

1994年4月20日，NCFC工程通过美国Sprint公司连入Internet的64K国际专线开通，实现了与Internet的全功能连接。从此，中国被国际上正式承认为第77个真正拥有全功能Internet的国家。从此，开创了中国的互联网时代，也开创了中国的互联网行业。

中国互联网发展比较迅速。随着网络技术的不断进步，与互联网相适应的产品也以我们过去难以想象的速度不断地爆发。随着网民数量的迅速增长,人们对互联网的依存度已经越来越高,互联网从业者主体规模不断扩大,处于成长阶段的中国互联网蕴藏着巨大机遇。在这样的产业形势下,越来越多的创业者投身于互联网的创业浪潮,他们急需创业理论的指导,借鉴他人成功的经验和失败的教训。然而,互联网在最近10多年的飞速发展,为创业者带来了大量的创业机会的同时,国内外学者对互联网创业的理论研究跟不上互联网的发展速度,难以满足创业者的需要。

但互联网为创业者带来的大量机会是不可否认的。

首先,时代赋予了互联网创业者巨大的历史性机遇;其次,它降低了创业门槛,草根创业者只要思路清晰、商业模式可行,就有可能获得全方位的支持,大大缩短了成功的时间和路径;最后,它引入了全球化的创新机制,在创意、资本、技术上实现了与国际接轨。因此,一批具有国际化视野的互联网创业者在这波创业潮中迅速崛起,马化腾、李彦宏、马云这些年轻的中国富豪激发了千千万万个年轻人的创业冲动。

互联网的发展,用八个字可以概括为:开放、透明、分享、责任。当今的企业如果想要走得更远,就应当在管理中融入这八个字。

互联网创业与其他行业创业相比较,互联网行业是最具创新性、竞争最充分的行业。因为与其他行业相比,存在以下3个方面的区别。

(1)互联网业的特点是集中度高,成功者将"一家独大"。其他行业绝大多数生意都难以形成与互联网行业相同的集中度,传统行业的每个领域可能都存在多个巨头。

(2)互联网的市场空间非常巨大。其他行业多是依赖于地域的经济,区域性明显或者依靠历史的口碑。而如今互联网产品虽然不再有区域性,但北京新浪、UC做得再好,也难以压垮深圳腾讯QQ。互联网的市场很大,机会非常多,即使巨头很多,但是小的商家也不容易死掉。正如马云所说:"只要躲得好,大象要踩死蚂蚁是很难的。"

(3)互联网打破了时空的限制,它的产品和服务都能随时随地地递送到用户的手上,整个反馈非常快速、非常直接;其他行业的渠道层级制度的存在使得做用户需求调查非常困难,信息反馈慢。相对的,互联网非常重视用户体验,重视程度远超其他行业。

5. 互联网创业的机会

在中国互联网创业的大潮之下，越来越多的互联网创业者开始抱怨：虽然互联网的黄金时代正盛，但其创业大门正在徐徐关闭，只剩下"大鳄们在游戏"。那么互联网创业的机会在哪里？事实上，现阶段的互联网领域仍充斥着无数机会。从互联网经济的开始，各种各样基于互联网的应用和服务层出不穷，并且不断发展，从 BBS、MUD、新闻网站、电子邮件，到门户网站、即时网游、搜索引擎，再到网络购物、社交软件、网络理财产品。综观目前的互联网界，搜索、社交、电子商务等都被大公司所瓜分。与十多年前创业的外部环境和中国互联网产业环境相比，的确一切都发生了巨大的变化，行业大格局基本已定，创业尝试门槛在提高，突围越发艰难。在互联网版图中，似乎没有了新座位。要成为腾讯、阿里、百度级别的公司，需要时机、爆炸性的技术、良好的商业模式，还有优秀创业团队及有远见的领袖。

但是，对于初创企业来说，专注于市场的细分，仍能发掘很多机会。因为创业机会同样遵循物理世界的能量守恒定律：即当一个创业机会消失时，它并不是完全消失，而是转换成了其他的机会，这机会就需要创业者去识别、发掘。例如，当前做团购网站的人越来越多，团购领域的机会不断减少。同样，少数聪明的创业者开始做起团购导航网站——平台的平台，于是他们仍能从团购混战中分得"一杯羹"。现在电子邮箱使用频率仍然很高，竞争也越来越大，但是有创业者就通过提供用户管理多个邮箱的软件，来找到自己的创业机会。

2011 年，当大家都认为电商已是一片红海的时候，"阿芙精油"诞生了，并通过一年时间做到护肤品电商全网第一。2012 年，仅电商渠道销售就接近 2 亿元，淘宝光棍节一天销售超过 1000 万元，远远超过线下渠道的领先品牌"新秀丽"、"皇冠"等。2013 年疯狂的中国购物节"双十一"，"阿芙精油"一日又获得近 5000 万元的销售额，"阿芙精油"成为线上众多护肤品品牌中的最大赢家。

2012 年，当大家都认为电商红海比 2011 年更严峻的时候，6 月，"三只松鼠"横空出世，仅半年之后，"双十一"单日销售额突破 800 万元，刷新了天猫食品行业单店日销售额最高纪录,名列零食特产类销售第一名。2013年1月单月业绩突破2000万元,轻松跃居坚果行业全网第一。

电商以前,空间可以战胜时间,没有空间,即使你的产品再好,也只能放在仓库里。电商之后,空间归为零,在这里,第一比的是谁的客户体验更贴心、谁对客户更真诚、谁的产品更有创意。

4.2.3 互联网产业新业态

1. 广阔的移动互联网市场

目前,在中国的互联网领域,很多投资人都在关注移动互联网。中国移动互联网用户规模和收入规模在不断扩大,伴随着移动互联网产业链条的不断拉长和衍生,移动互联网到了爆发增长的临界点。这个由手机发力、未来具备无限可能的新行业正逐渐渗透到人们的生活的各个领域,手机微信、微博、移动音乐、手机游戏、手机视频等丰富多彩的移动互联网应用迅速发展,正在深刻地改变信息时代的社会生活。为什么移动互联网汇集了大量的创业机会呢?因为外部环境发生了变化,表现在以下3个方面。

(1)移动互联网产业爆发式增长。国际电信联盟(ITU)预测,现阶段全球互联网用户将接近30亿,其中移动宽带用户将达到23亿。其中,中国拥有3亿电脑用户、8亿手机用户,电商潜在客户群体数量庞大,商业潜力无限。普华永道近期研究结果显示,全球移动互联网市场规模已达到2590亿美元,未来产业潜力惊人。

(2)移动互联网有三大优势。

①面对市场供求信息的日趋分散性和瞬时性,移动互联网为撮合供需双方达成交易提供了有效的技术手段。

②发挥移动服务的便捷与高效,推动传统文化娱乐、教育医疗,以及理财等金融服务向移动化、个性化转型。

③借助移动终端的定位、个人身份识别等功能,实现线下体验和线上交易融合,形成O2O闭环。如可以根据地理位置,帮助我们找到附近的餐馆

酒店娱乐，可以及时查看附近的交通状况，这是PC互联网做不到的。

智能手机的普及、移动支付的便捷化为移动电子商务创造出新机遇。据艾瑞咨询最新数据，2014年中国移动电子商务市场交易规模为9297.1亿元，年增长率达239.3%，远高于中国网络购物的整体增速。在2015年，国内电商巨头均发布手机客户端产品，布局移动电商。其次为社交电商的兴起，以蘑菇街、美丽说等服务性电商为代表。除此之外，淘宝网、凡客等也同样在积极探索社交电子商务，前者产品有淘江湖、哇哦，后者为凡客达人时尚社区。社交电商的另一面为以新浪微博、人人网、微信等为代表的探索，这些社交网络均在探索如何能与电商更好的结合。移动网络终端正处于高速普及阶段，尤其是进入4G阶段以及iPhone和iPad这样的明星产品的出现，更加速了这一普及进程。根据Analysys易观智库产业数据库发布的《中国移动互联网数据盘点&预测专题报告2015》数据显示，2014年中国移动互联网用户规模增速走低，用户数达到7.3亿人，与2013年相比，增长11.8%，继续保持着超越PC端用户量的态势。2014年中国移动互联网市场规模迎来增速高峰值，增长率达到183.8%，总量达13437.7亿元。在用户移动化习惯逐渐养成的前提下，2014年移动互联网整体市场表现突出，移动营销、移动购物、移动游戏等细分领域都获得较大增长，其中，移动购物依旧是增长的主要驱动力。当前无论是运营商、终端商还是内容提供商，都纷纷开始布局移动互联网市场。手机搜索、游戏、阅读、音乐、互动社区、支付、应用程序商店等移动互联网服务百花齐放，展现出了旺盛的发展活力，基于3G、4G网络的行业信息化业务也不断涌现。2014年移动互联网流量继续高速增长，但收入增速同比放缓。据公开数据显示，随着4G业务的发展，基础电信企业加快了移动网络建设，新增移动通信基站98.8万个，是上年同期净增数的2.9倍，总数达339.7万个。我国拥有自主知识产权的移动互联网相关产品层出不穷，与此同时，移动互联网产业链参与者越来越多。

如2015年3月上旬，一款名为"足记"的拍照社交应用突然成为了又一个刷爆朋友圈的现象级产品。3月13日，"足记"应用总下载量达到18万次；3月15日下午，总用户数突破百万；截至3月15日晚9点，总用户数达到162万；截至3月16日晚10点，总用户数达到283万。3月17日早上，"足记"仍为App Store排行榜免费第一。从3月14日开始，因准备不足，服务器几度崩溃。十天不到的时间，它在AppStore的排名从Top 1000开外蹿升到了免费分类全榜第1，堪称奇迹。

（3）移动互联网的发展趋势。"足记"的成功让我们看到，未来的移动互联网将创造一个更大的经济市场。那么，如何去创造这个巨大的经济市场？创业者需重点关注未来移动互联网发展的五大趋势。

①新技术广泛应用引领移动互联网加速发展。

第一，大数据加速开发应用——目前移动互联网领域仍以位置的精准营销为主，未来随着大数据技术发展，数据挖掘将不断深入，针对用户个性化定制的应用服务和营销方式将成为发展趋势，"大数据"成为移动互联网的另一片蓝海。

第二，ICT（信息与通信技术）产业加速变革重塑——移动互联网把整个ICT产业拖入快速发展通道，产业迭代周期由PC时代的18个月缩减至6个月，ICT产业市场格局、产业体系、业务模式都在加速变革重塑。ICT产业的核心技术平台从PC主导的计算平台向移动智能终端技术体系变迁，移动芯片将进一步主导集成电路市场增长。同时，物联网、云计算、传感器等新技术也将在移动互联网领域拓展应用。

②移动互联网产业链加速垂直整合。在产业内部，移动互联网产业链正在进行广泛的垂直整合，内容服务商、电信运营商、设备制造商等加速将自身业务向产业链上下游延伸，打造硬件、软件及应用服务一体化的产业模式，抢占移动互联网"入口"。例如，微信社交网络平台衍生出交易、金融服务、物流等服务。

③移动互联网与传统行业加速跨界融合。

第一，产业跨界融合——移动互联网与传统产业融合产生新业态，如互联网与教育、金融、商务融合，形成在线教育、互联网金融、电子商务等。这种利用互联网来重组传统行业的思路，就是我们今天常说的"互联网+"，这将是未来我们寻找新创业机会时的重要思路。

第二，投资跨界融合——移动互联网巨头企业加速跨界投资，以打造更完整的移动互联网产业生态系统。目前移动互联网企业投资的线下行业涉及文化、影视娱乐、医疗卫生、社区商业、体育、地图、物流等。

④移动互联网加速泛在化和智能化。

第一，智能终端泛在化——从电视机、冰箱、沙发等家电家具，到汽车等交通工具，再到眼镜、手表等穿戴之物，都将成为移动互联网的应用所在。可穿戴智能设备、智能家居、智能车载设备等出现和发展，将进一步拓宽移动智能终端的使用范围。

第二，移动应用智能化——结合大数据、物联网、传感器等，移动互联网应用将带来更大的便利和人工智能。例如，语音控制、人脸识别、眼球追踪等人机交互应用，将提升用户操纵体验；与物联网融合发展，将产生新的智能应用。

⑤移动互联网"5F"思维更加凸显。

碎片化思维（Fragment）——零碎时间里打动用户

粉丝思维（Fans）——得粉丝者得天下

焦点思维（Focus）——把用户便利化、简单化做到极致

快一步思维（Fast）——快人一步找到满足客户需求的方案

第一思维（First）——只有第一，没有第二

2. 互联网产业新业态特点

中国互联网产业的发展最早始于1998年，一直以来，国际投资商都在介入到这个行业，进行国际化的竞争，包括雅虎、谷歌在内。中国互联网产业没有任何壁垒，所以，中国互联网产业从第一天开始，就完全处在国际化的竞争环境、国际化的资本化环境当中。这样的环境大力促进了中国互联网产业创新发展。但随着中国互联网产业的蓬勃发展，尤其到最近几年，早期互联网企业成功以后，对互联网创业公司存在一定的遏制。经过十多年发展，我们见证了互联网产业的迅速增长。今天，纳斯达克涌现了一大批中国互联网企业，在全球互联网企业市值排名前列的公司中，我们能够发现腾讯、百度、阿里巴巴三大互联网巨头的身影。目前，这三大互联网巨头依然保持较快增长势头。

我国的产业互联网逐步形成新业态，主要体现在3个方面。

（1）工业与信息化融合加深，产业加速转型。2014年工业与信息化部继续推进信息化与工业化深度融合专项行动。国内的一些大型工业企业和互联网企业共同推进中国制造业转型，新技术、新产品、新业态、新商业模式不断涌现，生产的网络化、智能化、绿色化特征日趋明显。目前，大众创新成为产业转型升级的加速器，网络平台对接全球研发资源促进产品创新，互联网经济正在由消费型向生产型转型，工业互联网时代已经开启。

（2）技术应用日渐成熟，产业生态链逐步形成。互联网企业积极打造产业生态链，助推产业加速升级。如京东建立家电统一控制与数据处理体系；阿里巴巴打造云服务、智能硬件、智能路由、家居生态圈；海尔成立"U+开放平台"，积极打造涵盖芯片、模组、电控、厂商、开发者、投资者、电子商务、云服务平台和跨平台合作生态系统。产业互联网发展基础进一步夯实，市场潜力巨大。

（3）产业价值链多维度进化，生产性服务业前景广阔。2014年产业互联网在中国崭露头角，IC元器件流通平台、煤炭供应链管理服务平台、钢铁现货交易平台逐步建立，产业价值链多维度进化。产业互联网在中国经济转型过程中改变的不仅是产业销售体系，还包括整个生产体系、流通体系、融资体系、交付体系。

这样的大环境对创业者是有优势的。传统行业正在不断地互联网化或者与互联网行业合作。如"雕爷牛腩"和"美团外卖"的诞生，传统的餐饮业不再是普通的餐饮业，在和互联网结合之后，线下的餐厅能够通过"美团外卖"、"饿了么"等平台极大地扩大自己的消费者数目，实现销售额的大幅增长。蓬勃发展的互联网产业正在把创业环境变得更加丰富多彩。

4.3 资源整合的基本原则

哈佛商学院教授史蒂文森（Stevenson，1990）强调，创业是不拘泥于当前资源条件限制下的对机会的追寻，对不同资源进行组合以利用和开发机

互联网背景下的创业基础与实践

会并创造价值的过程。同时他认为，创业者在企业成长的各个阶段都需要力争用尽可能少的资源来推进企业的发展，他们需要的不是拥有资源，而是控制这些资源。在创业的视角下，创业者需要具备独特的整合能力，运用少量资源，控制更多资源，创造更大价值。即通过组织和协调，把企业内部彼此分离的职能，以及企业外部既参与共同使命又拥有独立经济利益的合作伙伴整合成一个为客户服务的系统，取得"1+1>2"的效果。

有这么一个名叫"石头汤"的小故事：

以前，有三个士兵疲惫地走在一条陌生的乡村路上。他们是在打完仗返家的途中。他们又累又饿，事实上，他们已经两天什么东西也没吃了。当三个士兵接近一个村庄时，村民开始忙了。他们知道士兵通常是很饿的，所以家家户户都把可以吃的东西藏起来，如把大麦藏在阁楼上、牛奶桶沉到井里、肉挂在地窖里。士兵们挨家挨户讨吃的，可是村民们都说没吃的东西，还努力装出一副饿坏了的样子，所有村民都不想把东西给士兵吃。最后，饥肠辘辘的士兵们被逼想出了一个绝招。他们向村民们宣布，要做一锅用石头做的汤。好奇的村民们为他们准备好了木柴和大锅，士兵们真的开始用三块大圆石头煮汤了！当然，为了汤的味道更鲜美一点，他们还需要一点佐料，如盐和胡椒粉什么的……当然有一点胡萝卜会更好……卷心菜呀、土豆呀、牛肉呀，配一些也不错……所有的这些东西最终都由村民们提供了！结果，一锅神奇的石头汤真的煮好了！

在这故事里，这三位士兵没有耗费任何材料，最终却煮出了一锅美味的汤。他们在自己没有任何资源的情况下，最终利用村民们给的资源挨过了饥饿。这个故事对于同样没有足够资源的初创者来说，也具有一定的启示意义。

资源是企业创造价值的重要基础，公司资源包括公司内部资源与外部资源。经营公司就是经营资源，资源整合能力的大小决定了公司规模的大小与未来的成败。对于大多数创业者来说，内部资源有限，外部资源稀缺，开展项目举步维艰，资源整合能力对于提高企业绩效举足轻重，整合资源成为创业者必备的能力。提高资源整合能力，有助于增强企业竞争优势，而公司资源整合就需要创业者能充分利用自己的内部资源，并创造性地利用外部资源。

4.3.1 内部资源整合

对于初创的企业，资金等内部资源往往都是不足的，那就需要创业者提高内部资源使用效率。创业者要将有限的内部资源专注于一件事，聚焦到一个点，把这件事做到自己当前能力范围的最好才有成功的可能。而不是要面面俱到，所有的领域都想去分"一杯羹"。在互联网的今天，企业如果想要面面俱到，满足所有人的需求，最终的结果可能就是得罪所有的人。

在移动互联网时代，"小为美，少赢多"，企业想要面面俱到是不可能的，只有聚焦在一个细分的领域，才有可能做到这个领域的极致，让消费者买你的账，取得成功。对于初创者，也只有专注于一个点，将资源整合到这个点上，把这个点做好，才有创业成功的可能。就如苹果公司在其面临破产危机时，乔布斯临危受命被重新召回公司，在高层会议上，乔布斯一针见血地指出公司不能各种产品都去做，我们专门做四种产品，即普通用户和专业用户的笔记本、普通用户和专业用户的台式机，就是通过这样对产品的细分，苹果将有限的资源进行了高效整合，把所有的力量聚焦到了一个点上，最终全公司将所有精力都投入到研发这四款产品中，最后终于凭借这四款产品打了一个漂亮的翻身仗，最终扭亏转盈，在一年内就实现了盈利，将苹果成功从濒临破产的危局中拉了出来。电商行业的巨头阿里巴巴、即时通讯领域的腾讯等企业，无一不是专注于一个点，并全力以赴地把这个点做到极致，才取得了成功。当公司的资产规模、市场份额、竞争能力做到行业前列的时候，才可以去考虑适度多元化的问题，而且尽量要追求相关多元化。

4.3.2 外部资源整合

新创企业不但要努力提高内部积累的效率，同时还要致力于开辟获取外部资源的渠道。一般情况下，创业者自身资源不足，那么就必须寻求外部资源。外部资源获取是迅速提高企业能力的有效途径，创造性地整合外部资源是优秀创业者所具有的关键技能之一。

资源是创造价值的重要基础，资源交换与整合要建立在利益的基础上。要整合外部资源，特别是对于缺乏资源的创业者来说，更需要整合背后的利益机制。只有当你与别人有共同的利益基础，别人才愿意与你交换、共享资源。在对外部资源整合时，创业者需遵守以下原则。

1. 最大化搜寻利益相关者

企业资源外部整合，建立在双方利益基础上，那么整合资源就应从搜寻利益相关者入手。弗里曼在战略管理中对于利益相关者有着细致的解释，他在《战略管理：一种利益相关者的方法》一书中提出："利益相关者是能够影响一个组织目标的实现，或者受到一个组织实现其目标过程影响的所有个体和群体。"而这些利益相关者包括企业股东、债权人、雇员、消费者等供应商等交易伙伴，还包括政府部门、媒体、环保主义等压力集团。既然资源与利益相关，整合资源第一步就是要关注有利益关系的组织或个人，最大化搜寻利益相关者，只有搜寻出更多的利益相关者，才有整合更多的资源。

同时，找出与企业利益有最直接利益关系的组织或个人，因为利益越紧密，才越有可能完成资源整合，就如创业者能从家庭成员那里获得支持的原因就在于其与家庭成员间的利益关系最为密切，创业者创业的成败直接影响到与家人共同生活的质量。

2. 寻求共同利益

利益相关者是有利益关系的组织和个体，有利益关系并不意味着能够实现资源整合，实现资源整合还需要彼此有共同的利益。因此，在识别利益相关者后，逐一分析每一个利益相关者所关注的利益非常重要。金山被腾讯选中并投资，就是双方在共同利益上的高度吻合。金山毒霸在免费开放后，一直被外界怀疑，会不会因为业绩压力而削弱在安全研发上的投入。而腾讯的注资恰恰是为金山毒霸免除后顾之忧，让金山毒霸不再担心是否盈利，也不用苦于盈利模式的掣肘，只专注研发安全产品。而对于腾讯，注资金山最大原因也是出于对上网安全性的追求。这一项目与资本之间的整合，就是双方对于共同利益点的契合。

只有与利益相关者具有共同的利益基础，利益相关者才愿意提供自己的资源给创业者。因此，在创业者最大化地搜寻出利益相关者后，还要努力寻求自己与利益相关者的共同利益。

3. 建立"利他"共赢机制

有了共同的利益也并不意味着别人愿意与之合作，因为创业公司在其成立初期，外部资源较少，对于多数利益相关者都是初次合作，要让拥有共同利益的利益相关者信任并与公司合作，需要创业公司构建具有足够吸引力的共赢机制，让对方看到整合资源的潜在收益，而收益需要投入资源，这才是对方投入资源的理由。因此，创业者想要整合外部资源，就需要寻找和设计出多赢的机制。

例如，企业间的捆绑销售就是建立在共赢机制的基础上，双方才能得以合作。在捆绑销售中，企业各有一个客户圈，其中两个圈有重合部分，也有空白部分，而企业一旦合作起来，双方也就同时拥有了对方的空白部分，即获得了更多的客户资源，同时，捆绑销售还可以降低企业的营销费用和风险。再如，饭店和蛋糕店的合作：客户吃饭送蛋糕优惠券，买蛋糕送饭店优惠券，两者的联合使得双方的销量都获得提升。从这两个例子中，我们可以看到，正是因为共赢机制的建立，才使得双方各自得到了自己想要的资源，获得共赢。

共同利益的实现需要共赢机制作保证，共赢多数情况下难以同时赢，更多的是先后赢，创业者要设计出让利益相关者感到赢并且是优先赢的机制。创业者在构建共赢机制时应以"利他"为出发点，从满足对方利益入手，尽量帮助对方减少风险。这样，利益相关者才愿意投入资源，与创业者共享投入资源后的收益。

4. 有效沟通，建立信任

资源整合机制首先要有利益基础，同时还需要由沟通和信任来维持合作关系。沟通往往是产生信任的前提，而当下，信任已经成为社会资本的重要组成部分。企业间的合作一般属于合作关系，更多地了解对方，成为朋友，才能更快速地消除合作的隔阂，更好地合作。

雷军曾说，中国是一个人情社会，做企业要广交朋友。在中国，人脉对于企业来说很重要，那些人缘好、有很多朋友相助的企业发展往往比较顺利。因此创业者要广交朋友，从而建立起更广更宽泛的信任关系。当然，也要交"好的"朋友，简单的利益交换不是交朋友，交朋友的目的不是为了"走后门"、"占便宜"，而是为了获得朋友合理合法的支持和帮助。创始人平时要多花时间和朋友在一起，多联络感情，在遇到困难的时候才好向朋友求助，获取资源，帮助自己渡过难关。就如同 EMBA 课程的开设，众多公司总裁、高管去参加课程培训大多并非只是为了一纸学位证书，而是为了在成员之间建立起更具信任感的同学关系。在"同学"这一信任基础上进行沟通，就更容易建立合作关系，实现资源整合，维持长期合作。

资源整合能力很大程度上能提高企业对资源的管理水平，这使得企业能充分利用内部资源，并不断从外部环境获取资源，进而形成初创企业的核心竞争力，获得竞争优势，实现创业成功。

案例

资源是饼，也是坑

对创业者而言，真正严肃的问题只有一个：明天你的企业是生还是死？你得养成杞人忧天的思维习惯，因为你所处的领域一天一变，如果不思虑深远，想到明天自己将会死于谁手，创业者恐怕连前进的方向都找不到。但资源依附型的创业者在进行决策时，会不由自主地降低风险的权重。他们很晚才开始考虑未来怎么养活团队、怎么赢利。这种思考方式也算合乎情理，在中国，拥有资源的多少在很多时候是制胜的关键因素，但是草根创业者不适合做此类思考。

朱郁丛，他因此损失了 80 万元积蓄，损失了作为搜房网家居集团大区总经理的收入，创立"求职帮"，想用电话的方式解决蓝领阶层的求职问题。2011 年 8 月起至今，他还无法给家人带来稳定的安全感。不过，交了学费，痛过了，这段经历就有可能成为创业者自己的财富。朱郁丛现在觉得，资源依附型创业者，并不拥有真正的创业心态。

招工时发现的机遇

在搜房网工作时，朱郁丛开过两家餐厅。当时就发现招人特别难。而身边有些投资服务业的朋友也是这样，十几家店永远都在缺人。这个现象引起了朱郁丛的关注。他开始研究蓝领找工作的途径，发现朋友介绍占六成以上。而对于一个刚来北京打工的人，有多少朋友？他的朋友又能接触到多少企业的招聘信息？这些信息有多少是优质的？这些很容易想出来，这些条件全都符合的概率很小。

随着社会的进步，北京这些年网吧少了，对于北漂的蓝领阶层们，上网成了难事，加上其本身知识水平有限，对于移动互联网技术比较生疏。所以朱郁丛想，是否可以通过打电话来帮助他们找工作呢？

于是朱郁丛决定，最好让用户拨114说"我要找工作"。114那边问他想要找什么行业、什么岗位、什么薪资、什么区域的工作，然后会把符合的岗位需求的信息发给他，114再把收集的个人信息，包括年龄、性别、学历、工作经验等信息，录入到数据库里面，以短信方式给朱郁丛发送。

和联通合作

后来一看，116、114都属于联通管。有个朋友也觉得这个项目不错，所以就牵了个线，推荐这个项目到联通。于是朱郁丛就跟联通的导航中心开始了洽谈。考虑大到项目的商务利益、社会的公益性，还有营销的设计，双方很快就达成了共识。

和联通的合作给朱郁丛的创业带来了极大的信心。得到联通的支持，并且由联通负责推广，借助这么大的平台，成功的概率比想象中高了很多。"因为在中国就是这样，有的时候资源是制胜的。"然而朱郁丛根本就没有去想，如果联通的效果不好怎么办？所以也没有准备预案。他当时就觉得，有这么大的一个平台来做支持，他们负责运营，一定能成。

2012年7月，联通方面出了问题，运营推广的效果跟朱郁丛当初的预期差了很多。用户的反馈率远远低于当时他最初做调研时的数据，差了10倍。几经商讨，积极应对，但是结果并没有预想中那么好。

迷茫与反思

"求职帮"的进展并没有想象当中那么顺利,甚至可以用糟糕来形容,朱郁丛面临了巨大的压力。"遇到这个问题怎么解决?下一步怎么去弄?我也不知道。自己已经失去了方向。"他在接受采访时说:"公司在中关村,办公室很小,50多平方米,当时有9个人。我不知道别人有没有遇到过这种状态,我压力大到都不敢回公司。哪怕去联通,在那边跟他们的人泡着,差不多有一周的时间,我都不愿意在公司这边待着。"

然后朱郁丛开始反思,他发现自己过去有一个巨大的错误,将失败的原因都归结在联通公司。然而事实上,这并不公平。在这次创业的过程中,他并没有进入创业的状态,他仍旧把自己当做是一个职业经理人,想事情不够缜密,以为大方向没问题就可以做了,做完了再说。这种思维方式成为这次教训的根本原因。只考虑了预期和前景,而选择性地忽略风险。"当有一天,你想到这个公司必须要活下去,要找到钱发下个月工资时,才慢慢进入到创业的状态。"这是朱郁丛最真切的感悟。

在体会了创业的焦躁后,朱郁丛才真正进入到创业者的角色。他开始疯狂地思考自己手上还有哪些筹码。这次跟联通的合作就像"鸡肋"一样,食之无味弃之可惜。他决心按传统方法来做蓝领招聘。他开始奔波于各个企业洽谈,寻找用户,但是最后,朱郁丛依然失败了。

资源是饼,也是坑

资源看上去是个"饼",但是如果自己不能独立的话,资源可能就是个"坑"。有些资源是好资源,你跟它合作,它能马上给你钱。还有一种资源,你跟它去合作,通过这个资源绕了一下,能不能直接给你钱,却是个未知数。所以把盈利的希望全放在资源上也不是好事。

从创业者的角度来说,如果你做这个事情是因为有某个资源而做,那你一定要离它远远的,因为一旦资源出问题的话,你这个事儿会遇到很大的阻碍,或者就不存在了。资源对我们最大的作用也就是"锦上添花",如果想象成"雪中送炭",那风险就太大了。

经验总结

1. 客户、资源和收入在创业过程中，往往是客观存在的。而提供的产品、运营和成本在创业过程中，往往都是主观可控的。在这主观和客观之间联系的是创业团队对于"客户需求的判断和评估"。

2. 拥有资源的优秀公司更应该有自我危机意识，以更好地钻研用户需求和产品，并不断地消除运营风险。只有那些得过且过的公司才会吃着资源的老本，等待着命运的摆布。

第 5 章

设计商业模式

5.1 商业模式的重要性

商业模式是把创业转化为商业价值的工具。通过商业模式可以清晰地阐释企业盈利的逻辑。

"现代管理学之父"彼得·德鲁克曾说:"21 世纪企业之间的竞争,已经不是产品与价格(资金)之间的竞争,甚至不是服务(人才)之间的竞争,而是商业模式之间的竞争。"

根据调查数据显示,1998~2007 年,在成功晋级《财富》世界 500 强的 27 家企业中,有 11 家认为他们成功的关键在于商业模式的创新。而半数以上的企业高管认为,企业要获得成功,商业模式创新比产品创新和服务创新更为重要。所以对于初创企业而言,最重要的是构建一个清晰合理的商业模式,明确自己未来的利润所在并能获得足够的投资回报。

追根溯源,所有商业模式都涉及三个基本问题:如何为顾客创造价值?如何为企业创造价值?如何将价值在企业和客户之间进行传递?下面将依次介绍。

5.1.1 为顾客创造价值

所有的企业得以运行都是依靠自己的商业模式,哪怕是一个街头小店。

当你开一个小店，你首先要回答这样一个问题："顾客为什么偏偏进我的而不是别人的店？"这就是顾客价值主张问题，即在一个既定的价格上，企业向顾客提供能够满足其需要的产品或服务。此时，你必须向顾客提供同类产品难以模仿的价值，增加顾客的转换成本，使顾客对你的产品形成"成瘾性依赖"。于是，就有了商业模式的创新。众所周知，iPod 早已不是一种产品，而是一种商业模式。iPod 的背后，是苹果建立的网上音像商店 iTunes，购买一个 iPod，等于进入一家奇大无比的音像商店。一种购买行为的背后隐藏着另一种购买需求，甚至这种隐藏的购买需求背后还潜藏着一种或多种更隐秘的需求。这种对顾客需求超强的还原能力，就是"客户价值主张"。

5.1.2 为企业创造价值

企业要想从创造的价值中获得利润，必须考虑以下问题：

（1）收益模式：营业收入 = 价格 × 数量，数量可以是市场规模、交易规模、购买频率、附加性产品的销量。

（2）成本结构：包括主要的工资成本、直接与间接成本，规模经济等。成本结构主要取决于商业模式所需要的关键资源的成本。

（3）利润模式：为实现预期利润，每笔交易所应产生的净利。

（4）利用资源的速度：这涉及库存周转率、固定资产及其他资产的周转率，并且要从整体上考虑如何利用好资源。

5.1.3 将价值在企业和顾客之间传递

从逻辑上讲，只有拥有了独特的顾客价值主张和企业价值主张，才可能去谋求实现这种价值主张的资源和能力。众所周知，电影院线的主要利润来源是影院的食品出售（冰激凌、爆米花等零食）。观众喜爱在观影时吃冰激凌和爆米花，但由于冰激凌和爆米花的特性，使其不大可能从外面携带。影院在提供这类产品上，拥有一个其他商家不可能进入的销售渠道，这种渠道的排他性的存在意味着这些产品可以高价出售，从而获得可观的利润，而票价则出现货品化趋势（以略高于甚至低于成本价出售），以绑定客户在影院消费。相对的，顾客价值主张和企业价值主张如果没有相应的资源（客户资源、产品渠道）和能力作为支撑，就难以形成商业模式。

对上述的三个基本问题的解析可以得出，商业模式的本质是满足市场的需求，为客户创造更多的价值。通俗地说，就是改善客户的生产、生活方式，并赢得其青睐。

5.2 商业模式的设计

"商业模式"不仅是一种盈利模式，而且是企业可持续发展、获得持续利润的经营方式，它主要包括客户细分、价值主张、渠道通路、客户关系、收入来源、核心资源、关键业务、重要伙伴、成本结构9大要素。下面依次对这9个要素进行说明。

5.2.1 客户细分（Customer Segments）

我们为谁创造价值

谁是我们重要的客户

一般来说，我们可以将客户细分为5种群体类型：（1）大众市场：价值主张、渠道通路和客户关系全都聚集于一个大范围的客户群组，客户具有大致相同的需求和问题；（2）利基市场：价值主张、渠道通路和客户关系都针对某一利基市场的特定需求定制，常可在供应商—采购商的关系中找到；（3）区隔化市场：客户需求略有不同，细分群体之间的市场区隔有所不同，所提供的价值主张也略有不同；（4）多元化市场：经营业务多样化，以完全不同的价值主张迎合完全不同的客户细分群体；（5）多边平台或多边市场：服务于两个或更多的相互依存的客户细分群体。

5.2.2 价值主张（Value Propositions）

我们该向客户传递什么样的价值

我们正在帮助客户解决哪一类难题

我们正在满足哪些顾客需求

我们正在提供细分客户群体哪些系列的产品和服务

价值主张的简要要素包括：（1）新颖：产品或服务能满足客户从未感受和体验过的全新需求；（2）性能：改善产品和服务的性能是传统意义上创造价值的普遍方法；（3）定制化：以满足个别客户或客户细分群体的特定需求为目标来创造价值；（4）极致：通过最大限度满足客户需求而简单地创造价值；（5）设计：产品因优秀的设计脱颖而出；（6）品牌：客户可以通过使用和显示某一特定品牌而发现价值；（7）价格：以更低的价格提供同质化的价值，满足价格敏感型客户这一细分群体；（8）成本削减：削减成本让利顾客是创造价值的重要方法；（9）风险抑制：帮助客户抑制风险也可以创造客户价值；（10）可达性：把产品和服务提供给以前接触不到的客户；（11）便利性：使产品、服务更方便或易于使用，以创造可观的价值。

5.2.3　渠道通路（Channels）

通过哪些渠道可以接触客户细分群体

如何接触客户，如何整合自身渠道

哪些渠道最有效

哪些渠道成本效益最好

如何将自身渠道与客户的例行程序进行整合

企业可以选择通过自有渠道、合作伙伴渠道或两者混合来接触客户。其中自有渠道包括自建销售队伍和在线销售，合作伙伴渠道包括合作伙伴店铺和批发商。

5.2.4　客户关系（Customer Relationships）

每个客户细分群体希望我们与之建立和保持何种关系

哪些关系已经建立

这些关系成本如何

如何把它们与商业模式的其余部分进行整合

一般来说，可以将客户关系分为6种类型：（1）个人助理：基于人与人之间的互动，通过呼叫中心、电子邮件或其他销售方式等个人助理手段进行；（2）自助服务：为客户提供自助服务所需要的所有条件；（3）专用个人助理：为单一客户安排专门的客户代表，通常向高净值的个人客户提供该服务；（4）自主化服务：整合了更加精细的自动化过程，可以识别不同客户及其特点，并为客户提供与订单和交易相关的服务；（5）社区：利用用户社区与客户或潜在客户建立更为深入的联系，如建立在线社区；（6）共同创造：与客户共同创造价值，鼓励客户参与新产品的设计和创作。

5.2.5 收入来源（Revenue Streams）

什么样的价值能让客户愿意付费

客户现在付费买什么

客户是如何支付费用的

客户更愿意如何支付费用

每个客户的收入来源占总收入的比例是多少

一般来说，收入来源可分为7种：（1）资产销售：销售实体产品的所有权；（2）使用收费：通过特定的服务收费；（3）订阅收费：销售重复使用的服务；（4）租赁收费：暂时性排他使用权的授权；（5）授权收费：知识产权授权使用；（6）经济收费：提供中介服务收取佣金；（7）广告收费：提供广告宣传服务获得收入。

5.2.6 核心资源（Key Resources）

我们的价值主张需要什么样的核心资源

我们的渠道通路需要什么样的核心资源

我们的客户关系需要什么样的核心资源

我们的收入来源需要什么样的核心资源

一般来说，核心资源可以分为4种类型：（1）实体资产：包括生产设施、不动产、系统、销售网点和分销网络等；（2）知识产权：包括产品、专有知识、专利和版权、合作关系和客户数据库；（3）人力资源：在知识密集产业和创意产业中，人力资源至关重要；（4）金融资产：金融资源或财务担保，如现金，信贷额度或股票期权池。

5.2.7 关键业务（Key Activities）

我们的价值主张需要哪些关键业务
我们的渠道通路需要哪些关键业务
我们的客户关系需要哪些关键业务
我们的收入来源需要哪些关键业务

一般来说，关键业务可以分为3种类型：（1）制造产品：与设计、制造及交付产品有关，是企业商业模式的核心；（2）网络/平台：以平台为核心资源的商业模式，其关键业务都是与平台或网络相关的。网络服务、交易平台、软件甚至提供品牌都可成为平台；（3）问题解决：为客户提供新的解决方案，需要知识管理和持续培训等业务。

5.2.8 重要伙伴（Key Partnerships）

谁是重要伙伴
谁是重要供应商
从合作伙伴处可获取哪些核心资源
合作伙伴都执行哪些关键业务

一般来说，重要合作可以分为4种类型：（1）在非竞争者之间的战略联盟关系；（2）在竞争者之间的战略合作关系；（3）为开发新业务而构建的合资关系；（4）为确保可靠的购买方与供应商关系。

5.2.9 成本结构（Cost Structure）

什么是商业模式中最重要的固有成本

哪些核心资源花费最多

哪些关键业务花费最多

一般来说,成本结构分为2种类型:(1)成本驱动:创造和维持最经济的成本结构,采用低价的价值主张、最大程度自动化和广泛外包;(2)价值驱动:专注于创造价值,增值型的价值主张和高度个性化服务通常是以价值驱动型商业模式为特征。

任何一种商业模式都少不了上述9个要素,任何新型的商业模式都不过是这9个要素按不同逻辑的排列组合。而这9个要素也组成了构建商业模式便捷工具的基础,我们称这个工具为:商业模式画布(Business Model Canvas)。而创业者的主要任务就是利用商业模式画布,对各个生产要素进行合理的搭配,形成一种清晰的、可持续发展的个性化商业模式,以便开拓新的市场。

商业模式画布最好的用法是在大的背景上投影出来,这样一群人便可以用便利贴或马克笔共同绘制、讨论商业模式的不同组成部分。这是一种可以促进理解、讨论、分析和激发创意的实际操作工具(见图5-1、图5-2)。

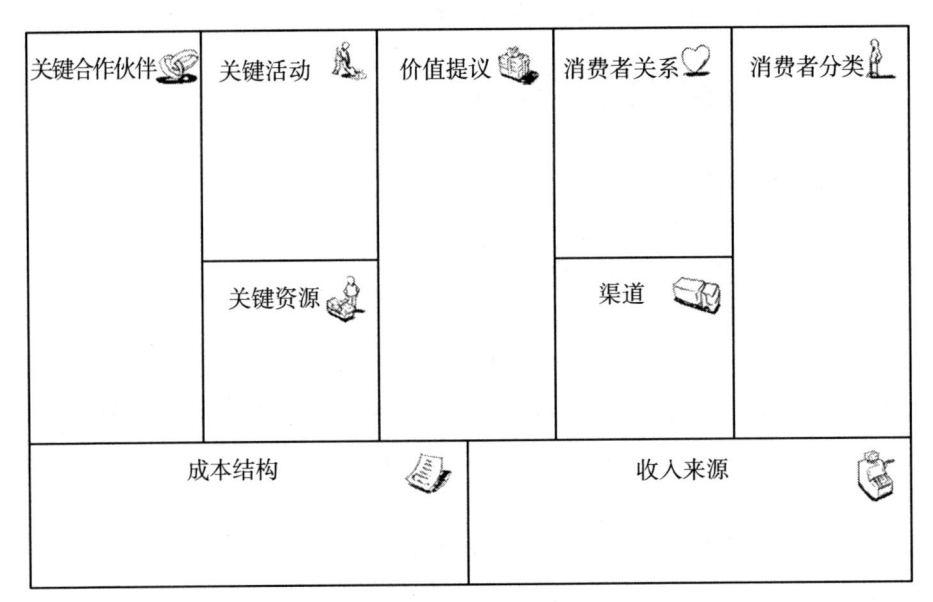

关键合作伙伴	关键活动	价值提议	消费者关系	消费者分类
	关键资源		渠道	
成本结构			收入来源	

图5-1 商业模式画布

第 5 章　设计商业模式

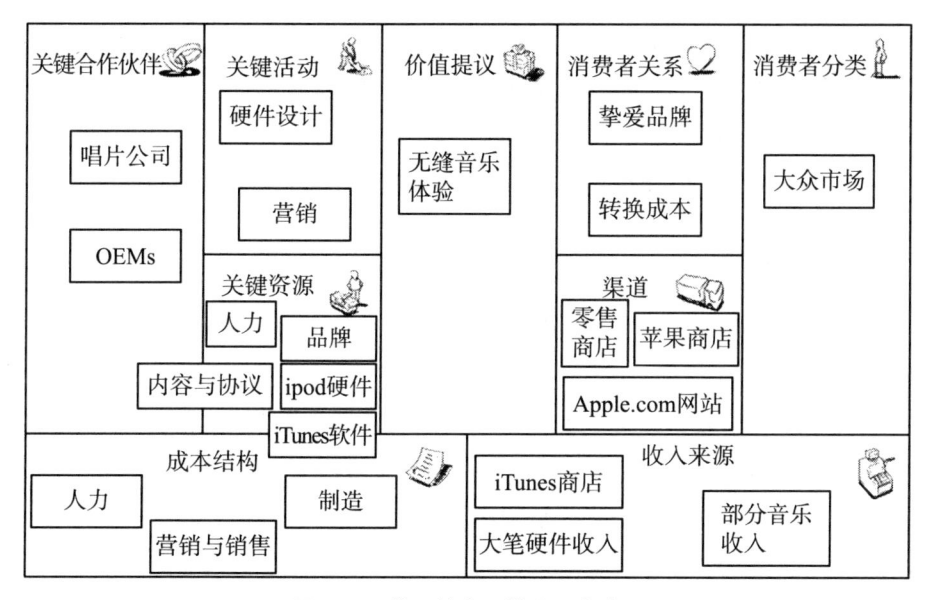

关键合作伙伴	关键活动		价值提议	消费者关系		消费者分类
唱片公司	硬件设计		无缝音乐体验	挚爱品牌		大众市场
OEMs	营销			转换成本		
	关键资源			渠道		
	人力	品牌		零售商店	苹果商店	
	内容与协议	ipod硬件		Apple.com网站		
		iTunes软件				
成本结构			收入来源			
人力	制造		iTunes商店	部分音乐收入		
营销与销售			大笔硬件收入			

图 5-2　苹果的商业模式画布应用

小案例

苹果 iPod/iTunes 商业模式

2001 年，苹果发布了其标志性的便携式媒体播放器 iPod。这款播放器需要与 iTunes 软件相结合，这样用户可以将音乐和其他内容从 iPod 同步到电脑中。同时，iTunes 软件还提供了与苹果在线商店的无缝连接，用户可以从在线商店中购买和下载所需要的内容。这种设备、软件和在线商店的完美结合，很快颠覆了传统音乐产业，并使苹果成为了市场的主导。

苹果公司能够实现这种优势，在于它完美地构建了一个优秀的商业模式。一方面，苹果将其旗下的 iPod 设备、iTunes 软件和 iTunes 在线商店进行整合，为用户提供无缝的音乐体验。展现出苹果让用户轻松地搜索、购买和享受数字音乐的价值主张。另一方面，为了使这种价值主张成为可能，苹果公司不得不与所有大型唱片公司谈判，以建立世界上最大的在线音乐库。

关键点在哪里？苹果通过销售 iPod 赚取了大量与其音乐相关的收入，同时利用 iPod 设备与在线商店整合的优势，有效地把竞争对手挡在了门外。

在当今这个瞬息万变的商业环境中，创业者在构建自己的商业模式时，

109

需要不断地审视日益复杂的经济环境（如网络化商业模式），以面对严重的市场混乱（经济危机、革新性价值主张）和更多的不确定性（如技术创新），有助于构建更强大、更具有竞争力的商业模式。为了更好地了解企业自身商业模式的"设计空间"，需要深入分析影响商业环境的4个因素。

1. 市场影响因素

（1）市场问题。从客户和提供给客户的产品或服务的视角发现驱动和改变市场的关键因素。

（2）市场细分。发现主要的细分市场，描述它们的吸引力，寻找新的细分市场。一般来说，创业者只能聚焦于行业链条上的一个点。在这一个点上集中资源，培养自己的核心竞争力。

（3）需求和需要。罗列出市场需求，分析市场需求目前的服务水平。

（4）转换成本。描述与客户投靠竞争对手行为相关的因素。

（5）收益吸引力。寻找出与收益吸引力和定价能力相关的因素。

2. 行业影响因素

（1）竞争对手。发现当前竞争对手和它们的相对优势。

（2）行业新进入者（搅局者）。发现新的、崛起的行业对手，判断它们是否利用不同于你的商业模式与你竞争。

（3）替代性产品和服务。描述你公司的产品和服务的潜在替代品——包括其他市场和行业的产品和服务。

（4）供应商和其他价值链参与者。在你公司所在的市场中，描述出目前关键的价值链参与者，并发现新崛起的参与者。

（5）利益相关者。确认哪些参与者可能会影响你的公司和商业模式。

3. 关键趋势

（1）技术趋势。发现能威胁、改变或改良你的公司的商业模式的技术趋势。

（2）监管法规趋势。描述影响你的商业模式的法规及其变化趋势。

（3）社会和文化趋势。发现可能会影响你的商业模式的主要社会趋势。

（4）社会经济趋势。概括与你的商业模式相关的主要社会经济趋势。

4. 宏观经济影响力

（1）全球市场情况。从宏观的经济视角总结全球市场目前的整体状况。

（2）资本市场。描述出与你的资本需求密切相关的资本市场状况。

（3）商品和其他资源。重点关注你的商业模式中所需资源的目前价格及其未来趋势。

（4）经济基础。描绘你的业务运营环境中的经济基础。

成功的创业商业模式一般具备以下7个要素：Simple（化繁为简）、Unexpected（相背而行）、Credible（建立信任）、Combine（整合创意）、Emotion（情感共鸣）、Story（品牌故事）、Secret（神秘营销），即所谓的"SUCCESS"法则！下面对其逐一进行解释。

① Simple（化繁化简）。一个简单的商业模式不仅可以更容易地被消费者认可，而且还可以形成一个快速高效的公司运行体制，节约资金，快速地让公司成长起来。

② Unexpected（相背而行）。一个相背而行的创业商业模式显然更加拥有成功的潜力，可以让消费者更加容易地注意到公司的新型创业模式，引起消费者的兴趣，为新创公司的崛起奠定一个坚实的基础。

③ Credible（建立信任）。一个拥有民众信任的公司，它的前途是不可估量的。所以创业者在创建自己公司商业模式，要创建一种体制，让消费者相信你的公司，依赖你的公司。一个可信赖的新型商业模式是新创公司发展壮大的重要保障。

④ Combine（整合创意）。创业者在进行整合创意时，要在设计自己公司的商业模式时留出可以调整的空间，以便日后可以不断地融入新的创意，以适应市场的潮流和消费者的需要。

⑤ Emotion（情感共鸣）。在商业模式中最为上乘的营销武器就是以情动人，引起消费者的共鸣，打好情感牌要比打折、低价等方式好上几十倍。

⑥ Story（品牌故事）。一个好的品牌可以直观地反映出公司的形象及内

涵，可以让消费者通过品牌来认识和了解公司，对公司的产品产生一种信任。创业者在创建自己公司的品牌故事时，要注意以下两点。

第一，好品牌的定位与传播平台，要先了解自己公司的风格、特点及所营产品的档次，然后再选择合适的传播方式与之相搭配。

第二，故事不能太偏离实际，不能过于天马行空。创业者可以把品牌的名称、来源作为故事的主线来进行品牌故事的创建，还可以根据公司的成长经历来创建故事，或者从开创者的自身出发构思故事。

⑦ Secret（神秘营销）。这种方法的成功之处就在于商家通过给自己的产品及服务蒙上一层神秘的面纱，引发消费者的探索与求知欲望，激发消费者对产品的需求及购买欲望。

一个商业模式未经过验证是很难确定是否可行的，不要陷入"我们生产出产品，顾客就会来买"的错误逻辑。此外，有两类商业模式存在很大风险，一类是业务需要多个前提条件的商业模式（原则上3个以上前提基本不成立）；另一类是超越逻辑的商业模式，逻辑是商业模式的基础，不符合逻辑的商业模式，它的成功是偶然的，而它的失败却是必然的。创业者能做的就是做好现在的第一步，验证商业模式的可执行性和分析评估未来的合理性。

5.3 商业模式的标准化实施

5.3.1 QSCV——标准化的核心理念

1. Quality——一切用数字说话

（1）精益求精。无论是原料采购、产品制作，还是操作程序、时间把控等，公司对每个步骤都应严格要求。为了严抓产品质量，有些规定甚至要达到苛刻的程度。

（2）分秒必争。公司还应竭尽全力提高服务效率，缩短服务时间。公司需要明确地把指标写在"产品质量指南"中,张贴在成品的中央输送槽之上。为了控制"废品"数量,主管人员必须把作废产品的数量记载在废品报告中,以精确合格产品数量。

2. Service——100%顾客满意

(1) Fast(快速):指服务顾客必须在最短的时间内完成。

(2) Accurrate(正确、精确):指正确无误地把产品送到客户的手中,给客户一种"十分准确、有条理"的好印象。

(3) Friendly(友善、友好):友善与亲切的待客之道。不但要随时保持善意的微笑,而且要能够主动探索客户的需求。

一个好的公司应当把服务做到尽善尽美、无懈可击的地步。

3. Cleanness——让顾客放心

(1) 广义的清洁。"清洁"不仅是指字面意义上的清洁,凡是与环境有关的事情,都属于清洁的内容,都应纳入严密的监视和管制范围内。工作人员除了完成规定的工作之外,都应养成随手清洁的良好习惯。清洁的环境是公司对客户无言的欢迎,环境的优美则是对顾客最大的关怀。

(2) 环境布置要巧妙。从心理学的角度出发,舒适的环境能够极大地影响人的情绪。因此,布置讲究的环境能够使客户觉得舒适有情调,极大促进客户对公司的好感。

4. Value——最懂得客户的心

现代消费者的需求不仅趋向高品质化和高品位化,而且也趋于多样化。如果企业只提供单一模式的商品,消费者很快会失去新鲜感。因此,要求企业努力地适应社会环境和公众需求的变化,重视商品新价值的开发,不断增加商品的附加值。

5.3.2 标准化的品牌

品牌是一个不断变化的隐喻故事,它和深层次的东西联系起来——人类对神话的欣赏。能够树立起驰名品牌的公司的共同点不仅在于业绩，更重要的它们都意识到了消费者生活在情感世界里，因此公司要把情感作为驱动决策的主要动力。

1. 独特的标志

心理学研究表明，醒目柔韧的色彩可以给人巨大的视觉冲击力；独具特色的形象对人有着不可抗拒的吸引力，不仅如此，不同的色彩还可以引起人们不同的特殊心理反应。一个好的公司标志，应当简洁、醒目、容易使人留下深刻印象（充满着寓意和象征），从而铭记在公众的心目中。聪明的麦当劳创始人将这一原理巧妙地应用到了该公司的招牌上，给麦当劳带来了巨大的经济效益。

2. 迷人的品牌文化

随着时代的变化，互联网的进步，年轻消费者成为需求最旺，同时也是流失最快的群体。所以在当下，将品牌文化传递给消费者，促进与消费者的沟通是必要的。公司可以通过推出一系列超"酷"、刺激的促销活动，再配合品牌广告宣传，以此获得年轻消费者的欢迎。

3. 店址选择——商圈调查

（1）确定商圈范围。商圈特征的调查必须对商圈内的人口特征、住宅特点、集会场所、交通和人流状况、消费倾向、同类商店的分布进行详细统计和分析，对商圈的优缺点进行评估，并预计开店后的收入和支出，对可能的净利润进行分析。

（2）抽样统计。在分析商圈的特征时，还必须在商圈内设置多个抽样点，进行抽样统计。抽样统计的目的是取得基准数据，以测算整体客户的准确数字。

抽样统计可将一周分为三段：周一～周五；周六；周日和节假日。从每天的早晨7时至午夜12时，以每两个小时为单位，记录通过的人流数、汽车和自行车数。人流数还要进一步按性别、年龄段、上下班情况等进行分

第 5 章　设计商业模式

类，然后按每 15 分钟的间隔细分数据。

4. 实地调查

除进行抽样统计外，还要进行实地客户调查，或称作商情调查。

实地调查可以分为两种：一种以车站为中心，另一种以商业区为中心。同时还要注意一个问题：是否还有其他的人流中心。通过访问，调查他们的地址，向他们发放问卷，了解他们的生日，然后把调查得来的所有资料一一载入最初标记过的地图，将调查得来的数据以不同颜色标注，最后就可以在地图上确定店铺选址。

5. 灵活选址

（1）选址的原则

①方便客户。选择地点尽可能地方便客户的光临。选择一个成熟的地区、成熟的市场、成熟的商圈进行成熟的商铺营销，是公司成功的基本法则。

②谨慎。在选址上必须慎之又慎，前期要经过长时间的市场调查。通常一个店是否开业需要经过 3~6 个月的考察，考察的问题应当极为周全，甚至应涉及店址是否与城市规划发展相符合，是否会出现市政动迁和周边拆迁，是否会进入城市规划红线等。进入红线坚决不碰，老旧商圈内坚决不设点。

（2）按部就班。创业者每开一家店都应经过精打细算，进行严格的市场调查，三思而后行。

①市场调查和资料信息收集。首先通过有关部门或专业调查公司收集这个地区的资料，包括人口、经济水平、消费能力、发展规模和潜力、收入水平以及目前商圈等级、发展机会及成长空间。

②对不同商圈中的物业进行评估。包括人流测试、客户能力对比、店址可见度和方便性的考量等，以得到最佳位置和合理选择。在了解市场价格、面积划分、工程物业配套条件及权属性质等方面的基础上进行营业额预估和财务分析，最终确定店址。

③投资回报与风险评估。商铺的投资是一个既有风险，又能够带来较高

回报的决策,应更多地关注市场定位和价格水平。既考虑投资回报的水平,也注重中长期的稳定收入,这样才能较好地控制风险,达到投资收益平衡和长远发展的目的。

(3) 店堂设计。选好店址之后,就需要对外部形象和内部设施进行精心设计。通过形象统一、具有特色的店铺布置,包括店堂设计与装潢、商品陈列,以及店内广告的组合,营造出了独特的氛围与文化,形成自身优势。

(4) 品牌宣传。大企业之所以享誉全球,为世人熟知,与它们到位的公关宣传有着密切的关系。它们树立自身的良好形象,并通过不断参加各种文化、教育、环保、体育等活动,扩大其影响力。

(5) 深入人心。在广告造型中,广告人物无疑是头号主角,它能随着社会时尚的变化和发展进行新的设计,更深刻地扩展公司形象内涵。以麦当劳叔叔为例,在美国是唯一与圣诞老人齐名的人物,这一人物使麦当劳传递快乐的个性有了具体可感的实物代表。

5.3.3 标准化的服务

1. 让顾客满意的服务

为了让顾客都能享受到相同的优质化服务,公司应规定服务的标准:通过规范的手段,使用统一的说辞,对行为举止及对待顾客的方法进行规范,甚至对员工施以影响深刻的心情训练等方法,使其达到服务工作标准化的目标。以下对服务的步骤进行解释。

(1) 与客户打招呼。当客户一进来就能听到服务人员热情、真诚的问候,会对公司产生良好的初印象。因此在工作手册中明确规定打招呼的问候用语:"欢迎光临"、"请到这里来"、"早上好"等充满温情的语句。

(2) 询问或建议客户需求。当客户说出自己的需求时,服务人员须认真倾听。

若客户询问新推出的产品或促销活动,服务人员必须以适当的速度、亲切的语气,简单而清晰地为客户解说,以增加客户购买的兴趣。

当服务完毕后，服务人员必须复诵一遍客户所购买的产品、数量与消费金额，若发现错误须立即更正。另外，服务人员应该抓住机会适时向客户推销产品，但建议不超过一项，以免引起客户反感。

（3）感谢客户光临。当客户离开时，服务人员应真诚地说："谢谢惠顾"、"欢迎再次光临"、"祝您愉快"等祝颂之语，使客户对公司留下较好的印象。

尽管服务标准整齐划一，但仍应鼓励服务人员展现自身亲和力。通过周到的服务、热情自然、音量大小适当，使客户产生发自内心的愉悦。

2. 微笑服务

任何一家优秀的企业都会重视微笑服务，看到服务人员真诚的笑脸，从服务人员的笑容中，客户可以感受到友好、融洽、和谐欢乐的气氛，从而深受感染，乐在其中。

3. 为顾客着想

简单地说，就是想顾客所想，为顾客提供周到细心的服务，既方便客户，增加了客户流量，又为公司赢得了良好的声誉。而正是这份温暖和魅力使产品深厚了其顾客属性，创造出一个更大的市场空间。

4. 与顾客互动

一个发展迅速的公司不仅要善于为消费者提供良好的服务，更要善于与消费者沟通。如为客户举办生日会、邀请客户参与公司活动等，既宣扬了企业文化，又提高了工作人员对工作的自信心和自豪感。

5.3.4 标准化的质量

1. 用机械代替人工

为了保证高标准的产品质量，公司使用标准化设备，尽量采用机械化操作以保证产品品质稳定统一，同时降低了人力资源成本及劳动强度，提高了产品生产速度。

经过精心设计的标准"工作间"永远在重复着同样的生产程序，就像一家高度自动化的工厂。在整个操作过程中，任何个人的判断和经验都是多余的。完全标准化的生产过程和完全标准化的产品给客户带来信赖感和安全感。总之，公司在生产和销售的每个细节上都应做充分的考虑，以带给客户高质量的服务。

2. 培养忠诚的供应商

首先要与优秀的供应商建立密切的合作关系，确保公司得到最高质量的产品供应。但众多的供应商难免出现鱼龙混杂现象，甚至有的供应商自恃是其公司的"后院"主人，对公司的严格标准不以为意，弄虚作假。而对这种明目张胆违反公司制度的供应商，一定要立刻断绝合作关系，绝不姑息迁就。

每一个公司运营的背后都离不开供应商的大力支持，所以确保供应商按照公司规定的标准、步骤、细节去操作执行，提供品质一流的原料，是公司可以销售品质优异产品的最重要环节。

总的来说，公司在对其供应商严格要求的同时也应充分考虑供应商的利益，给予供应商大力的扶持，促进共同成长。这是公司维持和处理双方业务关系的一个基本出发点。这样，公司才能培养起一批对自己忠心耿耿、尽职尽责、质量又完全符合公司标准的供应商群体。

5.3.5　标准化的管理

世界快餐麦当劳之父——克洛克认为：管理不是一种抽象的、可供人们高谈阔论的东西，而是一种实实在在的、体现在工作中的东西，它无处不在，只有把它贯彻到麦当劳商业活动的每一个细节中，才能真正发挥作用。这就是说，企业现代化管理离不开操作的标准化。

第 5 章 设计商业模式

1. 把握经营的重点

所谓经营的重点,以麦当劳为例,是指在汇编"周报表"或"月报表"时都要运用的 12 个重点项。这 12 个重点项分别是:营业额、顾客量、顾客平均消费、周转用的现金、收银机操作错误、其他销售损失、产品原料价格、作废处理、人员工资、电费、水费、煤气费。

不论是正式员工,还是兼职人员,均必须严格控制这 12 个重点。每小时是每日营业的基础,每日是每星期的基础,每星期是每月的基础,只有查看经营中的每一个细节,管理者才可以切实掌握全部的营业情况。至于查看细节的原则,则以是否合乎预估、计划为主。

2. 合理地节省能源

公司经营的目的是利润最大化,即赚更多的钱。如何才能获取更多的利润呢?归结为一句话就是"开源节流"。"开源"就是吸引更多的客户,销售更多的产品,"节流"就是降低生产和管理成本,节省开支。要努力通过各种有效途径尽量降低自己的费用和成本。

3. "神秘顾客"视察任务

"神秘顾客"由高层管理派遣,在任意时间,以 QSCV 为出发点,作为一名普通的消费者到指定地点消费,通过实地的观察体验,了解其清洁、服务和管理等诸多方面的问题,并生成书面报告进行反馈,使高层管理者能够掌握公司的实际经营情况,找出漏洞。

4. 经营理念——TLC

"TLC"理念是指服务人员在为顾客提供服务时必须做到温柔、友爱、关心,这应是公司对所有员工的要求,同时也是公司对自己形象的具体要求。

T,即 Tender 的第一个字母,代表细心、温柔。要求员工在服务时,必须全身心地投入,细心地为每一个顾客服务,不忽视任何一个细微环节。

L，即 Loving 的第一个字母，代表友爱。公司在注重获取利润的同时还应关注社会公益事业，支持社会慈善事业，以此来尽企业的社会责任。

C，即 Care 的第一个字母，代表关心、关怀。公司应致力于塑造"善良"、"关怀"、"分享"、"大家庭"等适合自己企业的亲切形象，而这一切形象的塑造除了广告的协助外，更重要的是通过所有的服务人员进行传递，让每个人都真切地感受到，公司提供的不仅仅是产品，更多的是关怀和照顾。

5. 情报的收集与处理

区域负责人对商圈周围状况必须保持敏感，时刻关注竞争店铺的商品质量、服务质量、卫生环境以及促销活动等各个方面的情况来掌握竞争主动权，维持自己店铺的竞争优势地位。

如何处理情报呢？专门建立一个文件夹，包括一张用各种颜色做标记的商圈竞争店铺地图和完整的竞争店铺资料，资料内容主要包括店名、地址、电话号码、营业时间、休息日、店铺面积、客席数、停车场面积、店铺的外观印象、预测销售额、预测顾客数、商品的种类、价格以及店铺总部的情况等。然后仔细分析上述资料，每 6 个月制订一次计划，根据商圈的实际情况策划切实有效的促销活动。

6. 物流配送

一个强大统一的配送系统是企业发展壮大的基础。公司的物流中心为每个销售点完成订单审核、拣货、发货及记录等一系列工作，它就像一个具有造血功能的心脏，不断向分布于全国的销售点输送新鲜血液，使得整个系统得以正常运作。通过它的协调与连接，每一个供应商与每一个销售点的衔接才能实现畅通与和谐，使产品供应获得最佳保证。

（1）质量永远第一。在供应链物流中，质量永远是权重最大、被考虑最多的因素。无论何种产品，想要进入采购和供应链系统，必须经过一系列严格的质量检查。而对质量的敏感，则源于对市场走向的判断。低价竞争只能对供应链产生伤害，质量竞争终将取代价格竞争。

第5章 设计商业模式

（2）精细有序的对接。在采购工作中，应对销售、进货和库存量进行预测。在以周为单位的进货周期中，管理人员需要预先估计安全库存，于每周一与配销中心联系，核对货品下单。订货量太多或太少都是不允许的，过多增加库存成本，积压资本，使产品品质下降；订货不足则会使营业额和利润下降，并对公司信誉和员工士气产生不利影响，并且会使紧急订货成本急剧上升。

订单被配送中心接收后，订货员要按时完成盘存报告，这项工作包括登记货品的编号、名称、计算单位、库存及货品盘点表、每日送货及退货单、损耗表、产品销售日报表、周报表、月报表等。每天，管理人员都要把订货量与进货周期进行对照，根据库存状况，适当调整订货程序。

7. 灵活多样的促销手段

（1）管理人员的作用。销售活动是否成功，往往取决于管理人员，因为其对公司日常业务十分熟悉，且有能力推动促销活动。管理人员在促销活动中承担4项主要任务：①把握商圈；②把握顾客；③增进社区关系；④开展特殊的促销活动。

其中，管理人员的对话能力至关重要。所谓的对话能力并不是指对客户促销时的谈话，而是同客户建立真正的接触关系，进行人与人之间的感情交流，并通过这种对话方式达到促销目的。例如，管理人员常常在柜台旁与客户聊天，这样拉家常似的沟通比直接的促销对话更能达到促销目的。

（2）促销的技巧。促销活动必须是先设定目标、时间和对象，再决定采取什么策略，最后才是策划促销的具体方法和战术。

促销目标：
①新的客户。
②客户的到店率。
③争取增加客户每次的消费额。

促销方法：
①强化企业形象，使消费者由认知、肯定到指名购买。
②针对单项商品或新商品特色来加强广告与促销活动。

③与其他企业合作做联合广告。

④社会爱心回馈活动，如亲子活动、情侣活动等顾客参与度高的宣传与促销活动。

⑤动用新闻性、话题性的信息做宣传，吸引大众传播媒体的注意，增加媒体曝光率。

5.3.6　标准化的人才培训

1. 合适的人才

公司选择的应该是合适的人才，首先要有决心、毅力且工作努力；其次必须热爱工作，有魄力，精力充沛，而且热忱于服务。

2. 能力胜过学历

选择员工，学历仅供参考。通过系统的培训，经过努力每个人都能成长起来。而且，公司很多事是"做"出来的而非研究出来的，因此，公司应更重视人的实践能力。

当然，不重学历不代表轻视学历，而是相对于一纸学历证书而言，公司应更看重个人的工作态度及实际操作能力。公司对员工的要求是：有服务意识，具备良好的语言和文字沟通能力，一定的组织能力和计划性及适应环境的能力和体能。

3. 储备后备军

公司招聘部分刚出校门的年轻人，因为这种人才更有利于运用公司的成功管理经验去塑造，培育出纯正的公司"接班人"，因此拥有一支庞大的年轻人才后备军是至关重要的。

5.3.7　标准化的特许经营（连锁加盟）

特许经营已有100多年的发展历史，它所取得的成就已为世人瞩目。其中最典型的例子就是麦当劳，它在全球以特许经营的方式建立了 10000 多家分店。近几年，特许经营在我国也有迅速的发展。这一分销方式之所以长盛不衰，与特许经营的制度特点是分不开的，归纳起来有以下两点。

1. 高效的特许经营

（1）特许费。被特许者一旦与公司签订了特许合同，就必须先付给公司首期特许费，其中一半现金支付，另一半约定日期支付。此后，被特许者每年要向公司交一笔特许权使用费（也称"年金"），以麦当劳为例，数额是年销售额的 3%；另外，每年再交纳一笔房产租金，同样以麦当劳为例，数额是年销售额的 8.5%。

（2）合同契约。除了详细规定双方的权利与义务外，公司与被特许者的合同还应规定特许授权的期限，一般为 20 年。

（3）总部责任。总部在收取被特许者的特许经营费用后，需要主动承担许多责任。这些责任包括：

①协助分店进行店铺选址及其开店筹备工作。
②培训分店员工，塑造公司品牌统一形象。
③向分店提供管理咨询。
④向分店提供统一的广告宣传、公共关系与财务咨询。
⑤向分店提供货源时给予优惠（并不是由总部直接提供，而是由总部和各专业供应商签订合同，再由这些供应商负责各分店的送货、退货）。

2. 选择适合的加盟商

（1）特许经营的原则。以公平互利原则订立连锁合同，抛弃只追求向连锁加盟者收取高额权利金的传统做法，而是坚持"先加盟门店盈利，后公司盈利"的模式。

（2）选个人不选企业。加盟者的选择是特许运作中至关重要的一步。任何一个门店的失败对公司的品牌及商誉都无疑是一场灾难。对公司而言，加盟者不仅要有钱，更要有良好的个人素养以及商业道德，以及对经营管理的投入程度。例如，麦当劳要求加盟者的最低要求是：

①加盟者必须是个人，且终身加盟。
②有高尚的操守。
③曾在该行业工作，有成功经营的记录。
④了解该市场的文化及习俗。
⑤愿意将全部时间投入麦当劳的业务发展。
⑥愿意接受为期约12个月的培训。
⑦具有管理经验。
⑧胜任特许经营组织工作。
⑨个人投资金额不少于30万美元。

由此可以看出，加盟者的选择是至关重要的一步。从特许推出时间、地点的选择，到特许加盟人的甄选，再到特许推广方式的构思，每一步都必须小心翼翼。

（3）规范的加盟程序与合同。在加盟者提出申请后，总部应及时对申请者进行信誉调查和市场调查，在对申请加盟者进行一系列严格的考核后，若公司认为其符合要求，便与之签订加盟合同。双方就可以着手进行加盟店的工程设计和施工，同时总部对加盟店的管理人员及服务人员进行系统培训。

加盟合同书应规定总部与加盟店各自的权利与义务，包括：
①公司的标志和商号的使用权。
②店址和经营区域的范围限定。
③店面内外装饰的统一标准。
④设备投资和物资供应。
⑤加盟费用和特许权使用费。
⑥促销和广告宣传。
⑦提供财务和会计人员的援助。
⑧提供运营手册。
⑨规定经营政策。
⑩审查加盟店的财务报告。
⑪提出商品供应条件和货款结算方法。

⑫参与其他连锁系统和经营的有关规定。

⑬特许权的转让与转回。

各个加盟连锁店拥有自己的所有权,因此其所有权是分散的,但其经营权却集中于总部。各加盟店之间没有横向联系,只与总部保持纵向联系。总部与各加盟店之间的关系十分紧密。

5.4 未来的商业模式

5.4.1 未来商业趋势

1. 未来商业趋势

如今,在互联网、大数据、云计算等技术的快速发展下,人们的生产和生活方式发生了巨大的变化。互联网时代的到来,对整个社会影响至深,企业需要不断地对产品、用户、市场、企业价值链乃至整个商业生态进行重新审视。在未来,任何企业都离不开互联网。

互联网可分为消费互联网和产业互联网,消费互联网即为满足消费者在互联网中的消费需求应运而生的互联网类型,以提供个性化娱乐服务为主。产业互联网是在传统生态基础上的网络化过程,如医疗、教育、农业的互联网化等,实质地促动了人们的生活。如今,消费互联网已趋于稳定,而产业互联网才刚刚开始。

2. 未来商业模式

严格来说,无论是"B2C",还是"C2B",其模式都是不完整的,当一个行业进入繁荣发展时期,企业在直接面对众多用户时这两种模式都难以为继。未来的商业模式将是"C2B2C",是推与拉的结合,起于消费者,终于消费者的持续改善的闭环价值链,是一个向上衔接生产企业、向下服务终端用户的生产性服务模式。

5.4.2 商业模式的变革

1. 让消费者从"旁观者"变为"参与者"

在互联网时代，只有与顾客"同吃、同住、同劳动"，将顾客的"痛点"变成你的"痛点"，把顾客的"High 点"变成你的"High 点"，才能激起顾客内心深处购买的欲望，企业才能盈利。

当下消费者的购买行为日益表现出个性化、感情化和直接参与等偏好。实现个性化的产品和服务，除了通过"精准营销"来定位用户需求外，另一个重要途径是让消费者从"旁观者"变成"参与者"，让消费者参与到产品设计制造的环节。在条件允许的情况下，在价值链的任何一个环节都可以将消费者纳入其中。

如现在不断崛起的小米手机，小米的管理层会从"米粉"中选一部分人参与到他们的设计与研发中，研发出新品后，会选部分人提前试用，然后听取建议。还有宝洁公司的"创意集市"也让消费者参与到了产品的研发中去。这样，企业不仅能站在最前沿的角度去洞察消费者的需求，还让消费者"私人订制"的心理得到满足。

2. 商业模式变革七要点

商业模式的核心在于：你能给别人提供什么样的价值？这里的别人不只是你的上行供应商，也包括下行消费者。因此，商业模式都是围绕如何提供价值并获得回报来开展的。在商业模式变革中要把握以下七点。

（1）能提供独特价值。有时候，这个独特价值可能是新的思想；而更多的时候，它往往是产品和服务独特性的组合。这种组合要么可以向客户提供额外价值，要么能够让客户以更低的价格获得同样利益，或者用同样价格获得更多利益。

（2）踏实真诚地对客户。脚踏实地就是实事求是，就是把商业模式建立在对客户行为的准确理解和判定上。企业要聚焦客户，生产出满足顾客需求的产品和服务，严禁造假。

（3）提供最好的产品。产品谁都能做，关键是要做好的产品、消费者认同的产品，这就需要企业在技术上不断创新，提供最佳的客户体验，以切实满足客户需求。

（4）打造富有生机的生态系统。企业的竞争已从单一技术、产品和服务的竞争演化为整个产业链的竞争。企业应围绕打造开放平台、为客户创造价值来创建良好的产业生态系统。平台所涵盖的终端数量、用户数量、应用数量和开发者数量，基本决定了一个平台的前途。

（5）打造社会化的营销网络。企业可以充分利用互联网、微博等社会化媒体进行产品分销，开展与客户的互动，向客户进行产品推广和品牌传播，建立和维护客户关系。

（6）找到适合自己的盈利模式。企业要准确找到自己的盈利来源，盈利来源主要有：终端销售收入、内容收费、专利费、交易分成、广告收入、会员费、数据咨询服务费等。

（7）形成多方合作机制。当第三方开发者创造有价值的内容，并通过平台进行发布时，企业应通过准确界定自己在价值链中的位置，建立合理的组织结构，与合作伙伴共同组建价值网络，维护客户资源。

3. 思维变革

（1）互联网思维。互联网时代，企业想要跟上时代的步伐，就必须充分研究这个时代，研究互联网所涉及的方方面面。

（2）产业生态思维。产业生态，包括了上游的供应商、下游的经销商及合作伙伴。合作共赢是当今社会经济发展的主旋律，任何企业的发展都离不开与行业内其他伙伴的合作。加强产业链合作，优势互补，推动产业生态系统建设，已成为企业界的普遍共识。

（3）大数据思维。大数据思维，是指对大数据的认知，对企业资产、关键竞争要素的理解。通过对大数据的分析，能够使企业了解需求在哪里、客户在哪里，从而用最经济、最科学的方法规划未来的发展方向。

(4)快一步思维。面对瞬息万变的市场，成败往往在一个"快"字。李嘉诚曾说："我之所以有今天的成就，就是因为我做的每一件事情，都比我的竞争对手快一步。"这种思维的关键在于，敢于随时尝试新事物，从事新投资，寻找新市场，而且永远比主流快一步，比竞争对手快一步。

(5)焦点思维。专注才有力量，才能做到极致。企业需要专注精神，需要聚焦战略来聚集力量。在国内，马云可谓专注的代表，不管有多少机遇和诱惑，他所主导的阿里巴巴始终坚持发展电子商务，并倾注所有资源，最终成为电商领域的世界巨头。

(6)第一思维。只有第一，没有第二。对于企业发展而言，要想在所处行业中保持竞争优势，就必须在此行业中迅速做大。在这个"赢家通吃"的时代，只有领先对手，才能立于不败之地。

(7)碎片化思维。碎片时间成为赢得消费者的黄金窗口。碎片时间包括两方面含义：一是时间的碎片化，就是人们每次上网的时间很短，如等地铁或堵车的时候，这些时间就是碎片化的；二是信息的碎片化，我们浏览的信息越来越多是简短的、零碎的、需要整理的。所以，企业需要充分利用移动终端，通过碎片信息来侵占客户的所有碎片时间。

(8)粉丝思维。粉丝就是生产力，得粉丝者得天下。粉丝就是高度忠诚的顾客，他们能为企业带来巨大的财富源泉。苹果和小米就是非常典型的例子。

5.4.3 新商业模式解析

互联网时代下，商业模式在不断的创新，企业也在不断寻求新的商业模式。在未来的20年，以下11种商业模式可能会在新一轮的变革与竞争中脱颖而出。

1. 非绑定式商业模式

"非绑定"企业存在三种不同的基本业务类型：客户关系型、产品创新型和基础设施型。每种类型都包含不同的经济驱动因素、竞争驱动因素和文

第5章 设计商业模式

化驱动因素。这三种类型可能同时存在于一家公司里,但是理论上这三种业务应"分离"成独立的实体,以避免冲突或不利的权衡妥协。

针对这三种核心的业务类型,可以用一份表格来表达三者之间的关系,以加深对非绑定式商业模式的理解(见表5-1)。

表5-1 非绑定式商业模式

	产品创新型	客户关系管理型	基础设施型
职责	开发新的、有吸引力的产品和服务	寻找和获取客户并与他们建立关系	构建和管理基础设施平台
经济	更早地进入市场可以保证获得溢价,并获取巨大的市场份额;速度是关键	获取顾客需要高昂的成本,所以必须获取大规模的客户份额;范围经济是关键	由于要支付高昂的固定成本,所以需要通过大规模生产来降低单位成本;规模是关键
竞争	针对人才而竞争;进入门槛低;许多小公司繁荣兴旺	针对范围而竞争;快速巩固;寡头占领市场	针对规模而竞争;快速巩固,寡头占领市场
文化	以员工为中心;鼓励创新人才	高度面向服务;客户至上心态	关注成本;统一标准;可预测和积极有效

(1)产品创新型。这种模式中的所有构造块,都是为理解和服务客户或建立良好的客户关系而量身订制的。

关注要点:

①业务聚焦于利用研发为市场带来新产品和新服务;

②产品和服务可以直接推向市场,但是一般是通过聚焦客户关系的B2B中间商交付;

③依靠创新人才产生高额利润,人才是这种模式的核心资源;

④因其新颖性而收取高额溢价费。

(2)客户关系管理型。这种模式的目标是通过构建在客户信任基础上的宽泛产品,以获得大规模的客户份额,产生收入。

关注要点:

①从第三方获得产品和服务创新、基础设施；

②核心资产和核心资源是客户基数及长时间积累的已获得的客户信任；

③客户获取和保有成本占了主要部分。

（3）基础设施型。这种模式主要是通过规模经济来实现低成本竞争优势。

关注要点：

①服务通常交付给企业客户；

②平台的搭建需要高固定成本投入，而这又需要通过规模和大规模用户来平衡收支；

③收入基于大规模的低边际利润获得。

例如，移动电信行业的业务拆分。过去，传统的电信运营商之间的竞争是围绕网络质量，但如今他们更突出与竞争者共享网络，或将网络运营业务全部外包给设备制造商。为什么？因为他们意识到自己的核心资产不再是网络，而是他们的品牌及客户关系。

2. 平台模式

平台就是为合作参与者和客户提供一个合作和交易的软硬件相结合的环境。平台模式就是指连接两个或更多特定群体，为这些群体提供互动机制，满足这些群体的需求并巧妙地从中盈利的商业模式。

在中国，有几家非常杰出的互联网公司所使用的就是平台商业模式，如腾讯、百度和阿里巴巴等。阿里巴巴的口号是"让天下没有难做的生意"，它鼓励大家做外贸、做网上商店，而自己则搭建这样一个平台来帮助其他企业做生意，两边收费。

打造平台模式所需的六个条件：

（1）平台必须具有开放性。平台必须对合作伙伴开放，合作伙伴越多，平台就越有价值，如淘宝就对所有想开网店的人员开放。

（2）平台模式具有双边市场和网络外部性特征。平台企业为买卖双方提供服务，并促成交易，而且买卖双方任何一方数量越多，就越能吸引另一方数量的增长，其网络外部性特征就能充分显现。

(3）平台要具有聚合力。平台必须能将大量的买家和卖家进行适当的对接。

（4）平台企业必须具有核心竞争力。如品牌、关键技术渠道等，如奇虎360的安全卫士、腾讯的QQ和微信等。

（5）平台企业与其合作伙伴不能有直接的竞争关系。

（6）平台企业能为合作伙伴和第三方开发者带来利益。

通常，平台模式有以下几种选择：

（1）完全的平台中介。这类企业只搭建一个交易平台，自己不开发任何产品和服务，日常工作就是不断强化平台运营和管理能力，汇聚更多的内容、开发者和合作伙伴，开放所有业务、流量和用户数据。

（2）差异化的垂直平台。以自身的资源能力和优劣势，建立差异化的垂直平台。如携程网是在线旅游市场的领先者，后进入市场的艺龙并没有盲目地模仿，而是选择"订酒店"这一垂直细分市场，途牛网则是提供"旅游线路预订服务"。

（3）平台的平台。以搜房网为例，房屋中介是一个平台，而搜房网则是为房屋中介平台提供交易平台。它通过在全国各主要城市的本地化站点建设，汇聚大量的买房和租房需求的客户流量，再向各实体中介公司兜售房源信息的接入端口程序。

（4）综合服务平台。这需要建立在将垂直应用平台做大的基础上。例如，UC优视科技，原来是做手机浏览器的，并做到了手机浏览器的第一品牌。如今UC平台能为用户提供游戏、音乐、资讯、电商、娱乐等多种服务，成为一个综合服务平台。

3. 免费模式

顾名思义就是免费，但免费的背后仍要获取利润。在对价格十分敏感的中国市场，免费是赢得海量用户的重要手段，因此各个商家都普遍采用免费模式。

有些传统的免费模式已经广为人知了，如广告。而有的商业模式，通过互联网提供的数字化产品和服务同步流行开来。

免费模式分为以下 3 种：

（1）直接交叉补贴。企业对核心产品、利润最高的产品进行收费，对一些附加、延伸产品进行让利、赠送。例如，客户可以从通讯服务商那里得到一台免费的手机，但前提是客户每月必须消费一定的话费。

（2）免费增收。免费增收是基础服务免费和增值服务收费相结合。在这种模式中，大部分免费用户永远不会变成付费客户，只有小部分会。而这一小部分付费用户所支付的费用，将用来补贴服务免费用户支出的成本。只有在服务额外免费用户的边际成本极低的时候，这种模式才能持续发展。例如，腾讯 QQ 的空间装扮，QQ 用户可以装扮自己的空间，但想要装扮得更加漂亮，就必须开通 QQ 特定会员。

（3）第三方付费。第三方付费就是消费者消费的产品或服务。不花钱或花较少的钱，生产者也不花自己的钱，由第三方来支付，其中有的第三方付费还包含了生产者的利润。典型的例子就是靠收视率获取广告收益的电视媒体产业。

4. 开放式商业模式

开放式商业模式可以用于那些通过与外部伙伴系统性合作来创造和捕捉价值的企业。这种模式可以"由外到内"，将外部的创意引入到公司内部，也可以"由内到外"，将企业内部闲置的资产提供给外部伙伴。

（1）由外到内的模式。有时，来自完全不同行业的外部组织可能会提供有价值的见解、知识、专利，或者对内部开发团队来说现成的产品。拥有强势品牌、强大分销渠道和良好客户关系的知名公司，非常适合由外到内的开放式商业模式。这种方式可以让它们通过构建外部资源创新来挖掘现有客户关系的价值。

关注要点：

①要借助外部知识，需要一些将外部实体和内部业务流程和研发团队联系在一起的专门性业务活动。

②要借助外部创新优势，需要构建与外部网络连接的特定资源。

③虽然从外部资源获取来的创新需要花费成本，但是通过基于外部已创

建的知识和研究项目基础上的研发，企业可以缩短产品上市前的时间，并提高内部研发效率。

小案例

宝洁

2000年6月，宝洁的股价不断下滑，长期担任宝洁高管的雷富礼（A. G. Lafley）临危受命，成为这家消费巨头的新CEO。为了振兴宝洁，雷富礼再次将"创新"作为公司核心。但是他没有对研发部门进行大力投资，而是建立了一种新的创新文化：从关注内部研发到关注开放式研发过程的转变。

其中起到关键作用的就是"连接和发展"战略，这个战略旨在通过外部伙伴关系来促进内部的研发工作。

雷富礼制定了一个雄心勃勃的目标：在现有的接近15%的基础上，将公司与外部伙伴的创新工作提高到总研发量的50%。2007年，宝洁完成了这个目标。与此同时，研发生产率大幅提升85%，而研发成本只是略有提高。

为了更好地连接企业内部资源和外部世界的研发活动，宝洁在其商业模式中建立了三个"桥梁"：技术创业家、互联网平台和退休专家。

（2）由内到外的模式。有些研发成果因为战略或运营层面的原因而失去价值，但是可能对外部其他行业组织却存在巨大的价值。在内部投入大量精力进行研发的组织，通常会产生许多无法立刻实践化的知识、技术和智力资产。

由于明确聚焦在核心业务上，一部分本来很有价值的内部智力资产被闲置。如果允许其他公司利用本公司内部闲置的创意和资源，可以轻松地为公司创收。

小案例

葛兰素史克的专利池

由内到外的开放式创新方法通常专注于将内部闲置资产进行变现，主要是专利和技术。就葛兰素史克的专利池而言,其动机略有不同。葛兰素史克的目标是让药物在世界上最贫穷的国家更容易获得,并促进疑难病症的研究。为达成此目标,他们采取的方法之一是把开发这些与疑难杂症药物相关的知识产权、专利放进对外开放的专利池,供外部的其他研究者所用。因为制药公司主要专注于研发畅销药物,所以未被深入研究的与疾病相关的知识产权往往被闲置。专利池汇集了来自不同专利持有者的知识产权,并让其他研究者和需求者更容易获得。通过专利池,可以防止研发进度被某个专利持有者所阻碍的现象产生。

5. 软硬一体化模式

软硬一体化商业模式是移动互联网的一种重要商业模式。这里的"软"就是软件,"硬"就是硬件,软硬一体化模式是将两者合二为一,且两方面都做到极致。

打造软硬一体化模式的关键:

(1)打造并拥有核心资源和能力。要求企业对自身、对整个行业的产业链要有清晰的认识:企业在竞争中的核心优势是什么?

(2)拥有强大的技术创新能力。产业互联网依靠的是技术的密集,企业只有不断引进先进的技术和人才,不断进行技术创新。才能提高行业进入门槛,才能提高客户体验,满足客户的价值需要。

(3)打造良好的产业生态系统。很多企业没有像苹果公司的实力,这就需要企业打造的产业生态系统遵循多样性、开放性、系统性、和谐性和利益共享性五大原则。首先,企业要快速扩大用户规模和加快应用平台建设;其次,提高产业链上下游合作的能力,采用更加开放的姿态,明确产业链的分工,使产业链各方都能盈利。

小案例

苹果公司的软硬一体化

iPhone、iPad是苹果软硬件融合的典范。苹果的软硬一体化商业模式是"终端+软件+服务",终端指的就是硬件——iPhone、iPad。软件就是它的

iOS 系统和高达上百万个手机移动应用。iPhone 手机和 iPad 非常美观、时尚、功能强大。iOS 系统是苹果开发的封闭系统，配合百万级别的应用，使用便利较为安全。苹果公司对其终端、软件和服务进行整合，是其取得成功的一个重要因素。

6. 专业化模式

什么是专业化模式？专业化就是专精一门。专业化模式对于产业互联网企业来说，就是根据企业的核心能力，专注于某一垂直市场或细分市场，进行深度创新。通过专业化持续发展，将企业业务做精、做深、做强，持续为客户创造价值，从而赢得领先地位。

打造专业化模式的三个基点：

（1）抵御诱惑、专注聚焦。随着互联网的发展，创业的机会不断出现，但创业者切忌被众多机会所迷惑，应找准合适的机会，专注于自身所在的市场。此外，初创企业尚未成熟，其资金、技术有限，人才不足，应避免采用多元化经营的方式。

（2）选定专业化进行创新。盲目的抄袭也许会有成功，但很难在竞争中占据有利地位，这要求企业具有创新精神。要进行与其他企业不同的颠覆性创新。

（3）成为专业垂直细分市场的领先者。何为成功？即在细分市场中独占鳌头。要做到这点，企业需要聚焦于一点，做自己最擅长的事，持续打磨，并不断创新把产品做到极致。同时，要注重客户体验，在客户心中占据领先地位。

小案例

专注研发的耐克

耐克公司其实并不擅长制造，所以，它不建立生产基地，自己也不生产耐克鞋，而是在全世界范围内寻找条件较好的生产商为它代工。

耐克公司擅长产品的研究与开发，它只专注于产品的研发，快速推出新款式，不断更新换代，以满足消费者的新需求。耐克的成功就在于它专注于做最擅长的事情，把不擅长的事交给别人去做。

7. O2O 模式

O2O 是 Online to Offline 的缩写，就是线上到线下的意思，一般指线下商务的机会与互联网结合在一起，发挥互联网广为传播的特点，让互联网成为线下交易的前台。当下，从营销、交易、体验三者出发，真正的 O2O 时代已经崛起，而它的形式也在不断发展。

O2O 模式可分为以下三种：

（1）Online to Offline 模式。这种模式就是线上交易到线下体验商品或服务，是目前最常见的，如团购、外卖订餐等。

（2）Offline to Online 模式。是一种从线下营销到线上完成交易的模式。例如，玉柴马石油公司，当他们的用户在消费产品时，可以通过扫码得到积分，然后在线上商城进行直接兑换交易。

（3）Offline to Online to Offline 模式。这是一种从线下营销到线上交易，再到线下体验商品或服务的模式。例如，在实体店销售汽车的过程中，可以引导客户关注企业微信，让经销商、服务商人员与用户更全面对接，实现全员与用户及时互动沟通，使得汽车产品销售在线上进行，再推动用户到线下实体店享受他在线上预约或已完成交易的产品和服务。

总之，在未来互联网阶段理想的 O2O 模式掌握在企业 APP、移动入口和移动支付手中。

O2O 模式核心：

（1）连接。充分运用 IT 和移动互联网技术，搭建起企业自主的 O2O 信息化系统，形成营销大数据平台，在品牌和用户之间构建沟通桥梁。

（2）传播。传播只有承载价值，才能带来持续的盈利能力。可以从上游供应商、下游用户、媒体资源、销售分支四个方向进行整合，制造出传播点，并将这一焦点分别从产品、运用、技术、趋势、教育、品牌、文化、信息、模式、情感、价值、机会这 12 个点出发，向市场传递自身企业的声音。

（3）互动。在企业的一切商业活动中与用户开展互动，使用户参与其中，乐在其中。

O2O 模式利润来源：

（1）销售提成和广告收入。平台通过打折、优惠券、促销等活动吸引线上客户到线下商家去购买商品，在商家利润中提成；还可向投放广告的商家收取广告费。

（2）大数据服务收入。大数据具有重要的商业价值，运营 O2O 的企业可以依靠提供大数据服务向商家收费。

（3）增值服务收入。O2O 运营企业还可以依靠自己的优势，为商家发掘更多的增值业务，从而向商家收费。

当然，以上利润点也不是一成不变的。随着 O2O 模式的发展变化，其利润点也必然有所变化。对 O2O 模式来说，必须遵循其盈利模式简单的原则进行设计开发，做小而美的应用，以精细求胜，满足用户实际需求。

8. 品牌模式

在信息极度膨胀的时代，在同质化产品大量涌现的互联网环境下，消费者对产品和服务的认知受到很大的干扰，因此当消费者难以分辨产品优劣时，往往会选择他们熟悉或知名的品牌产品。

品牌模式就是以品牌为经营对象，通过品牌的定位、设计、创造、推广、发展和保护等一系列开拓和扩大市场影响的运营活动，提高客户对企业品牌的了解、认可，提升企业的信誉。诚然，实施品牌模式不是一个简单的过程，需要企业从基础产品做起，通过产品、模式、广告、公关、合作等手段，一步一步向前迈进，不断扩大和提升品牌影响力。

互联网时代的品牌打造：

（1）进行科学的品牌定位。首先，市场竞争力不强的企业要根据自己的资源情况或熟悉的领域选择一个细分市场作为自己的目标市场，做专、做精。其次，要对自己的竞争品牌有充分的了解，找出其差异性。最后，提炼出自己品牌的独特价值主张，也就是品牌核心价值及品牌个性的确定。

（2）取个响亮的名字。企业拥有一个好名字，拥有一个好品牌，是世界公认的无形资产。品牌名称的设计必须简单明了、独特且给人美好的联想。

（3）把产品做到极致。通过发挥企业自身的核心技术，提供客户最优质、最难忘的体验。

（4）丰富品牌的文化内涵。品牌文化是品牌最核心的 DNA，丰富品牌的文化内涵，让其成为一个有故事的品牌。

9. 核心产品模式

核心产品模式就是企业集中优势资源，全力经营核心产品，使这个产品在同行业中遥遥领先，使之成为企业商业模式发展的重要组成。

所谓核心产品，是指在一个企业中能给企业带来大部分收益，市场占有率高，市场竞争力强，并且长时间处于成熟期产品。当然，核心产品模式并不排除同时拥有多个产品，但必须有一个产品是核心，其他产品对核心产品具备互补的作用，或者用于阻挡竞争对手，确保自身核心产品的地位。

打造核心产品模式的要点：

第一，企业要对市场环境进行科学的分析，充分细分市场，并在这个环境下把握客户的真实需求，然后生产对应的产品。UC 浏览器就是一个好的例子，对于使用 WAP 上网的用户，流量耗费大、速度慢、资费高是他们心中的痛点，于是 UC 浏览器就主打解决这样的诉求，很快便成为手机浏览器的霸主。

第二，在核心产品推出过程中，一定要注意根据客户的反馈和建议不断对核心产品进行完善和升级换代。

小案例

小米的成功

小米公司的核心产品就是它的手机。如小米 2 手机，它使用的是一颗高通四核八线程、28 纳米制程、主频 1.5G 的 CPU。而当时的手机普遍使用的都是单核和双核 CPU，四核在世界都属于领先水平。并且小米公司一直通过论坛和微博等网络渠道与米粉们进行频繁、快速的互动，采纳用户的建议，迅速做出调整，以完善自身产品。

10. 速度模式

速度模式是指面对巨大的商机和市场竞争的挑战时，企业要抢先一步、快速推出新产品，要对市场变化做出快速反应，进而确保企业在市场竞争中处于优势地位。尤其是在这个信息通讯技术飞速发展，客户需求不断变化，市场竞争日益激烈，产品生命周期越来越短的时代，企业想要在这样的竞争环境中脱颖而出，就需要构建速度模式。构建速度模式应注意的问题：

（1）妥善处理快与慢的关系。很多公司一味赶超竞争对手，往往牺牲了产品和客户服务质量。但需要明确的是，速度要以提升企业价值和客户价值为前提，这样的速度才会更加有效。因此，企业一定要记得在什么时候应加快速度，在什么时候应该放缓速度。

（2）企业必备的具体相关能力。这些能力主要包括战略经验能力、客户洞察能力、产品创新能力、技术研发能力、商业模式创新能力、平台运营能力等。

（3）打造一支适应互联网时代的队伍。企业要想实施好速度模式，就要打造一支适应互联网时代、充满激情、创新、训练有素的员工队伍。首先要注重人才引进，坚持"以人为本，以用为本"的人才观念；其次要加大员工队伍培训力度，建立科学、合理、公平、效率的考核激励体系，从而留住人才、吸引人才；最后，企业还需要一个有杰出的领路人。

英特尔公司的做法就是最好的例子，因为英特尔公司的产品设计总是比竞争对手早两步，也正是这两步，为英特尔公司带来持续的超额利润。

总之，商业模式没有好坏之分，关键是要根据自身的情况，找到适合自身的模式，才能更好地推动企业的持续健康发展。

案例

自己造出的"成本黑洞"

如果现在来重新审视 2011 年以北京西米网为代表的休闲食品独立电商

倒闭潮，会得出这样的结论：创业者如果不清楚自己能干什么，不能干什么，贸然"接地气"做自己不擅长的物流、仓储以及实体店等生意，自己给自己制造出"成本黑洞"，不能量入为出的话，公司倒闭是必然的。

小有所成后不断膨胀

做西米网是被逼出来的。2008年的某天，创业者刘源踯躅于北京街头，无所适从。他刚刚从上一个失败的创业中解脱出来，银行卡里只剩下8000元了。可是8000元还能做什么呢？他看着熙熙攘攘的上班人群，想起他在金融街某银行工作的女友爱吃零食但是懒得买的习惯，突然有了一个创业注意：不如就把零食卖给这些办公室的白领吧！

这还真是个本小利大的活儿。搭个网站，对于IT男刘源来说，几乎不费什么成本。拿5000元进些饼干、话梅、开心果等好吃又有卖相的小零食，再花3000元去印刷彩页小广告，彩页上的零食图片显得精美诱人。启动的区域不用太大，一个白领人群足够密集的商圈就行，如金融街。

2009年1月28日，当刘源带着创业伙伴在金融街附近的地铁口、路口发出500多份广告，开业首日就引来50多份订单时，刘源知道，这次他的西米网一定能做成。

现在看来，西米网能成功，依靠的是精准定位和细心服务。针对办公室白领，西米网把200多种女孩子爱吃的干果、蜜饯及豆豆等零食聚集在一起，组成了一个有相当冲击力的零食网站，并且大胆提出了"办公室零食"的概念，价格都统一定为10元或20元，这对于嫌麻烦的女孩子来说，省了不少计算的时间和心境。

在成本控制方面，西米网采用批量采购，然后再小盒、小包分装，贴上自己的品牌标签，有些零食还很细心地送一包湿纸巾，既提升了人气，又提升了利润率。

针对一些不愿意网上购物的白领，从2009年开始，西米网在北京主要商圈的商场铺设了店中店。"开在商场，能保证人流量，做快消最大的需要就是人流量，同时喜欢逛商场的年轻人也正与西米的客户定位相符，精准要体现在各个方面。"刘源说。

网络加实体店并行，到2010年5月的时候，随着办公室白领之间病毒

第5章 设计商业模式

式口碑传播以及大众媒体的报道，西米网的"办公室零食"在北京已经有了一定的知名度。根据当时媒体披露的数据，西米网在2009年实现销售收入700万元，截至2010年5月底，销售收入已经超过600万元，注册会员数量30多万。

其时正逢团购网站兴起，西米网和火热的团购网站进行合作推广。根据刘源的回忆，跟美团合作的那一单，其团购人数达到3000多人，关注度很高。

当西米网每天的网上订单超过300单的时候，它在物流配送方面的硬伤就显现出来了：既无法保证速度，也无法保证商品包装的完整性。

刘源大胆地选择了自建物流和仓储，在北京主要商圈承诺两小时送达，在中关村、复兴门和三元桥就近发货。受到公交车按点发车的启发，西米网还规定送货员30~40分钟出去一次，保证了三环以内能在两小时内送达。在当时，北京电视台有一期节目是关注电商配送速度的，邀请了西米网参加。节目播出后，西米网的两小时配送成为亮点，极大地提升了消费者的购物体验。

但其实自建物流和仓储是刘源的致命败笔，那都是像凡客、京东这样的大电商平台才干的事情，得对渠道和货物周转有丰富经验，得能精密地平衡业务规模和成本，盲目自建物流和仓储很容易让自己陷入"成本黑洞"，最后死都不知道怎么死的。

在西米网的快速发展中，刘源也频繁开始了与风投的接触。按照刘源的设想，如果融资顺利的话，西米网从2011年起会在上海、深圳和广州三地陆续上线。

根据刘源的访谈："西米网需要迅速抢占更广大的市场。同时，已经在北京开了四家线下的实体店，虽然是出于宣传和增强用户体验的考虑，但也不排除线上与线下相结合的发展模式。另外，西米已经增设了新鲜水果、茶饮品等频道，办公室零食只是发展的切入点。下一步，西米希望逐渐扩大到其他类别，最终成为一个专业的食品B2C网站。就像买书会上当当，买衣服会想到凡客，有一天，你需要买食品，你最先会想到的，是西米。"

而开实体店又成了刘源的另外一大败笔。做IT出身的刘源团队压根没有开实体店的经验，上文提到很多街边零食小店都能赚钱且赚得不少，但那需要在品类选择、选址、装修乃至店面促销等方面有丰富的经验，那也不是一朝一夕能练出来的。

尽管刘源想象得很好，线上线下结合，类似于O2O模式，但在线上都没做到极致、资金又不到位的情况下，贸然地分散资源做线下实体店，那不是自己找死？更要命的是，西米贸然地把品类扩到水果、茶品等，水果是易耗损的品类，哪会像干果等零食易于控制成本。

不待风投进入，2011年10月27日，西米网首页挂出公告，宣布"谢幕"。刘源表示："休闲零食这个行业，每公斤价值太低，导致物流成本太高，所以造成了销售额很大却一直无法盈利的困境。经过两年多的努力后，我决定换个生意，换个活法。终于做出了关闭零食业务的决定，心如刀绞。"

西米死是必然的，不死才是奇迹

西米网是小成本创业的典型企业，它能以8000元的启动资金，在一年之内迅速做到700万元的收入实在有点狗屎运。

西米网死亡原因，上面已总结了两个——贸然自建物流和仓储，让自己过快陷入"成本黑洞"；过早开实体店和引入易耗损的果品等品类，增加公司运营成本，让公司现金流过于紧张。

当然，拉不来风投是其中另一个死亡原因。在西米的发展过程中，自始至终没能得到一家风投的青睐。据刘源事后讲述，当时能见的风投都见了，但都没有投，只有一家小风投有些兴趣临到投资时又放弃了。

刘源总结，风投不投的原因有几个：其一，毛利不高，35%的毛利率虽然不算太低，但食品是个特殊的品类，有生产周期、保质期、仓储条件等各种限制，损耗比较大，综合之后，利润率就不高了。其二，行业门槛太低，竞争对手太多，很难做成一个大企业。小富即安可以，但要整成上市企业很难，而如果不上市，风投就没有很好的退出渠道（国内创业圈形成了一个奇怪的理论，似乎没拿到融资就不算创业，西米网完全可以做成一个小而美的"办公室零食工厂"，赚着钱，在办公室白领中拥有良好的声誉，慢慢积累用户，增加黏性，为何一定要拿融资）。

第5章 设计商业模式

说休闲食品行业做不大，其实也不尽然，至少对实体企业的休闲食品连锁品牌"来伊份"来说不是。"来伊份"是总部位于上海的休闲食品品牌，主要在自己的店内出售散装零食，产品线拥有从果脯到肉制品等十大系列。

除此之外，刘源还用"每公斤价值"这个新鲜的词归结了西米网倒闭的原因："还必须关注'每公斤价值'这一指标。是的，休闲食品毛利没问题（33%），单均没问题（80元），回头率、转化率都没问题，但每一公斤价值只有30～40元"。

西米网倒闭之后，曾引起电商界著名人士著文探讨。曾打造了淘宝精油第一品牌"阿芙"精油的雕爷（真名孟醒）分析，西米网失败并非"每公斤价值"低："按照奥卡姆剃刀的逻辑，发明这个词本身就多余，其实赔钱的原因无非两点：（1）无法系统性降低成本；（2）无法有效提高毛利率。"

雕爷称，要么持续扩大规模，依靠规模效应来不断降低成本，以获得未来的利润空间——这是京东、凡客之路。要么，就只能通过价值创新，打差异化，来获得足够高的毛利率，支撑未来更加惨烈的竞争。

在目前的电商江湖中，休闲食品（或扩大概念称"食品"）多数只作为综合电商的一个品类，如京东商城、1号店，也有做食品的独立电商，如中粮集团旗下的"我买网"和顺丰速运旗下的"顺丰优选"，这两者都背靠巨头，有充足的资金支撑，未来如何还有待观察。

在创业者中，西米网之后，"三只松鼠"或可作为西米网另一种发展的镜像参照。

"三只松鼠"由著名电商人士"壳壳老爹"章燎原于2012年7月创立，产品和曾经的西米网类似，主要销售坚果、干果、茶叶等产品，但仅上线65天，其销售额在淘宝天猫坚果行业跃居第一名；2012年"双十一"时，实现日销售额766万元，名列全网食品类电商当日销售收入第一。

"三只松鼠"选的品类，都是坚果、干果等易保存、易运输、毛利高的品类，如果加上所谓品牌感情输出，可以卖更高价格。

章燎原的打法很简单，他在西米网倒闭之后也曾经写过一篇如何做食品类电商的思考，章的观点是，没有必要去关注"每公斤价值"的问题，而需要关注的是一个商业模式其本身如何实现盈利。而这个问题的答案也很简

143

单，就是"我必须要成为一个品牌"，因为"你只有是品牌的时候，顾客才会讨好你，才会付更多的钱购买你的产品"。要知道坚果目前看来还是属于食品中的奢侈品，大部分对象是白领，其实她们并不缺多付的那点钱，也很舍得自己付邮费，关键在于你是否让顾客有购买你的理由，而这个理由一定不是因为便宜。

经验总结

西米网初看起来是死于成本黑洞，但细细分析就会发现其本质是对于客户需求的把握上出现了重大问题。根据客户"等待时间"设置的"配送时间"只是其中非常小的一个环节，但是它却作为了一个非常核心的维度。因而西米网虽然在市场和客户上做出了正确的选择，但在客户需求上选择了错误的方向，从而导致了一系列的恶果。

第 6 章

创业计划书与风险投资

6.1 创业计划书概述

6.1.1 创业计划书的概念

创业计划书，也被称为商业计划书，是创业者通过对创业项目内部和外部因素的调研、分析，全面展示公司和项目目前状况、未来发展潜力以及具体的实施计划。创业计划书应覆盖初创企业的各个方面：项目、市场、研发、制造、管理、关键风险、融资、发展阶段或时间表等。此外，创业计划书也是创业者开拓新事业、达到招商融资和其他发展目标的书面资料。

6.1.2 创业计划书的作用

对于没有经验的创业者来说，往往存在对行业认知不足、资源匮乏等方面的问题。因此，创业计划书对于创业者来说就显得尤为重要，很大程度上关系到创业项目的成败与否。

首先，创业计划书为创业者提供自我评价的机会。对创业者而言，一个项目的创意在最初构想时，往往比较有把握，但从不同角度仔细分析，可能有不同的结果。通过编制创业计划书，创业者对创业活动可以有更清晰的认识。可以说，创业计划书首先是把计划中的项目推销给创业者自己，至少确保创业活动能在创业者脑海中有条不紊地进行，否则在实践中很可能会错漏百出。创业计划书的制订过程本身也是帮助创业者系统梳理创业思路、进行自我评价的过程。

其次，创业计划书是筹措资金的重要工具。风险投资商不是慈善家，投资商投资的目的在于获取投资收益。因此，投资者对于投资项目的选择是十分谨慎而苛刻的。由于投资者时间精力有限，对于任何潜在投资项目他们不可能都身体力行地去考察。因此，撰写一份简明易懂，又能够表述项目市场潜在价值和创业者热情的计划书显得尤为重要。这是外部投资者，尤其是风险投资商了解项目的第一途径。

再次，创业计划书可以为企业的发展提供指导。创业计划的内容涉及创业的方方面面，尽管创业面对大量不确定性，内外部环境可能经常发生快速变化，但不能因为变化就认为不需要计划或者不制订计划；相反，越是处于快速变化的环境，越需要认真的计划，越需要依据客观事实进行周密分析，并根据环境变动情况进行逐项修改，不断地更新。当一份创业计划书成为一套比较完整的计划而被确认时，它就能成为初创企业运营管理的工作指南和行动纲领。

最后，创业计划书能帮助创业者把创办企业的愿景与使命传播给潜在员工、现有员工、资助组织、服务商等。从这种意义上说，创业计划书还担负潜在资源积聚和整合的功能。对于大学生创业而言，创业计划书还是争取各类政府优惠与扶持必不可少的通行证。

6.2 创业计划书的基本结构与核心内容

6.2.1 创业计划书的基本结构

首先，创业计划书应按照如下顺序及格式来编排：

封面（包括公司名称、地址及主要联系人的名字、联系方式等）；

目录（概括了创业计划书的各主要部分）；

概要及计划书的核心部分（每个部分都应清楚地列出标题并要求易于识别）；

附录（如详细的财务计划、公司创建人和核心员工的完整简历。这些资料经常附在正文后面，并分开单独装订）。

其次，一份有效的创业计划书，应该尽可能的简洁明了。

创业计划书应从风险投资者的视角来编写，使其从整体看上去像一份规范的商业文件。具体来说：

从结构上看：创业计划书不要单纯为了创新而偏离一般结构和格式太多。同时，又不能套用一些创业计划书制作软件所提供的样本文件，即便这样的确可能使计划书变得更加专业，但会显得过于古板，没有自身的特色。另外，计划书必须基于特定市场的调研数据和事实来编写，市场预测也必须建立在对目标市场的现有信息上进行分析，即在原则上要体现创业计划的真实性。否则，潜在投资人怎么会把自己的真金白银投给你呢？

从体例上看：计划书既要看上去比较讲究，又不能给人奢侈浪费的印象。可以采用透明的封面和封底来包装计划书，并将企业设计精美的徽标（Logo）放在计划书封面页和每一页的页眉上。这样会充分显示你的用心，同时容易吸引人的眼球，给读者留下深刻印象。

最后，按照上文提到的计划书一般格式逐项检查创业计划书，不能有任何的遗漏和错误。有些创业计划书竟在封面上漏掉了联系方式，缺少目录，或是有明显的错别字和排版错误等。这样一些小疏漏，会使投资人认为创业者准备不充分，是粗心的、不负责任的，最终影响其投资决策。

6.2.2　创业计划书的核心内容

由于每一份创业计划书需要强调和突出的重点有所不同，因而创业计划并没有硬性规定的格式，但是人们经过不断的实践总结，在创业计划的制订过程中也逐步形成了约定俗成的一些基本格式。一般来说，一份完整的创业计划书的核心内容大致包括以下 9 个方面：

1. 计划摘要

计划摘要列在创业计划书的最前面，它浓缩了创业计划书的精华，涵盖了计划的要点，以求一目了然，让读者能在最短的时间内作出评判。

计划摘要一般要包括以下内容：

（1）公司基本情况（主要包括公司名称、成立时间、注册地区、注册资本，主要股东、股份比例、主营业务，过去 3 年的销售收入、毛利润、净利润，公司地点、电话、传真、联系人。）

（2）主要管理者情况（有主要管理者的姓名、性别、年龄、籍贯、学历/学位、毕业院校、政治面貌、行业从业年限、主要经历和经营业绩。）

（3）产品/服务描述（包括产品/服务介绍，产品技术水平，产品的新颖性、先进性和独特性，产品的竞争优势。）

（4）行业及市场（有行业历史与前景，市场规模及增长趋势，行业竞争对手及本公司竞争优势，未来 3 年市场销售预测。）

（5）营销策略（主要是在价格、促销、建立销售网络等各方面拟采取的策略及其可操作性和有效性，对销售人员的激励机制。）

（6）融资说明（资金需求量、用途、使用计划，拟出让股份，投资者权利、退出方式。）

（7）财务预测（未来 3 年或 5 年的销售收入、利润、资产回报率等。）

（8）风险控制（项目实施可能出现的风险及拟采取的控制措施。）

在计划摘要中，企业还必须回答下列问题：企业经营的性质和范围；谁是企业的顾客，他们有哪些需求；企业的合伙人、投资人是谁。

摘要需要尽量简明扼要。要尽力说明项目的特别之处以及获取成功的相关因素。一般篇幅控制在 2~3 页。如果太长的话，反而起不到应有的作用。

2. 企业描述

企业描述是创业者对初创企业总体情况的介绍，其主要内容包括：企业定位、企业战略及企业的制胜因素。

企业定位是指初创企业的行业选择、业务范围以及经营思路的确定，是对企业现实状况的必要说明，也是计划书其他部分的基础。

公司战略是公司生产、销售策略的总体概括。对如何成功地经营初创企业并使之与众不同，创业者应该有一个指导性的原则。

在这部分中，要对初创企业的历史、现状及未来的发展有完整而清晰的阐述，要重点说明创办新企业的思路、新企业的形成过程及企业的目标和发展战略。此外，还要介绍一下创业者自己的背景、经历、经验和特长等。创业者的经历和素质对企业的成败往往起着关键性的作用。在这里，创业者应尽量突出自己的优点并表示自己强烈的进取精神，以给投资者留下一个好印象。

在这部分中，要对企业以往的情况做客观评价，不回避失误。中肯的分析往往更能赢得信任，从而使人更容易认同企业的创业计划书。

3. 产品与服务

在进行投资项目评估时，投资人最关心的问题之一就是企业的产品、技术或服务，能在多大程度上解决现实生活中的问题，或者企业的产品（服务）能否真正帮助顾客解决痛点。因此，产品介绍是创业计划书中必不可少的内容。通常，产品介绍应包括以下内容：产品的概念、性能及特性；主要产品介绍；产品的市场竞争力；产品的研究和开放过程；发展新产品的计划和成本分析；产品的市场前景预测；产品的品牌和专利。

在产品（服务）介绍部分，创业者要对产品（服务）做出详细的说明，要准确，也要通俗易懂，让不是专业人员的投资者也能明白。一般产品介绍都要附上产品原型、照片或其他介绍。

关于产品介绍的典型问题：

（1）顾客希望企业的产品（服务）能解决什么问题，顾客能从企业（服务）的产品中获得什么好处？

（2）与竞争对手相比有哪些优缺点？顾客为什么选择本企业？

（3）企业为自己的产品（服务）采取了何种保护措施？拥有哪些专利、许可证，或与已申请专利的厂家达成了哪些协议？

(4) 企业的产品（服务）定价如何使企业产生足够的利润？为什么用户会大批量地购买企业的产品（服务）？

(5) 企业采用何种方式去改进产品（服务）的质量，对发展新产品（服务）有哪些计划？

产品（服务）介绍的内容比较具体，因而写起来相对容易。撰写过程中应注意几个问题：第一，写作应站在客户的角度来评价产品和服务；第二，集中于最重要的产品，突出重点，避免本末倒置；第三，避免过多的技术细节，投资者往往不是技术方面的专家，因而，计划书没有必要进行详细的技术论证，如果必须加入相关的技术论证，也要采取通俗易懂的术语，避免过于专业晦涩；第四，还应避免过度的夸大和承诺，创业者和风投建立的是一种长期合作的伙伴关系。空口许诺，只能得益于一时。如果企业不能兑现承诺，不能偿还债务，企业的信誉必然要受到极大的损害，对创业活动造成严重影响。

4. 市场分析

当企业要开发一种新产品或向新的市场扩展时，首先要进行行业与市场分析。调查表明，市场价值是风险投资者最关注的关键指标之一。如果分析与预测的结果并不乐观，或者分析与预测的可信度让人怀疑，那么投资者就要承担更大的风险，这对多数风险投资者来说都是不可接受的。

市场分析首先要对需求进行预测。市场预测应包括以下内容：市场现状综述、竞争厂商概览、目标顾客和目标市场、本企业产品的市场定位、市场特征等。

很明显，初创企业所面对的市场具有变幻不定、难以琢磨的特点。因而，风险投资者不会因为一个简单的数字就相信你的计划。初创企业对市场的预测应建立在严密、科学的市场调研基础上，并对影响需求和市场策略的因素进行分析，以使潜在的投资者能够判断你公司目标的合理性以及他们将承担的风险。

关于市场预测的典型问题：

(1) 市场是否存在对这种产品的需求？需求程度是否可以给企业带来

所期望的利益？

（2）新的市场规模有多大？需求发展的未来趋向及其状态如何？

（3）影响需求的都有哪些因素？

（4）市场中主要的竞争者有哪些？是否存在有利于本企业产品的市场空当（市场空当是指不同企业在不同类产品或同一类产品的不同型号或品种之间所形成的空隙地带，属于目标市场的一种形态）？

（5）预计的市场占有率是多少？

（6）进入市场会引起竞争者怎样的反应，这些反应对企业会有什么影响？

5. 公司组织

有了市场预测之后，创业者第二步要做的就是组成一支有战斗力的管理队伍。企业管理的好坏直接决定了企业经营风险的大小。如果你的团队成员不够优秀，起点都很低，的确会在一定程度上影响投资人对你的认可。

风险投资者会特别注重对管理队伍的评估。企业的管理人员在专业、经验，乃至性格上应该是优势互补的，而且要具有团队精神。一个企业必须要具备负责产品设计与开发、市场营销、生产作业管理、企业运营等方面的专业人才。在创业计划书中，必须要对主要管理人员加以阐述，介绍他们所具有的能力、他们在本企业中的职务和职责、他们过去的详细经历及背景。此外，在这部分创业计划书中，还应对公司结构做一些简要介绍，包括：公司的组织机构图；各部门的功能与责任；各部门的负责人及主要成员；公司的报酬体系；公司的股东名单（包括认股权、比例和特权）；公司的董事会成员；各位董事的背景资料。

管理队伍部分一般是风险投资者在阅览完概要部分后首先看到的。他们想从一开始就知道在你的公司里面责任是如何划分的，并且暗示什么位置在将来应得到加强；你的管理队伍是否有能力和经验管理好你的日常运作。

在讨论管理技巧的时候，一定要突出对未来的事业发展具有特别意义的东西。经验和过去的成功往往比学位更有说服力。

应该讨论计划中对管理人员的奖罚制度。确保在这里不要超过行业标准。这样就可以使风险投资者更相信你的管理队伍会以充分的热情来实现预定的目标。

不可否认，社会发展到今天，人已经成为最宝贵的资源，这是由人的主动性和创造性决定的。企业要管理好这种资源，要遵循科学的原则和方法。

6. 市场营销

营销是企业经营中最富挑战性的环节，影响营销策略的主要因素有：消费者的特点、产品的特性、企业自身的状况、市场环境等方面的因素。最终影响营销策略的则是营销成本和营销效益因素。

在创业计划书中，营销策略应包括以下内容：市场机构和营销渠道的选择、营销队伍和管理、促销计划和广告策略、价格决策。

对初创企业来说，由于产品和企业的知名度低，很难进入其他企业已经稳定的销售渠道中去。因此，企业不得不暂时采取高成本低效益的营销策略，如上门推销、商品广告、向批发商和零售商让利，或交给任何愿意经销的企业销售。对于既有企业来说，它一方面可以利用原有的销售渠道，另一方面也可以开发新的销售渠道以适应企业的发展。

7. 生产计划

创业计划书中的生产制造计划应包括以下内容：产品制造和技术设备现状；新产品投产计划；技术提升和设备更新的要求；质量控制和质量改进计划。

在寻求资金的过程中，为了增大企业在投资前的评估价值，自主创业者应尽量使生产制造计划更加详细、可靠。

关于生产制造计划的典型问题：

（1）企业生产制造所需的厂房、设备情况如何？

（2）怎样保证新产品在进入规模化生产时的稳定性和可靠性？

（3）设备的引进和安装情况，谁是供应商？

（4）生产线的设计与产品组装是怎样的？

（5）供货商的前置期（从发出订货单到收到货物的时间间隔）和资源

的需求量？

(6) 生产周期标准的制定以及生产作业计划的编制？

(7) 物料需求计划及其保证措施？

(8) 质量控制的方法是怎样的以及相关的其他问题。

8. 财务计划

财务计划需要花费较多的精力来做具体分析，其中就包括现金流量表、资产负债表以及损益表的制备。流动资金是企业的生命线，因而企业在初创或扩张时，对流动资金需要有预先周详的计划和进行过程中的严格控制；损益表反映的是企业的盈利状况，是企业在一段时间经营的结果；资产负债表则反映在某一时刻的企业状况，投资者可以用资产负债表中的数据指标来衡量企业的经营状况以及可能的投资回报率。

财务计划一般要包括以下内容：创业计划书的条件假设；预设的资产负债表；预计的损益表；现金收支分析；资金的来源和使用。

可以说，一份创业计划书概括地提出了在筹资过程中创业者需做的事情，而财务规划是对创业计划书的支持和说明。因此，一份好的财务规划所评估企业所需的资金数量，对于提高初创企业取得资金的可能性是十分关键的。如果财务规划准备得不好，会给投资者以企业管理人员缺乏经验的印象，从而降低企业的评估价值，也会增加企业的经营风险。

企业财务计划应保证和创业计划书的假设相一致。事实上，财务规划和企业的生产计划、人力资源计划、营销计划等都是密不可分的。

关于财务计划的典型问题：

(1) 产品在每一个期间的发出量有多大？

(2) 什么时候开始产品线扩张？

(3) 每件产品的生产费用是多少？

(4) 每件产品的定价是多少？

(5) 使用什么分销渠道，所预期的成本和利润是什么？

(6) 需要雇佣哪几种类型的人？

(7) 雇佣何时开始，工资预算是多少？

此外，在财务计划中，在团队建立之初，应规定所有股东投入的资金2~3年内不能撤资，期满后，股份如何退出应一开始就约定好。

9. 风险与假设

创业计划总会包括相关的一些隐含的假设。因此，创业计划必须描述一些有关所在行业、公司、人员、销售预测、客户订单和创立企业的时机和融资的风险及其负面结果的影响。

识别创业项目中的风险，可以证明创业者作为一名经理人的技能，并能增加创业者和创业项目在私人风险投资者心目中的可信度。主动分析与讨论风险也有助于创业者对创业项目完成风险评估与对策研究，"未雨绸缪"方能降低创业风险。新企业面对的潜在危险主要有：已有企业以"价格战"来竞争、新产品不能持续吸引消费者、创业前期的成本投入超支、高层缺乏经验、拆迁风险、所有权风险、未能按期投产以及国家政策、经济形势和技术进步发生的巨变等。

6.3 创业计划书与风险投资者

近些年来，风险投资逐渐为初创企业所熟知，而其作为一种支持创业者创业的融资方式，推动高科技产业发展的重要力量，日益受到学术界、企业界、金融界和政府人士的重视和关注。对于创业者来讲，要想获得风险投资，必须要了解风险投资的内涵、运作过程、方式及相关知识，"知彼知己"才能百战百胜。

一般而言，创业计划书撰写的关键是：把握准风险投资商的喜好，并熟悉资本市场的上市规则。

6.3.1 风险投资的界定

风险投资，也被称为创业投资，是向极具发展潜力的新建企业或中小企业提供股权资本，并通过提供创业管理服务参与投资企业的创业，以期获得高资本增值的投资行为。

需要注意的是，风险投资虽然是一种股权投资，但投资并不是为了获得企业的所有权，也不是为了控股，更不是为了经营企业。简单来讲，风险投资就是风险投资者通过投资和提供增值服务把被投资的企业做大，然后通过公开上市、兼并收购或以其他方式退出，在产权流动中获得投资回报。

一般来讲，风险投资具有以下六个特点。

第一，投资对象主要为新兴的、迅速发展的、有巨大竞争潜力的中小企业；

第二，投资方式主要采用权益投资，风险投资者关心的是企业的发展前景；

第三，投资周期较长，风险投资的目的不在于获取近期财务利润，而在于当投资对象的市场评价较高时，通过股权转让活动，一次性地为投资者带来尽可能多的市场回报，即取得中长期资本利润；

第四，投资回报以"风险共担，利益共享"为原则。企业若获得巨大发展，则可以获得高额回报；

第五，投资风险比较大，投资的大部分企业都可能失败，但一旦成功就收益巨大；

第六，投资管理较严密，风险投资不只是一种投资行为，投资后风险投资者一般要通过参加董事会、派驻财务人员和高层管理人员等方式对投资项目进行项目监管，为初创企业提供增值服务。

6.3.2 风险投资者的评价标准

与提供给创业者资金的其他渠道相比，风险投资者有自己不同的目标。例如，借贷者关心资金的安全性和偿还性；作为所投资企业的部分所有者，风险投资者最关心的是安全与回报。因而，风险投资者拿到融资申请以后，要系统地对项目进行评价，而评价的标准主要集中在两个方面：投资可行性以及创业项目定价。

1. 影响投资可行性决策的因素

影响风险投资对项目可行性决策的因素有很多，包括市场、技术、管理和制度等诸多方面，这些因素共同作用并影响着投资决策过程。

据科技部研究中心创业投资研究所对全国360家创业投资机构的调查，"市场前景"、"管理团队"、"主要投资项目的技术先进性"和"技术成熟度"等是影响中国创业投资机构项目决策的最主要因素。而最重要的因素依次是市场、管理团队以及技术。

美国学者约翰·希尔（John Hall）和查理斯·霍复（Charles W. Hofer）对风险投资者的评价标准进行了调查验证，主要结果汇总于表6-1，为创业者提供参考。

表6-1　　　　　　　　　风险投资者项目审查标准

风险投资公司的要求
在投资阶段和规模方面必须与风险投资公司的借出规则吻合 拟建企业必须在投资者感兴趣的地理位置 有风险投资者熟悉的人的推荐意见 拟建企业的行业必须为投资公司投资的行业
拟建企业的特点： 拟建项目应在投资5年内增长并具有相当规模 拟建企业的行业所处的经济环境 行业必须具有长期增长性和营利性 经济环境必须有利于新进入者
拟建企业的战略计划： 销售渠道的选择必须具有灵活性 产品必须处于有利的竞争地位 拟建企业的财务信息 财务目标应切合实际
计划书的特点： 必须有充分的信息 应该有一个适当的长度，有一个实施概要而且要求容易浏览，最好是专业制作 计划书必须包括资产负债表 对要强调的关键部分加着重符号

续表

风险投资公司的要求
创业者或创业团队的特点： 必须有相关的经验 应该有一个平衡的管理团队 管理方必须愿意与投资伙伴合作 创业者曾经有过成功创建企业的经历则会受到特别考虑

2. 影响创业投资项目定价的因素

科技部研究中心创业投资研究所对我国的创业投资机构就项目定价影响因素进行了调查，其调查结果汇总于表 6-2。由此也可以看出，我国的创业投资机构是在考虑市场竞争的基础上，追求未来盈利的最大化。

表 6-2　　　　　　　　影响创业投资项目定价的因素

影响因素	占全部调查对象的比重（%）
项目的未来现金流量	26
潜在的市场竞争	21
项目的市场价格	20
项目的开发成本	16
宏观经济环境	8
一般由双方商定	7
其他	2

资料来源：王松奇主编：《中国创业投资发展报告（2003）》，经济管理出版社 2003 年版。

6.3.3　风险投资的运作流程

风险企业要成功获取风险投资，首先要了解风险投资公司的基本运作流程。图 6-1 描述了风险投资的运作流程，即筹资、投资、退出三个阶段。

具体到投资阶段，一般包括以下几个内容。

互联网背景下的创业基础与实践

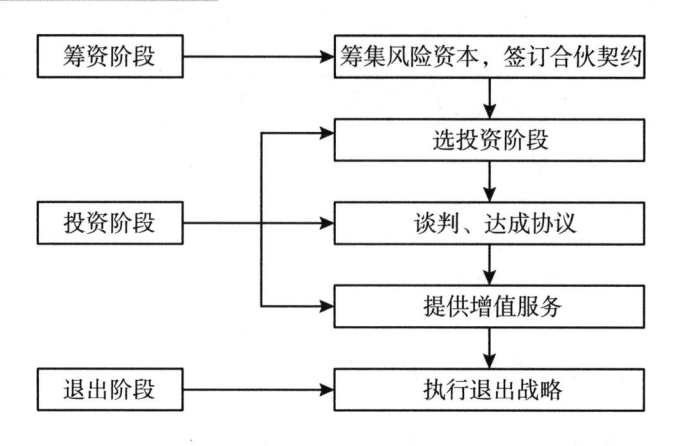

```
筹资阶段 ──→ 筹集风险资本，签订合伙契约

              ┌─→ 选投资阶段
              │
投资阶段 ─────┼─→ 谈判、达成协议
              │
              └─→ 提供增值服务

退出阶段 ──→ 执行退出战略
```

图 6-1 风险投资的运作流程

1. 初审

风险投资者在拿到创业计划书后，往往只用很短的时间走马观花地浏览一遍，以决定这个项目是否值得投资。因此，创业计划本身要具备吸引风险投资者的能力。

2. 风险投资者之间的磋商

在大的风险投资公司，相关的人员会定期聚在一起，对通过初审的项目建议书进行讨论，决定是否进行面谈，或者予以回绝。

3. 面谈

如果风险投资者对创业者提出的项目感兴趣，他会与创业者接触，直接了解其背景、管理团队和企业，这是整个过程中最重要的一次会面。如果进行得不好，交易便很可能宣告失败。如果面谈成功，风险投资者会希望进一步了解更多有关企业和市场的情况，或许他还会动员对这一项目感兴趣的其他风险投资者。

4. 责任审查

如果初次面谈较为成功，风险投资者接下来会对创业者的项目进行考察。

他们以技术实现为审查重点,并通过审查程序对意向企业的技术创新能力、市场潜力和规模以及管理队伍进行细评。这一程序通常包括参观公司,与关键人员面谈、对仪器设备和供销渠道进行估价,与企业债权人、客户、相关人员以前的雇主进行交谈。这些人会帮助风险投资者做出关于创业者个人风险的评价。

5. 条款清单

审查阶段完成之后,如果风险投资者对所申请项目的前景看好,便可开始进行投资形式和估价的谈判。通常创业者会得到一个条款清单,概括出谈判将会涉及的内容。对于创业者来讲,要花时间研究这些内容,从而使谈判朝有利于创业者的方向发展。

6. 签订合同

风险投资者力图使他们的投资回报与所承担的风险相适应。通常来讲,风险投资者会根据切实可行的计划,对未来 3~5 年的投资价值进行分析。风险投资供求双方基于各自对企业价值的评估,通过讨价还价的方式,最终进入签订协议的阶段,即双方签订代表创业者和风险投资者双方愿望和义务的合同。一旦最后协议签订完成,创业者便可以得到资金,以继续实现其经营计划中拟订的目标。

7. 投资生效后的监管

投资生效后,风险投资者便拥有了初创企业的股份,并在董事会中占有席位。多数风险投资者在董事会中扮演着咨询者的角色,就如何改善经营状况以获取更多利润提出建议,帮助企业物色新的管理人员(经理)以及定期审查会计师事务所提交的财务分析报告等。风险投资者也会定期与创业者接触以便跟踪了解企业经营情况。由于风险投资者对其所投资的业务领域了如指掌,所以其建议会很有参考价值。

6.3.4 学会与风险投资者打交道

创业者应该以什么样的经营姿态去接触风险投资者,以下给出了几点小建议。

1. 做好被挑战的心理准备

在你决定去谈投资的时候就要有这样的心理准备：与风险投资的沟通绝对不会是一个顺利的过程，"投"与"不投"都是很正常的事情。

原因很简单。初创企业所做的事情必然有其超前性，否则也没有什么机会可言。然而面对一个超前的事情，你无法要求所有的人都赞同你的想法，这对于风险投资者来讲也是如此。

俗话说"挑货才是买货人"。面对投资者的挑战，千万不要丧失信心。从另外一方面来看，有经验的投资人对创业者思维模式、商业模式的挑战，虽然也许会让人尴尬，但却是有帮助的。即便暂时拿不到投资，创业者也正需要在这种挑战中不断打磨自己的商业模式。此外，在这个过程中创业者也可以不断校正自己的想法。如果你说服不了投资商，可能将来你也很难说服你的团队。

2. 了解风险投资者的语言体系

有不少创业者会遇到这样的困境：他们和投资商的"语言体系"不同，创业者往往滔滔不绝于投资商所不关注的东西。

风险投资商最爱问几个问题：你这个想法的核心价值是什么？能给客户带来什么价值？为什么你能做成？核心竞争力在哪里？这些问题创业者都要思考清楚，并懂得用精练的语言去向他们证实自己的企业正是其投资兴趣所在，然后再递交计划书，附上言简意赅的相应材料。

3. 努力寻找有资质的推荐者

由于风险投资者收到的投资计划书远远超过其投资能力，大量的计划书将被筛选出局。因此，对受到推荐的计划书，他们会给予关注，并投入更多的时间和精力。因此，创业者花时间寻找能够并愿意将自己推荐给风险投资者的推荐人是非常值得的。一般而言，推荐者可能是组合投资公司的经理、会计师、律师、银行家和大学商学院教授。

作为一名风险投资者，3721的创始人、雅虎中国前总裁周鸿祎认为，一般通过两个原则来判断一个初创企业：第一，产品是否真的能够给客户提供价值，解决客户的问题，这是个很朴素的判断，很多人都会用。第二，对CEO这个人和团队会有判断。他们可以很幼稚，但是看他们有没有潜力，最重要的就是除了一般创业者具有的激情、热情、狂热之外，他们是不是有一种很开放的学习心态。"风险投资者的钱也不是那么容易拿到的，"周鸿祎直言，"很多创业团队不是不好，而是不知道如何沟通，如果他们把沟通环节做好，能更顺利地拿到投资。"

在真正接触时，创业者应该清楚一些基本的行为准则，可参考表6-3所给出的行为指南。

表6-3　　　　　　　　　　创业投资谈判的行为准则

"六要"准则
　　要对本企业和本企业的产品以及服务持肯定态度，并充满热情
　　要明了自己的交易底价，并在必要时果断离开
　　要牢记自己和创业投资者之间要建立的是一种长期合作伙伴关系
　　要只对自己可以接受的交易进行谈判
　　要了解创业投资者（谈判对象）的个人情况
　　要了解创业投资者以前投资过的项目以及目前投资组合的构成

"六不要"准则
　　不要逃避投资者所提的问题
　　回答创业投资者问题时，不要模棱两可
　　不要对创业投资者隐瞒重要问题
　　不要期望创业投资者对"是否投资"立即做出决定
　　在交易定价上，不要过于僵化死板（要有灵活性）
　　不要带律师参加谈判，以免在细节上过多纠缠

资料来源：陈琦伟、冯文伟：《创业资本概论》，东北财经大学出版社2002年版。

××公司创业计划书模板

第一章　计划摘要

1.1　公司简介

××公司于××年××月××日于××地注册。注册资本××元。公司

主要股东有××，其所占股份比例分别为××……，公司的主营业务为××，公司过去三年的销售收入分别为××，净利润分别为××。公司地点位于××地，电话××，传真××，联系人××。

1.2 主要管理者情况

××，性别男/女，年龄××岁，籍贯××，从××大学毕业并获得××学位。政治面貌××。×××在本行业从业××年。其主要经历有××。其经营业绩有××。

1.3 产品与服务描述

本公司产品/服务为××（简要介绍）。本公司对于该产品的研发达到了××的技术水平。另外，该产品具有足够的新颖性与独特性，其竞争优势有××。该产品具有广阔的市场空间。

1.4 行业及市场

过去的××年，××行业的估值倍数居高不下，××年动态市盈率高达××倍。由于××原因，该行业的市场规模不断在扩大，该行业具有很好的前景。现阶段来看，企业的行业竞争对手主要有××。但本公司的竞争优势在于××。本企业未来三年的销售收入为××。

1.5 营销策略

本企业将选择××的营销策略。

1.6 融资需求与财务预测

公司建设期为××年，计算期××年，有静态回收期××年，选取行业平均折现率××%计算得动态投资回收期××年。净现值NPV为××元，未来三年销售收入为××元，利润××元，资产回报率为××%，有很高的投资价值。

基础投入共计××元，非基础投入共计××元/年。开办费××元，无形资产××元，流动资产××元。

1.7 风险控制

公司在运营过程中会面临行业、经营、管理等风险，公司将采取相应的规避措施。风险资金退出的成功与否关键取决于公司的业绩和发展前景。风险投资的退出方式一般有三种：首次公开上市（IPO）、兼并收购和破产清算。就目前资本市场的现状而言，××方式比较适合本公司。为了保障股东权益，本公司从第××年开始按净利润的××%分配股利，到第××年公司可以采用××方式撤出风险资本。

第二章 企业描述

2.1 公司概况

2.1.1 公司名称

××公司

2.1.2 公司口号

企业宗旨：略。

服务理念：略。

2.1.3 公司文化

略。

2.2 公司定位

××公司拟由××、××人员及风险投资者共同投资创立，其所有权拟由××与××共同所有。公司主营业务为××。本公司的经营理念为××。

2.3 公司战略与发展规划

公司的发展分为以下××个阶段，在不同阶段公司将采用不同的发展战略：

一、一期发展目标

公司在第一期的发展目标为××，将采用××的发展战略。

二、二期发展目标

……

以下内容略。

经 验 总 结

创业计划书将会展现企业未来美好的愿景、庞大的市场规模，以及IPO

的风光，但这一切"承诺"都离不开企业今天谨慎地评估机会、科学地组建团队、高效地营销等细节工作的积累。只有踏实进取的企业作风，才能让手握重金的风投相信你描绘的未来可期待，才愿意投资并与你携手共赴这场激情与冒险、暴富或惨亏的创业盛宴。

第 7 章

融资策略、财务管理与税务筹划

7.1 融资策略

7.1.1 融资内涵

融资,是企业筹集资金的行为与过程。是指企业从自身生产经营现状、资本运用情况以及未来经营发展的需要出发,经过科学的预测和决策,通过一定的渠道和方式,利用内部积累或者向企业的投资者、债权人筹集资本,保证企业生产经营需要的经济行为。

7.1.2 融资渠道

从创业者融资的角度来讲,可以通过以下方法,结合企业自身条件,据以解决自己的资金困局。

1. 银行贷款

银行贷款是指具有一定生产经营能力或已经从事生产经营活动的个人,

因创业或者再创业提出资金需求申请，经银行认可为有效担保后而发放的一种专项贷款。符合条件的借款人，根据个人状况和偿还能力，可获不同金额的贷款支持。在选择商业贷款融资渠道时，应注意成本以及风险的评估。

2. 民间贷款

许多创业者在创业的起步阶段，基本上是依靠亲朋的财务帮助。这些资金以财务借款或产权资本的形式获取。不仅是个人之间、企业与个人之间、企业之间也会有资金充裕者将钱借给短缺者进行周转，收取一定的利息，这就是民间贷款。民间贷款最重要的是建立信任和找到合适的渠道。

3. 政府政策以及资助

随着国内就业形势日趋紧张，就业压力逐年剧增，为了鼓励自谋职业和自主创业，各级政府相继出台了许多优惠政策，如下岗再就业小额扶持贷款、科技型中小企业创新基金等，涉及融资、开业、创业指导、创业培训等诸多方面。创业者应巧借政策东风，为企业的融资开辟道路。

4. 股权融资

股权融资是直接融资的一种。股权融资无须抵押资产，它赋予投资者在企业中某种形式的股东地位。这种融资方式对于中小投资者来说，是一种较为现实和便捷的融资方式。但是在进行股权融资时，创业者应该注意对企业控制权的把握。

5. 风险投资

风险投资，也是融资非常重要的渠道之一。第 6 章已作详细介绍。

7.1.3 融资条件与技巧

融资的条件和技巧主要有以下几点。

第7章 融资策略、财务管理与税务筹划

1. 银行贷款

（1）银行申贷条件。中小企业要想获得银行贷款，必须得具备以下条件：

第一，经国家工商行政管理部门批准设立，登记注册，持有营业执照。

第二，实行独立会计核算，自主经营，自负盈亏。

第三，有独立的经营资金、财务计划和会计报表，依靠本身的收入来补偿支出，独立地进行计划盈亏并对外签订购销合同。

第四，具有一定的自由资金，必须具有一定偿债能力和承担风险的能力。

（2）银行申贷技巧。中小企业在进行银行贷款融资渠道选择时，应当建立良好的银企关系，保持良好的信誉。写好投资项目可行性研究报告，突出项目特点，选择合适的贷款时机，并取得中小企业担保机构的支持。除上述外还应当注重以下因素。

策略一：货比三家，慎选银行。

现今银行竞争非常激烈，为了争取在市场上获得更多的份额，银行奇招百出，都会按照国家规定的范围对贷款利率进行一定的调整。创业者要做到"货比三家"，选择低利率的银行贷款。

策略二：合理计划，选准期限。

同样是贷款，选择贷款档次期限越长，利率就会越高。也就是说，选择贷款期限档次越长，即使是同一天，还贷款利息也会不同。

策略三：弄清价差，优选方式。

银行部门在贷款的经营方式上，主要有信用、担保、抵押和质押等形式。银行在执行贷款利率时，对贷款利率的上浮也会有所不同。同样的申请期限，相同的贷款数额可能会承担更多的财务成本。

2. 风险投资

（1）风险投资条件。风险投资其实并没有约定俗成的条件，很多时候都是依靠投资者对于项目的评价标准来衡量的，创业者要使自己更符合投资者的标准，以便更有效地获得投资。风险投资者审查标准在第6章已有评述。

（2）风投融资技巧。在进行风险投资融资决策选择时，创业者应该与投资者打好交道。应遵循的谈判技巧和行为准则，参见第6章。

7.1.4 融资规划与决策

创业者在进行融资决策前，应该把握好融资的"when"、"how"、"much"、"what"等问题，制定合理的融资策略是从融资需求的评估、融资方案的制定到融资决策的一个完整过程。

1. 融资需求

融资需求的评估主要解决的是"需要多少钱"的问题，创业者应根据自身条件、同行的经验，加上主观判断进行资本需求量的最低限额估算。创业团队应根据销售收入、销售成本、销售费用、利润，预计财务报表进行预估和判断；结合企业发展规划预测融资需求量，来对资金需求进行有效的评估。

2. 融资方案制定

融资方案的制定是创业者在融资需求量评估基础上对"什么时候需要钱"、"需要什么样的钱"等问题的系统判断和实施纲略。在融资方案的制定过程中，创业者需要关注的最重要的因素是财务生命周期、投资者偏好以及自有资金压力三部分。

3. 融资决策

企业的融资决策就是要确定最佳资本结构以及时间期限等问题。所谓最佳资本结构就是企业在适度的财务风险条件下，使预期的综合资本成本率最低，同时使企业未来价值最大化的资本结构。确定企业的最佳资本结构，通常采用资本成本比较法，获取相同期限的同等资金，选择资本成本最低的方案。

7.2 财务管理

7.2.1 基本财务知识

1. 创业者应具备的基本财务观念

（1）风险收益观念。财务管理通常在隐含风险的状态下进行。任何财务决策都应尽可能回避风险，增加收益。但是对于一些风险较大的筹资或投资项目也可考虑接受，因为就一般情况而言，风险和收益正相关，风险越大，收益越大。

（2）货币时间价值观念。现在的一元钱和未来的一元钱是不等价的，因为货币的时间价值问题。今天的一元钱存入银行或者用于投资，一年后肯定不止一元钱，即发生了增值。这个增值的部分就是货币的时间价值。因此，创业者在做各种决策时，一定要考虑到货币的时间价值。

（3）现金观念。企业往往注重会计利润而忽视现金流量。这一观念需要改正，作为创业者更应该树立"现金为王"的意识。企业有了现金流才能正常地运转，有充裕的现金流甚至可以带来额外的投资收入，而利润常常仅是账面上的反映，对企业的价值远不如现金流。

2. 创业者应具备的基本财务知识

创业者要了解企业资金结构及其内容，对于资金的来龙去脉有一个基本的概念，以有效掌握资金运作。一个企业的资金结构可以大致分为三大部分：资产、负债和所有者权益。资产可以分为流动资产和非流动资产；负债可以分为流动负债和非流动负债。

要培养系统的风险分析能力，规避各种风险损失，以避免企业财务资源流失。风险产生的原因有：自然风险、经营风险。前者，创业者可应用保险或者几率预估；后者，则应通过有效的经营活动及制定简易制度并切实执行，以减少损失。

（1）基本会计报表。管理财务工作必须具备一定的会计基本知识，我们介绍一下基本会计报表和基础财务比率。

资产负债表反映了一定时期资产、负债和所有者权益的分布情况。资产代表企业的经济资源，是企业经营的基础；负债结构反映了企业偿还负债的紧迫性和偿债压力；所有者权益是通过所有权融得的资金，如投资者直接投资、企业内部留存收益等。

资产负债表如表7-1所示。

表7-1　　　　　　　　　　资产负债表范例

编制单位：　　　　　　　　年　月　日　　　　　　　　　单位：元

资产	期末余额	年初余额	负债及所有者权益	期末余额	年初余额
流动资产： 　货币资金 　应收账款 　应收票据 　预付账款 　存货			流动负债： 　短期借款 　应付账款 　应交税费 　应付职工薪酬 　应付利润		
流动资产合计			流动负债合计		
非流动资产： 固定资产 固定资产清理 在建工程 长期待摊费用 长期应收款 无形资产 开发支出			非流动负债： 长期借款		
			非流动负债合计		
			所有者权益： 实收资本 资本公积 盈余公积 未分配利润		
非流动资产合计			所有者权益合计		
资产总计			负债和所有者权益总计		

利润表是反映企业在一定会计期间经营成果的报表。通过利润表分析，可以从总体上了解企业收入、成本和费用、净利润的实现和构成情况；同时，通过利润表提供的不同时期的比较数字（本期金额、上期金额），可以分析企业的获利能力以及利润的未来发展趋势，了解投资者投入资本的保值增值情况。

利润表如表7-2所示。

表7-2　　　　　　　　　　　利润表范例

编制单位：　　　　　　　　　年　月　日　　　　　　　　　单位：元

项目	本期金额	上期金额
一、营业收入 减：营业成本 　　营业税金及附加 　　销售费用 　　管理费用 　　财务费用 　　资产减值损失 加：公允价值变动收益（损失以"-"填列） 　　投资收益（损失以"-"填列）		
二、营业利润 加：营业外收入 减：营业外支出		
三、利润总额 减：所得税费用		
四、净利润		

现金流量表则反映了一定会计期间现金流入和流出的情况。需要注意的是，现金流量表中的现金是一种统称，包括企业库存现金、银行存款、其他货币资金和现金等价物。

现金流量表如表7-3所示。

表 7-3　　　　　　　　　　　　现金流量表范例

编制单位：　　　　　　　　　年　月　日　　　　　　　　　　　单位：元

项目	本期金额	上期金额
一、经营活动产生的现金流量： 销售产品、提供劳务收到的现金 收到的税费返还 收到其他与经营活动有关的现金 经营活动现金流入小计 购买商品、接受劳务支付的现金 支付给职工以及为职工支付的现金 支付的各项税费 支付其他与经营活动有关的现金 经营活动现金流出小计 经营活动产生的现金流量净额		
二、投资活动产生的现金流量： 收回投资收到的现金 取得投资收益收到的现金 处置固定资产、无形资产收回的现金净额 投资活动现金流入小计 购建固定资产、无形资产支付的现金 投资活动现金流出小计 投资活动产生的现金流量净额		
三、筹资活动产生的现金 取得借款收到的现金 筹资活动现金流入小计 筹资活动产生的现金流量净额		
四、汇率变动对现金及现金等价物的影响		
五、现金及现金等价物净增加额 　　加：期初现金及现金等价余额		
六、期末现金及现金等价余额		

（2）基本财务比率。财务比率是用于观察企业是否发展良好的重要信息，财务报表中大量数据可以按不同的需要计算出有意义的比较关系。财务比率有以下三类：偿债能力比率、运营能力比率、盈利能力比率。在这三大类比率下，还有很多指标，具体见表 7-4。

表7-4　　　　　　　　　　　　　指标汇总表

偿债能力比率	运营能力比率	盈利能力比率
流动比率	存货周转率	销售毛利率
速动比率	应收账款周转率	市盈率
资产负债率	总资产周转率	每股收益

①流动比率（流动资产/流动负债）。企业流动资产包括现金、应收账款、存货等。这个指标反映企业短期偿债能力的强弱，流动比率越高，说明企业短期偿债能力越强，但流动比率高不等于有足够的现金来偿还债务，可能是由于应收账款增多或者过期存货的积压造成的，还需要考察现金流量。

一般而言，流动比率在2∶1左右比较合适。流动比率是否合理，不同行业及同一企业不同时期的评价标准不同，不应该用单一的标准来评价。

②速动比率（速动资产/流动负债）。速动比率可以说是流动比率的加强版，因为在公司中，库存的流动性最小，速动比率是将流动资产中的存货予以剔除（但应收账款仍未剔除），这一比率反映的企业偿债能力更为准确。一般而言，速动比率在1∶1左右比较合适。

③资产负债率（负债总额/资产总额）。资产负债率也称财务杠杆。反映了企业偿还债务的能力，比率越大，表明企业是在较大程度上依靠债权人提供的资金在维持其生产，随时有陷入破产清算的危险。此指标越低，偿债能力越高，安全性越大。

但对于企业来说，资产负债率不是越低越好。负债太少会被认为企业比较保守，挑战未来的信心不足。一般而言，处于高速成长期的企业，负债率可以高一些，但是企业必须在风险和收益间找到一个平衡点，不能一味追求低资产负债率，也不能盲目大量借款。

④存货周转率（销售成本/平均存货）。通常，存货周转率说明的是企业存货周转的次数。存货周转率越高，存货周转越快，存货的占用水平越低，存货转换成现金的速度就越快，提高存货周转率可以提高企业的变现能力。一般而言，存货周转率越高，说明企业销售能力越强。具体运用时要考查企业存货的构成及原因。

⑤应收账款周转率（赊销收入净额/应收账款平均余额）。赊销收入净额是指销售收入扣除销货退回、折扣及折让后的赊销净额。应收账款周转率表明企业从发生应收账款到收回并转换成现金所需要的时间。时间过长，企业的营运资金就会过多地呆滞在应收账款上，影响正常的资金运作。应收账款周转率可用来分析企业应收账款的变现速度和管理效率。该比率越高，说明做催收账款的速度越快，可以减少坏账损失，资产的流动性强，短期偿债能务也会增强。

⑥总资产周转率（销售收入/资产平均总额）。总资产周转率表明一年内总资产周转的次数，或者说明每1元总资产支持的销售收入，该指标用来考查公司全部资产的利用情况。如果这个比率较低，说明企业利用其资产进行经营的效率较差，会影响企业的获利能力，应提高销售收入或处置资产，以提高总资产利用率。

⑦销售毛利率（销售毛利/销售收入净额）。销售毛利率通常称为毛利率。销售收入净额是指销售收入扣除销售退回、折扣与折让后的净额。销售毛利是销售收入净额减销售成本的差额。销售毛利率是企业销售净利率的最初基础，毛利率越高，说明企业通过销售获取利润的能力越强，没有足够大的毛利率便不能盈利。通过分析该比率的升降变动，可促使企业在扩大销售的同时，注意改进经营管理，节约成本，提高盈利水平。

⑧市盈率（每股股价/每股利润）。市盈率高，说明投资者对该公司的发展前景看好，愿意出较高的价格购买该公司的股票，所以一些成长性较好的高科技公司的股票市盈率通常会高一些，但如果过高，也意味着较高的投资风险。

⑨每股利润（净利润/普通股股数）。每股利润也称每股收益。每股利润越高，说明股份公司的获利能力越强，如果公司采用股本扩张的政策，必然摊薄每股利润，使每股利润减少。

小案例

中色股份财务指标分析

以中色股份（sz.000752）有限公司为例，进行财务报表分析。该企业是国际大型技术管理企业，旗下多个控股公司，在深圳证券交易所上市。以下指标数据均是对该公司的财务报表进行分析计算得出（见表7-5）：

表7-5　　　　　　　　中色股份相关季度财务指数　　　　　　单位：元

报告期 项目	2015.3.31	2014.12.31	2014.9.30	2014.6.30
流动资产	12148879335.24	11635113476.42	12154567934.42	11642280521.12
资产总额	19655943052.23	19284250197.92	19462836951.68	18592921169.88
负债	13153718975.48	12785559587.88	13091588816.56	12289517566.18
所有者权益	6502224076.75	6498690610.04	6371248135.12	6303403603.70

一、偿债能力分析

（1）流动比率

通过对该公司财务报表进行分析计算得出，该公司2015年第一季度的流动比率为1.13%，2014年四季度为1.09%，2014年第三季度为1.22%，相对来说还比较稳健，只是2014年第四季度略有降低。表明企业的短期偿债能力相对比较平稳。

（2）速动比率

该公司2015年第一季度的速动比率为0.7799%，2014年四季度为0.7842%，2014年第三季度为0.8008%，没有大的波动，只是略呈下降趋势。这表明该企业的短期偿债能力较弱。

（3）资产负债率

该公司2015年第一季度的资产负债率为0.67%，2014年四季度为0.66%，2014年第三季度为0.67%，从这些数据可以看出，该企业的资产负债率呈现基本持平的态势，说明该企业开始调节自身的资本结构，以降低负债带来的企业风险，资产负债率越高，说明企业的长期偿债能力就越弱，债权人的保证程度就越弱。该企业的长期偿债能力虽然不强，但是该企业的风险系数却较低，对债权人的保证程度较高。

二、营运能力分析

(1) 存货周转率

该公司 2015 年第一季度的存货周转率为 0.92%，2014 年四季度为 5.08%，2014 年第三季度为 2.98%。从这些数据可以看出，该企业的存货周转率波动较为明显。这表明该企业从总体上来看库存积压逐季上升，存货的变现能力变弱。从这个指标来讲，企业的短期偿债能力变弱且经营能力稍有下降。

(2) 应收账款周转率

该公司 2015 年第一季度的存货周转率为 1.50%，2014 年四季度为 8.55%，2014 年第三季度为 6.78%。从这些数据可以看出，该企业的应收账款周转率依然是呈现下降趋势的。这说明该企业有较多的资金呆滞在应收账款上，回收速度变慢，流动性降低且拖欠积压资金的现象可能也加重了。

(3) 总资产周转率

总资产周转率反映了企业资产创造销售收入的能力。该公司 2015 年第一季度的总资产周转率为 0.18%，2014 年四季度为 1.00%，2014 年第三季度为 0.66%。从这些数据可以看出，该企业的总资产周转率总体呈现下降趋势。尤其是 2015 年第一季度下降幅度最大，充分看出金融危机对该公司的影响很大。总体来看，该企业的主营收入是呈现负增长状态的。

三、盈利能力分析

(1) 销售毛利率

该公司 2015 年第一季度的销售毛利率为 9.65%，2014 年四季度为 9.02%，2014 年第三季度为 8.39%。从这些数据可以看出，该企业的销售净利率比较平衡，有着平稳上升的趋势。这种情况说明公司的主营业务收入在增加，或者成本费用相对减少，呈现出好的状态。

(2) 市盈率

该公司 2015 年第一季度的市盈率为 66.7657%，2014 年四季度为 54.4074%，2014 年第三季度为 100.6957%。从这些数据可以看出，该企业的市盈率也是自 2014 年四季度以后有较大的下降趋势。说明该企业的股票泡沫有所降低，价值从最初的高估开始有所收敛。

(3) 每股收益

该公司2015年第一季度的每股收益为0.06，2014年四季度为0.27，2014年第三季度为0.07。每股收益变动较大，没有负数，税后利润较为正常。截至2015年5月27日之前，共有5家机构对中色股份2015年度业绩做出预测，平均预测每股收益为0.55元（最高0.70元，最低0.40元）。照此预测，2015年度净利润相比上年增长，增幅为112.10%。从这些数据可以看出，该企业的每股收益有较大上升趋势，且公司创造的利润应呈现逐年上升的趋势。

四、分析结论

从以上分析数据可以得出如下结论：该企业总资产周转率呈现逐年下降趋势，资产利用效率不是太高；长期偿债能力比较平稳且但有略微下降趋势。现金流量比较平稳，偿债能力一般，销售的现金流有所增长，有着较好的信誉，每股收益呈现逐年增长的态势，对企业未来的发展是有利的。

7.2.2 资产管理

1. 运营成本管理

作为创业者，本身的资金就不够充裕，因此在创业初期，创业者必须懂得如何降低公司运营成本，提高创业资金的使用效率，确保公司平稳度过最艰难的初创阶段。

（1）利用"对标管理"。作为初创企业的领导者，应该具备对标管理的理念，具体到降低成本方面，公司对标管理的途径主要包括"内部对标"和"外部对标"两种方式。

内部对标是指创业者在内部找出具有典范性的标杆员工，对其成本管理进行分析总结，并推广其经验，从而带动其他员工一起改进，推动公司整体运营成本降低。

外部对标是指初创企业在企业外部寻找标杆企业，如沃尔玛等国际领先的企业，学习和借鉴这些企业的先进经验。

（2）充分共享资源。公司创建起来，必然需要各种各样的器材和设备，如果创业者缺乏资金，还要大量添置各种器材，势必会影响到公司其他的财务开支。

这个时候创业者就该学会跟其他人共享资源。例如，如果你的公司仅是一个四五人的团队，那么可以跟其他公司共用一个办公区，按比例平摊租金费用。再比如，如果公司对复印、打印的需求量不大，那么可以不添置复印机和打印机，需要的时候去附近的图文打印店。

（3）提高人力资源利用效率。对于新成立的企业来说，人力成本在公司财务支出比例中高达70%，因此创业者必须对公司的人力成本进行合理的规划。在初期，创业者需要身兼数职。此外，企业应该计划好加班费、兼职等，不另招人员从而浪费成本。

（4）强调节约。作为初创企业的掌门人，在节约这一点上应该以身作则，有很多创业者在公司还未盈利的时候，就俨然以"老板"、"成功人士"自居，讲究排场，最终让企业陷入经济危机。因此，在创业初期，即使公司产生了一些利润，也要把钱花在"刀刃"上，利用手中的资金为公司创造更多的利润。

2. 现金流管理

现金流是一个公司的生命线，企业如果没有充足的现金就无法运转，更可能危及企业的生存。对于初创企业而言，现金流就更为重要，它决定了企业能否持续成长，甚至关乎企业的生死存亡。要确保流水不断，而且一定要进多出少，只有这样，才能持续运转下去。

（1）进行现金流计划。有效的现金计划能够在公司出现财务危机之前起到很好的预警作用。如果你的公司刚刚创立不久，随时都可能面临财务危机，那么你需要对未来的现金流进行细致的规划和管理。

有效的现金流规划实际上是对公司运营过程中的一系列因素进行精确的预测，如客户的付款情况、公司预计的开支、经销商的拖欠货款等。需要注意的是，不要在缺乏事实依据的情况下主观地认为未来的现金流是健康的。因为公司未来的应收账款可能比过去的规模要大，要将资本回报、贷款利息及其他重要的财务支出计算在内，还应该考虑销售的季节性波动等因素。

在进行现金流规划的时候,要注意以下4个方面:

①客户预付的现金有多少。

②公司的利息收入和服务收入是多少。

③回款情况是否良好,坏账风险有多大。

④其他收入是多少,回款日期具体在什么时间。

创业者应该清楚公司未来的现金支出,包括支出的现金额度和支出时间,可以考虑列一个具体的清单,包括房租、水电、库存、设备和维护等。

(2)改善和提高收入来源。创业者可以通过管理应收账款的方式,来改善和提高公司的收入来源,具体的技巧和方法如下:

①对预付定金的客户给予一定的优惠。

②尽量争取与客户实现预付交易。

③对拒绝预付的客户进行信用调查。

④尽可能清理过期的库存。

⑤建立诚信档案,预防客户欠款的危险。

⑥及时跟进客户的回款情况,确保资金回笼。

销售的高增长当然有利于提高公司收入,但同时也会带来一些新的财务问题。对于创业者来说,不可能只关注于如何扩大市场规模,更要仔细地管理公司的财务支出。不管在什么时候,如果公司的财务支出大于销售增长,就需要仔细的审查每一笔支出,并尽量缩减公司的财务开支,以最少的成本获得最大的收益。提高资金使用效率的技巧有如下几种:

①利用贷款偿还期限的条款,尽量在最后几天还清。如在付款期限最后一天用电子支付方式付款。

②尝试与供应商沟通,争取他们的信任和理解,使得偶尔延迟付款也得到供应商的谅解。

③选择供应商时,不要仅注重产品的报价,也要考虑他们的品牌、质量和付款条件。

(3)应对资金短缺问题。很多初创企业都面临资金短缺的问题,创业者可以通过以下三种办法来解决:

第一，向银行申请贷款。这个方法的诀窍是：在公司不急需资金的时候去贷款，更容易成功。所以创业者可以给公司存款定一个"安全线"，一旦逼近这条线，就向银行申请贷款。

第二，寻求供应商的帮助。相对于银行来说，供应商更愿意看到自己的经销商活下去。因此与供应商保持良好的合作关系，可能会获得更多的帮助。

第三，提高资金的周转效率，资金的周转和流通是公司产生利润的直接原因。资金周转效率和速度将直接影响公司的盈利状况，如果公司产品的盈利水平不变，资金周转效率提升一倍，那么公司的效益就会增长一倍。

（4）促进资金回笼。创业初期，资金周转慢是许多创业者面临的问题，回款难的问题主要表现在坏账、呆账；回款周期长；销售人员素质不高；延期付款。想要对应收账款做到有效预控，提高销售回款率，企业应采取全方位的监控和管理措施，具体可分为三个步骤：事前管理、事中管理、事后管理。

事前管理包括：建立客户诚信档案，对客户的商业信誉做出评估，制定相应的优惠政策，鼓励客户积极回款。完善回款流程，严格监控回款进度。

事中管理包括：建立动态的账款跟踪管理体系，建立定期与客户对账制度，强化服务意识，建立良好的客户关系。

事后管理包括：协助客户销售产品，让客户养成及时付款的习惯。

促进资金回笼也有一些小技巧，具体包括：严格按照交易流程填写相关凭证；制定相应的优惠政策，回款越及时，享受的折扣优惠越多；简化客户的支付手续；老客户可以使用借方报单的形式；对于首次合作的客户，要及时催款，及时完成订单。

7.3 税务筹划

7.3.1 正确认识税务筹划

领导者需了解税务筹划在经营过程中的作用，同时，建立依法纳税的观念，这是税务筹划能顺利开展的前提。税务筹划在一定程度上能缓解企业的税负，在节省开支方面促进企业的业绩，但不能将企业的利润空间寄望于税务筹划这一环节。

税务筹划行为，往往界于合法与违法之间，相关机构及人员的税务筹划方案有时候会因税务部门执法偏差而被判为无效，甚至归为恶意避税。会计人员在工作中应保持严谨作风，保证会计信息的真实性。

中小企业在税务筹划的过程中，不仅依靠税务筹划的相关机构开展工作，也应及时系统地了解国家的最新政策。主动与税务部门沟通，熟悉有关纳税工作的程序，以便能更好地开展税务筹划，实现企业的最大效益。但在与税务部门的沟通过程中，或多或少会遇到个别税务人员不合理不规范的税务行为，企业在面对这种情况时应巧妙地拒绝。长期来看，合法的维权行为有助于维护税务部门以及企业的良好关系。

7.3.2　税务筹划成本

企业在进行税务筹划的时候需要明确，税务筹划是需要成本的，具体可以分为显性成本和隐形成本。显性成本是税务筹划中实际发生的相关费用，包括纳税成本、财务成本和管理费用等。隐形成本是纳税人因采用某一种税务筹划方案而放弃的其他潜在利益，因此，隐形成本是一种机会成本。中小企业在关注有关税收优惠政策的时候，往往倾向于该政策所带来的优惠。此时，应更多地考虑采取政策，所付出的成本是否低于筹划的效益。例如，一些税收优惠政策对于企业有一定的范围限制，如果企业为了符合该优惠政策的范围，更改自身的经营范围，导致业务量减少，最终付出的筹划成本高于筹划收益后反而得不偿失。

此外，还需了解相关税收优惠政策的时效性，若该政策时效短，虽然能在短期内为企业节省一定税负，但会对企业在未来的发展带来一定的风险，甚至可能导致企业陷入"税负陷阱"。企业就应认真考虑其中的机会成本。

7.3.3 税收策略

1. 增值税

（1）选择适合企业的纳税人身份。在我国现行的纳税制度中，根据生产经营规模的大小，企业内会计核算合理规范与否，对增值税类型的纳税人划分为小规模纳税人以及一般纳税人。税法对于这两类增值税纳税人在税率以及税负缴纳管理中有着不同的规定，两者在税负方面存在着一定的差异。中小企业在生产经营时，应根据企业自身的状况，选择合适的纳税人身份，向税务部门进行税务登记，再根据自身的纳税人身份确定合理的税务筹划方案。

（2）通过合并进行增值税筹划。对小规模纳税人而言，如果增值率不高且产品销售对象主要为一般纳税人，经判断成为一般纳税人对企业税负有利，但经营规模一时难以扩大，可联系若干个相类似的小规模纳税人实施合并，使其规模扩大而成为一般纳税人。

（3）通过联营进行增值税筹划。增值税纳税人可通过与营业税纳税人联合经营而使其也成为营业税纳税人，减轻税负。如经营电信器材的企业单独经营则缴纳增值税，但如果经电信管理部门批准联合经营，则只需缴纳营业税，不缴增值税。

2. 所得税

企业所得税是对企业在生产经营销售过程中的营业所得及营业外所得进行征收的一个重要税种，关系到企业在一个会计期间所获取的最终利益。在筹划企业所得税的过程中，固定资产的折旧、存货的计价等方面有着较多的筹划空间。

（1）选择合理的固定资产折旧方法。企业在选用固定资产折旧方法前，应充分了解现行法律规定，在不违反国家法律以及相关规定的前提下，选取相应的固定资产折旧方法，但不能随意改变折旧方法以变相逃避税负。企业可采取固定资产折旧方法中的加速折旧法，这种通过在固定资产使用初期提取加快折旧而此后逐渐递减计提折旧的方法，不仅能较为迅速地为企业收回固定资产的投入，而且能加快企业对于固定资产的折旧速度。如前期较多的折旧成本通过计入产品生产成本或生产费用的方式，能减少企业所得税的计税价格。企业一定要注意是在不违反税法等法律法规的前提下，才能通过对固定资产折旧的筹划，为企业带来最大的收益。

（2）选择合适的存货计价方法进行筹划。不同存货计价法对企业的成本计算结果不同，从而使利润乃至税负的结果都不同。这种方式是通过市场不同时期的价格变动差异来达到税负减少的效果。通过对于存货计价方法的比较，企业可以根据自身需求以及社会市场环境，合理选取存货计价方法进行税务筹划，举例说明：

某企业2月份的货物购销情况如下：2月初存货留存200箱货物，单价5万元。2月6号购进50箱货物，单价6万元。2月10号购进20箱货物，单价7万元，销售220箱货物，单价7万元。20号继续购进160箱货物，单价6万元，售出100箱货物，单价9万元。接下来以三种计价方法计算该企业利润。

方案一，采用先进先出法：

销售成本 = 200×5 + 50×6 + 20×7 + 50×6 = 1740 万元

销售收入 = 220×7 + 100×9 = 2440 万元

销售利润 = 2440 - 1740 = 700 万元

方案二，采用移动平均法：

2月10号结存存货单价 = (200×5 + 50×6 + 20×7)/270 = 5.3 万元

2月20号结存存货单价 = (6×160 + 5.3×50)/210 = 5.8 万元

销售成本 = 220×5.3 + 100×5.8 = 1224 万元

销售收入 = 220×7 + 100×9 = 2440 万元

销售利润 = 2440 - 1224 = 1216 万元

方案三，采用加权平均法：

存货平均价格 = (200×5 + 50×6 + 20×7 + 160×6)/(200 + 50 + 20 + 160) = 5.58 万元

销售成本 = 320 × 5.58 = 1785.6 万元

销售收入 = 220 × 7 + 100 × 9 = 2440 万元

销售利润 = 2440 − 1785.6 = 654.4 万元

从以上案例，我们可以得出，当进货价格因市场价格变动而呈上升趋势时，加权平均法较其余两种存货计价方法处于明显的优势，可以通过加权的方法，利用物价上涨的趋势相应地提高产品的相关成本费用，合理地降低计税利润。当进货价格受市场价格变动影响而呈下降趋势时，先进先出法则占相对明显的优势，通过先进先出的原则，避免存货因物价下降而导致计价降低，可将产品的成本费用保持在一个相对较高的水平，有利于企业在短期发展过程中减轻一定的税负。

（3）选择合理的融资结构模式。当企业发展到需要扩大规模以及加大资金投入进行产品的再生产时，资金不仅是自身的生产盈利所得，还需要通过融资方式取得。在筹集资金环节中，如何筹集资金才能为企业谋取最大利益呢？

一般来说，企业的资金来源于两种：内部融资以及外部融资。两种融资模式，各有优点，中小企业应考虑如何更好地结合两种方式，以最大限度地减轻税收负担。

企业的融资渠道可根据资本与负债分成两类。对于通过负债的融资方式，税法规定，企业在经营期间，向金融机构进行贷款融资而产生的利息支出，按实际发生的利息支出作为计税的扣除部分，而企业向非金融机构进行贷款融资而产生的利息支出，不高于金融机构融资利率计算的数额，可以以金融机构同类融资的利率计算作为计税的扣除部分。因此，企业在通过债权融资，利用贷款利息的支出在税前扣除，减轻企业的税负成本，而企业同权益融资方式进行融资所支付的股利，不能作为扣除部分。从节税方面来讲，中小企业应考虑如何利用融资资本结构变动对税收的影响来优化融资配置，实现税后利益最大化。

（4）通过降低费用进行所得税筹划。业务招待费、广告费和业务宣传费作为期间费用筹划的基本原则是：在遵循税法与会计准则的前提下，尽可能加大据实扣除费用的额度，对于有扣除限额的费用，应该用够标准，直达规定的上限。

设立独立核算的销售公司可提高费用扣除额度。按规定，业务招待费、广告费和业务宣传费均是以营业收入作为扣除计算标准的，如果将集团公司的销售部门设立成一个独立核算的销售公司，将集团公司产品销售给销售公司，再由销售公司实现对外销售，这样就增加了一部分营业收入，在整个利益集团的利润总额并未改变的前提下，费用限额扣除的标准可同时获得提高。

3. 消费税

消费税是以消费品的流转额作为征税对象的各种税收的统称。消费税实行价内税，只在应税消费品的生产、委托加工和进口环节缴纳，在以后的批发、零售等环节，不用再缴纳消费税，因为价款中已包含消费税，税款最终由消费者承担。

（1）关联企业转移定价。消费税的纳税行为发生在生产领域，如果将生产环节的价格降低，可以直接取得节税利益。如果关联企业以较低的价格将应税消费品销售给独立核算的销售部门，则可降低应纳税额。而独立核算的销售部门将产品卖给最终消费者时，只纳增值税不缴消费税。这样做可使集团整体消费税额赋税减轻，然而增值税保持不变。

（2）纳税环节策略。纳税环节是应税消费品生产、消费过程中应缴纳税款的环节。充分利用纳税环节节税，应尽可能地避开或者推迟纳税环节的出现，以从中获利。第一，企业可以将低价销售的产品做"以物易物"，也可改变和选择某种对企业有利的计算方式推迟缴税。第二，用于连续生产应税消费品的不纳税，企业可以充分利用这一点节税。

（3）成套销售筹划。纳税人可以将应税消费品与非应税消费品，以及适用税率不同的应税消费品组合成成套消费品销售。例如，工业企业销售产品时，都采用"先包装后销售"的方式进行。按上述节税规则来看，如果改成"先销售后包装"，不仅可以大大降低消费税，还可以使应纳增值税保持不变。

案例

拉弗曲线

税收负担和经济发展之间的关系,通常用"拉弗曲线"来表示。这一理论出自供给学院派代表人物、美国南加利福尼亚商业研究生院教授阿瑟·拉弗,他认为税收政策是影响生产要素供给和经济活动的重要因素,只要大幅度减税就能刺激供给,从而刺激经济活动,表面上税率降低会减少税收,但由于税基的扩大,尤其是被迫偷逃税的人减少,最终的税收总额反而会得到提升。

因为经济活动主体关心的并不是获得的报酬或利润总额,而是在减掉各项纳税后的报酬或称利润净额。尤其是在累进税制条件下,边际税率(即对收入增加部分征收的税率)更是关键因素。

这就是为什么在消费需求不足、失业率较高的时候,各国通常会采取减税政策来刺激经济、增加就业的原因。

如在英国,1979年撒切尔夫人执政之前,英国经济长期处于高失业率、高通货膨胀、低经济增长时期。撒切尔夫人上台后毅然放弃凯恩斯主义,通过削减所得税,紧缩政府开支等措施很快就出现了经济稳定增长、失业人数逐步减少、劳动生产率得到提高的喜人局面。

在美国,1980~1982年出现了第二次世界大战后的第七次经济危机,通货膨胀率近10%,1982年的失业率高达10.8%。当时的里根总统上台后,通过降低个人所得税税率和公司所得税税率,对企业厂房和设备实行加速成本回收,缩短折旧年限(其实实质就是减税和延迟纳税),减少政府对企业经济活动的干预,削减联邦政府开支和预算赤字,结果很快就在1984年实现了预算平衡。

2000年后,美国、德国、法国、比利时、加拿大、澳大利亚、波兰、爱尔兰、印度、巴基斯坦、意大利等国,以及我国台湾地区都在纷纷降低公司所得税和个人所得税。尤其是在2008年爆发全球金融危机后,美国、英国、巴西、韩国、意大利等更是开展了新一轮减税政策，用以刺激投资和企业经营，从而保证了经济的增长和就业的增加。所以，千万别小看了税费和经济发展之间的紧密关系。

中共中央党校教授周天勇研究表明，我国政府的实际支出远远不是政府报告中提到的那个数字，因为还有预算外支出没有包括在内，无论是预算内支出，还是预算外支出，必然会影响企业成本、经营和收益。

例如，我国2007年、2008年中央和地方政府的预算收入分别是51322亿元和61317亿元，分别占当年GDP的19.95%和20.39%，可是，中央和地方政府的实际收入远远大于这个数字，还有相当多的收费、罚没收入、土地出让金、社保费、彩票发行收入等没有包括在内，即使不含烟草利润、国有企业上缴利润、探矿权和矿产开采权拍卖及转让等收入，2007年中央和地方政府的实际收入也有85223亿元，超出预算内收入33991亿元，占当年GDP的32.87%。而从国际上看，公认的发展中国家的适宜税率在18%~25%，我国比它们高出了7~8个百分点，超出一半。

那么，这种过高的税负对我国创业的发展影响究竟有多大呢？影响造成了以下两种中外差别：一是一般发展中国家每1000人中拥有30家企业，而我国只有12家左右，不到一半；二是在西方发达国家，大学生毕业后自主创业的比例高达20%，1个人创业可以带动10个人就业，可是我国的这一比率不到2%，相差10倍。

与此同时，由于税收不透明，我国纳税人对自己缴去的税究竟用在了哪里一无所知，所以内心感到很不平衡。而这种情况在国外就非常透明，许多国家的纳税人甚至觉得自己缴纳的这点税很值得，哪怕税率再高，也觉得"心甘情愿"，至少是没有怨言。

例如，在《福布斯》杂志评选的全球税负最痛苦指数名单中排名第一的法国就是这样的情形。在法国留学的中国学生宋紫薇介绍说，法国人虽然到处都要纳税，但是法国人对自己的纳税就没有什么抱怨，因为纳税人从国家获得的福利很多。以读书为例，法国人从小学一直读到博士后都是不用交学费的，并且理科博士生和博士后每个月还可以享受政府提供的住房补助，哪怕你是外国人。她以自己为例说，她在法国租了一处25平方米的平房，

187

离市中心步行30分钟的距离，月租260欧元，扣除政府每月提供的房租补贴171欧元外，实际支付89欧元，还不到她家济南市中心城区一室一厅租金的一半。并且，虽然她是外国人，可是只要凭身份证，在法国看电影、看戏剧、听音乐会、参观美术馆等都有优惠，参观巴黎圣母院只要人民币42.5元，而她暑假回国去山东曲阜玩，"三孔"的一张门票就要收150元。

所以，政府只有切实降低企业税收负担、增强财政支出透明度，才能更好地促进就业与创业，安抚纳税人的心。

经验总结

1. 财务成本管理是反映企业生产经营状况的"晴雨表"。

2. 等量资本投入，投资成本越低，投资收益就越高；等量的营运资本，营业成本越高，营业利润也就越低。

3. 税务筹划会产生多重效应，对企业而言，以小的投入获得最大的收益，是每个企业从事其生产经营活动的直接动机和最终目的。

4. 由于国内各行业、各省区的税收优惠政策不同、幅度不同，目前已广泛出现跨省区设立分公司、多元化经营来避税的企业行为。

第 8 章

新创企业的流程管理

8.1 流程管理的基本知识介绍

8.1.1 流程管理概述

1. 流程管理的实质

流程管理是运用科学的方法和工具,根据企业管理的客观实际,结合企业发展需要的各种要素,将企业各项管理操作标准化、规范化、程序化的过程。流程管理的实质是一种程序化决策(用一种标准化的方法来处理同类的问题)。

2. 面临的环境

随着市场竞争的不断加剧,客户需求日益多样化、技术服务逐渐复杂,企业急需转变运营方式,从而适应市场竞争与新环境的需求。但是,由于急剧变化的环境导致企业在流程管理的过程中忽略了人的因素或超越了企业实际,导致流程重组失败率居高不下。目前,流程优化、流程管理正以其稳健的特点获得越来越多企业的青睐。

3. 可能存在的障碍

思想障碍是实施流程管理最大的障碍。员工的惰性思维：在企业中基层员工常有逃避责任、钻制度空子的想法和行为。随着流程的设计和实施，以前造成管理混乱的环节将会纷纷暴露，基层员工无法再逃避责任、钻空子；另外，在企业实施流程管理会使企业中高层感到权力被削弱。由于基层员工和中高层的思想存在障碍，就会导致设计出来的流程得不到贯彻落实。此外，企业中的管理人员在具体的流程面前，有可能存在自身特殊权利，拿职权、身份压人，随意下命令，破坏流程的规范化。

8.1.2　流程运行的基本前提

1. 健全企业决策体系

一个健全的企业决策体系，可以避免下属事无巨细都请示汇报，否则会给高层造成巨大的工作量。应保障实施流程管理要从企业领导人充分相信员工，将更多具体事务的决策权分到各个不同基层岗位员工身上，企业领导人只负责企业的重大决策开始。企业运行的分分秒秒都需要做决策，如果把过多事务性的决策权集中在企业高层管理者的身上，流程运行的效率就会大大降低。

2. 合理设置组织架构

组织是业务流程的主体，组织推动着业务流程的运行。企业的组织架构是实现企业目标的手段，要根据企业的实际经营管理需求来合理设置。企业的组织架构设置合理，企业事务性工作的责任才会有人承担，有人承担的责任才可能落实，才能保障流程运行不会中断。组织结构的设计要以企业核心业务流程为准，按照流程的需要合理塑造企业的组织框架。

3. 明确所有岗位职责

岗位职责明确是流程运行最基本的保障。企业组织的事务性工作多种多样，必须由不同岗位承担。不同岗位的工作又与其他岗位提供的支持和服务紧密相连。任何个人都没有时间和精力把企业组织内的某一项工作从头到尾独自完成。因此，企业组织内的某项工作的完成需要所有人员的分工配合。为保障流程的运行，就需要有明确的岗位职责界定。

8.1.3 流程分级方法及内容

1. 流程分级的方法

迄今为止，最典型也被广泛应用的流程分级法有以下两种。

（1）一、二级分类法。这种分类方法把公司总部的运行流程统称为一级流程，把下属分公司或部门的运行流程称为二级流程。

此分法简洁明了，但带有强烈的等级色彩，与流程管理必须打破等级观念的原则相悖。

（2）三、四级分类法。此方法略去一、二级流程表，直接从企业运行的三级流程开始，进而细分企业的具体活动，制定出基层岗位人员规范操作的四级流程。

此分类法也是二分法。只不过把上面的一级流程称为三级流程，把上面的二级流程称为四级流程。但四级流程分类其进步之处在于留下了一级流程、二级流程的想象空间。

这里我们采用四级流程分类法。

2. 流程分级的内容

企业流程的四级分类法具体内容如下：

一级流程：企业组织架构；

二级流程：企业组织架构下的岗位设置；

三级流程：企业组织运行的基本事务性工作；

四级流程：构成各基本事务性工作的具体内容。

企业战略与目标决定企业的组织架构，组织架构引导企业岗位的设置，每个岗位之间衔接的方式就产生了企业的现有流程。

健全组织架构是流程管理的起点，设置岗位是流程运行的接点和节点，三级流程是流程结构设计的重点，四级流程是对具体活动的描述。企业的目标体系决定三级流程的结构和数量；不同类型的企业流程结构和数量各不相同。研究表明：一般企业三级流程的数量在 70～100 个；不同的企业即便三级流程名称相同，其具体内容也不尽相同；三级流程确定之后方可进行四级流程分析；一个三级流程往往可以分解为一个或者多个四级流程；四级流程往往从梳理关键活动或者瓶颈活动开始；四级流程是对具体活动的描述，类似于比赛的规定动作；一个企业的四级流程可以有几百个甚至几千个，规模庞大的多元化企业四级流程过万也属正常。

8.2　流程管理的重要性

8.2.1　对管理者的作用

流程管理可以让不同的员工在不同的时间、地点做同样的事情，得到相同的结果，从而让企业能够依赖自身运行机制有条不紊地运行。总结起来，也就是将常规工作流程化，使之成为标准化、自动化的管理模式，从而使高层管理者从繁杂琐碎的事务中解放出来。

8.2.2　对企业的作用

流程管理可以消除企业内部人浮于事、扯皮推诿、职责不清、执行不力的顽疾，确保企业运行有序、效率有保证，让企业管理工作简单高效，保证员工快捷执行。

流程管理能帮助企业降低员工离职带来的风险：一个优秀的工作流程是企业将众多员工的好经验、好方法以流程图的形式沉淀下来，并经过多方实践和认可才确定的。只要按流程操作，新老员工的生产效率差别并不大，才能避免关键性员工的离职让企业陷入瘫痪的窘境。

流程管理可以帮助企业减少人力成本：中小企业常常会遭遇人才短缺的瓶颈，导致很多工作不能正常开展。如果某项工作的程序、方法、标准、责任人等都在流程图中标示出来了，只要员工按照相同的流程推行，就能保证效率质量始终如一，员工之间的协作与互助，可以减少大量不必要的人力成本。

流程管理能够有效分权，减少个人的判断失误：例如，将企业采购业务流程化，可以将采购的各项事务分解到各个不同的部门，其中除了采购部可以跟供应商直接接触外，价格审定、数量确定、质量检查、产品入库等都分别由其他不同部门负责或监督。这样下来，采购部收回扣的情况会大为减少，因为采购部缺乏定价权和检验权，无法单独对供应商产生决定性的影响。

8.3　企业管理的关键流程设计

8.3.1　流程的设计与制作

1. 工作流程的六要素

工作流程的六要素包括：活动、活动间的逻辑关系、活动间的实现方式、活动间的承担者、客户、价值。

其中，活动是最基本的要素；活动间的逻辑关系包括串行、并行、反馈；客户包括内部客户和外部客户；价值包括流程价值和活动价值。

2. 流程设计的方法

①确定流程图名称和责任承担岗位。
②确定流程目标。
③确定流程先后进程。
④确定流程运行要达到的目的。
⑤将流程图中的进程连线。

3. 工作流程的设置

流程设置正确的做法是从企业的战略定位开始，从企业的目标体系往下分，把企业主要的事务性工作相互衔接优化组合之后，再细分流程。工作流程要有层次性，这种层次性体现为由上至下、由整体到部分、由宏观到微观、由抽象到具体的逻辑关系，不能本末倒置。

管理者在制作工作流程时必须站在企业发展战略的高度上，在企业发展总规划的范围内，按照精准定位、精细梳理、调整组织架构、合理设置部门岗位的原则行事。

4. 业务流程的梳理

（1）明确业务流程的主业务。业务流程的主业务需要用顶层业务流程图来描述。顶层业务流程图是大的、粗略的关键节点，需要讲清楚某个业务流程涉及的范围，它是业务整体性、全局性的概括表达。但需注意的是，这里的全局并不是指公司整体的业务全局，而是指设计者所界定好的业务范围。

（2）梳理业务流程的支业务。梳理支业务流程需要从顶层的业务流程开始分解，要由大到小、由粗至细，在主体业务的范围之内找到每个支业务的关键节点，并弄清楚它在下一层分解中应该包含哪些关键节点。

（3）梳理业务流程的环节。不同业务流程之间存在上下游关系、上层和下层关系，要保证企业运行的顺畅，就要做到各流程之间衔接顺畅。企业的运行是一个连贯的过程，只有所有流程衔接恰到好处，才能保证企业运行的连贯性。这就要求上下游流程之间能在刚好需要彼此提供支持和结果时，就能及时提供相应的支持和结果。

一个合理高效的流程必须满足两个条件：一是合理地确定基本工作单位，并选择专业化人士或设备来完成它；二是基本工作单位的工作任务完成后，先后环节应能迅速按顺序衔接。

5. 流程图的合格标准

流程图涉及的岗位人员是否能得到上下级认同，就是流程图检验合格与否的标准。具体衡量标准，可以从这些方面考量：流程图是否体现了本企业发展的要求；流程图是否充分吸取了大多数员工的意见；流程图是否吸纳了同行业较好的做法；流程图是否与本企业实际紧密结合；流程图是否在时间、成本、岗位安排上是最优组合；流程图是否有指导性和可操作性。

6. 流程图的具体运用实例

下面，我们以固定资产审批、新员工岗前培训、财务预算工作、供货合同审批为例，来分析观察企业怎样设计标准、规范、程序清晰的流程图（见图8-1～图8-4）。

8.3.2 流程的优化与改善

1. 流程梳理和分析

（1）流程梳理。任何流程都包含具体的环节和顺序关系，流程梳理的实质就是梳理现有流程中的环节及顺序关系，并界定清楚各环节内容和各环节间的交接关系。流程梳理的过程应当遵从时序性和逻辑性，并根据流程实施后与企业的匹配程度，找出需要优化的环节。

互联网背景下的创业基础与实践

拟制：	审核：	审批：	年 月 日

行政总监	业务经理	分管总监	1.IT类资产分管人 2.仓储资产分管人 3.运输类资产分管人 4.行政类资产分管人	总裁

固定资产申请审批流程图：

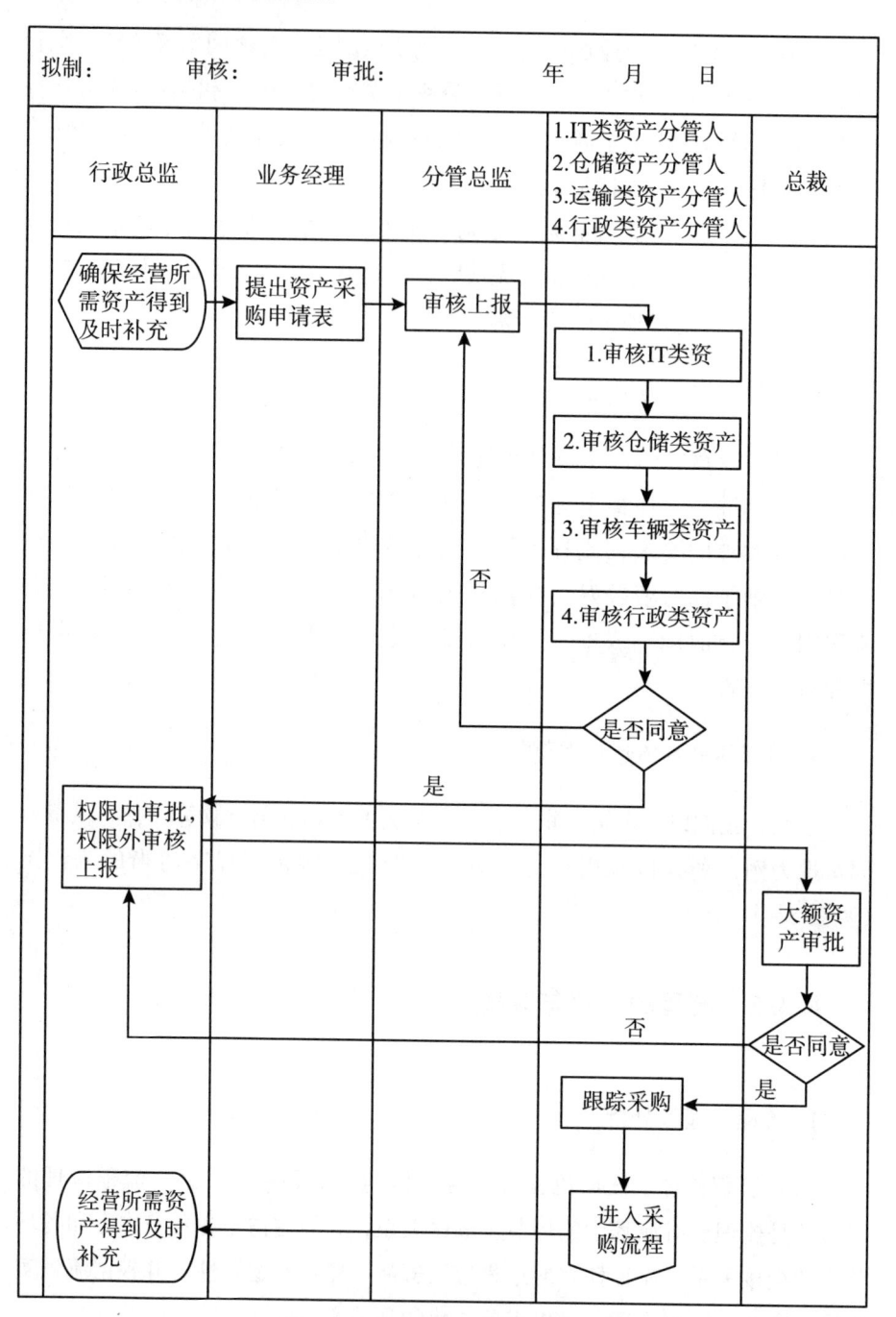

- 行政总监：确保经营所需资产得到及时补充
- 业务经理：提出资产采购申请表
- 分管总监：审核上报
- 分管人审核：
  1. 审核IT类资产
  2. 审核仓储类资产
  3. 审核车辆类资产
  4. 审核行政类资产
- 是否同意（否→返回审核上报；是→权限内审批，权限外审核上报）
- 总裁：大额资产审批
- 是否同意（否→返回；是→跟踪采购）
- 进入采购流程
- 经营所需资产得到及时补充

图 8-1　固定资产申请审批流程

第8章 新创企业的流程管理

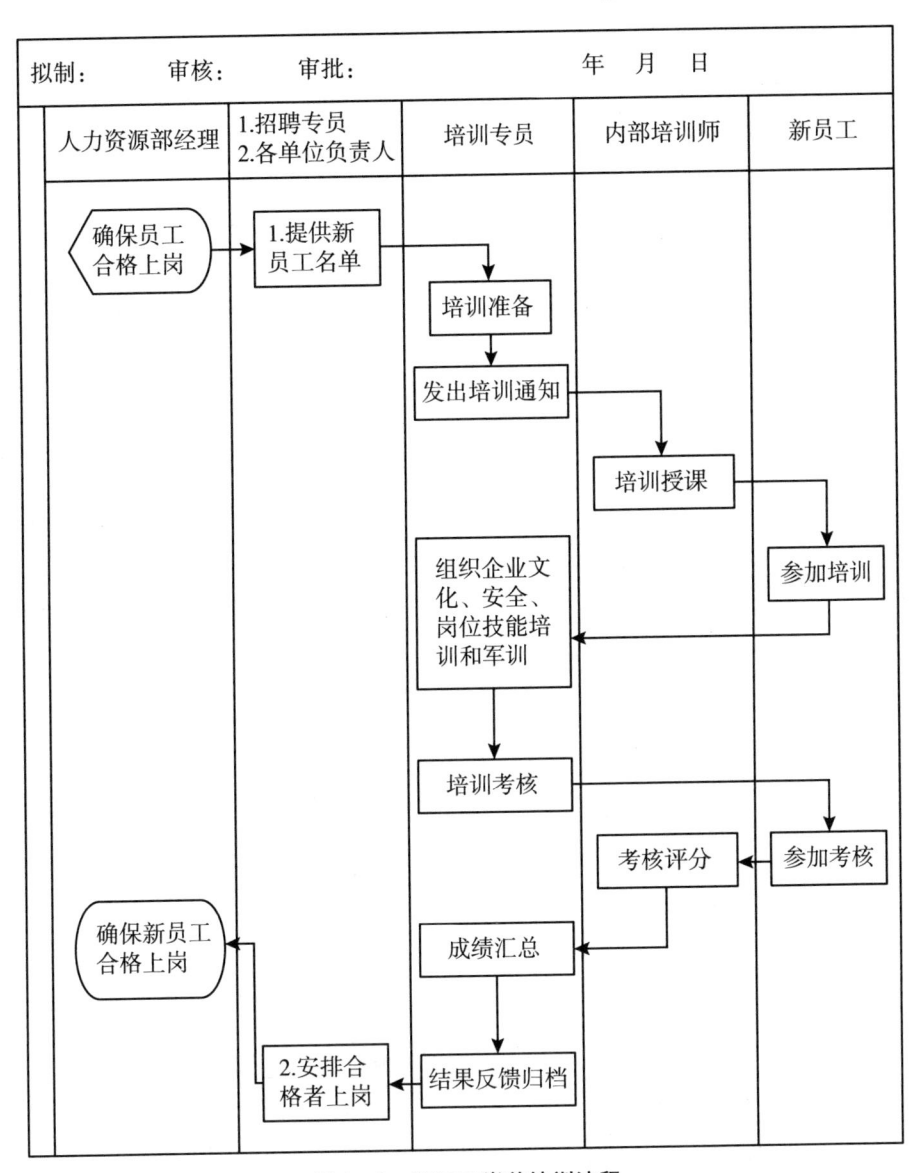

拟制：	审核：	审批：		年 月 日	
人力资源部经理	1.招聘专员 2.各单位负责人	培训专员	内部培训师	新员工

图8-2 新员工岗前培训流程

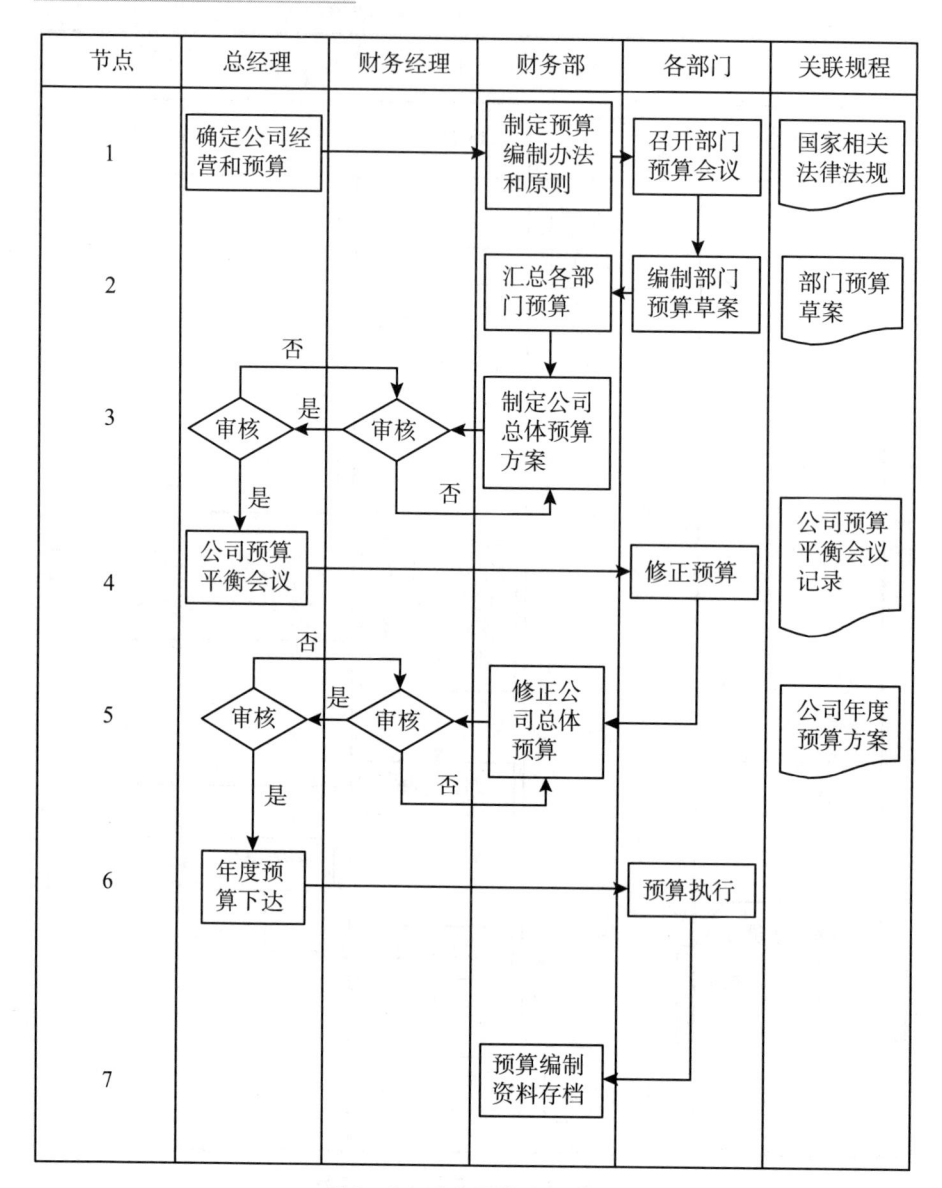

节点	总经理	财务经理	财务部	各部门	关联规程
1	确定公司经营和预算		制定预算编制办法和原则	召开部门预算会议	国家相关法律法规
2			汇总各部门预算	编制部门预算草案	部门预算草案
3	审核（否/是）	审核（是/否）	制定公司总体预算方案		
4	公司预算平衡会议			修正预算	公司预算平衡会议记录
5	审核（否/是）	审核（是/否）	修正公司总体预算		公司年度预算方案
6	年度预算下达			预算执行	
7			预算编制资料存档		

图 8-3 财务预算工作流程

第8章 新创企业的流程管理

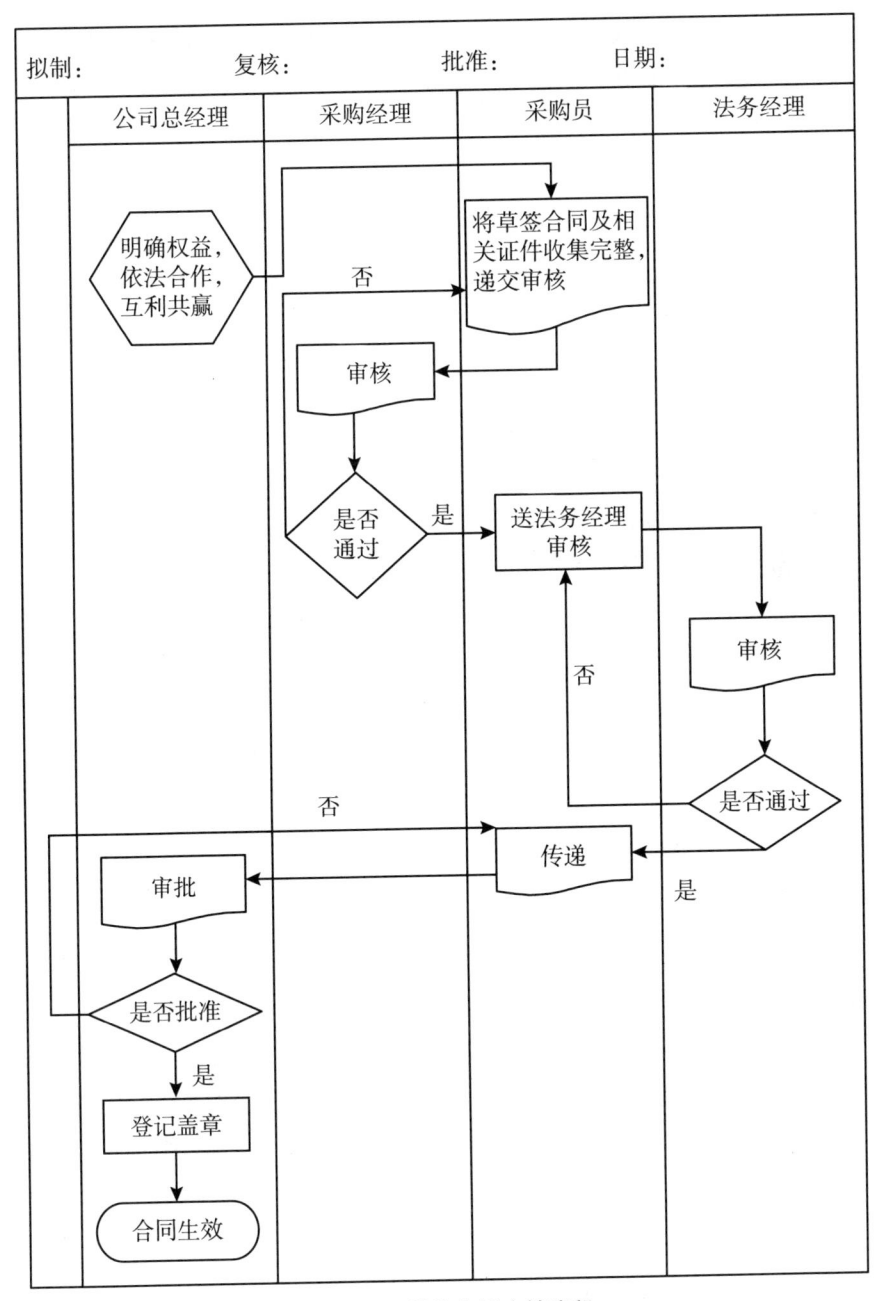

图8-4 供货合同审批流程

（2）流程分析。流程设计可能存在的隐患有：流程设计缺乏目标支撑；流程制定缺乏业务前提支撑；流程制定后缺乏评估标准；流程实施后缺乏后续跟踪管理机制。

如何规避：

①制定有针对性的流程文件模板：根据企业业务特点以及制定流程文件的目的，选择适宜的流程文件模板、流程图形式、相应的编辑工具。

②确定横向设计内容：通过目标分解法，将企业战略目标逐级分解，找出流程设计优化的、横向的关键节点。

③确定纵向设计内容：通过业务分解法，明确业务背景前提，基于业务分解，得出纵向的流程设计或优化内容。

④通过"逻辑分析法"进行流程设计、优化：用最少的流程图涵盖所有的潜在风险点，找到贯穿风险点的逻辑主线。

⑤实施前评估：流程设计、优化后，可通过仿真评估法、会议模拟法等方法对流程的运作进行评估。

⑥持续监督：可以通过明确的管理程序进行流程管理工作的约束和指导，以确保流程管理工作持续、有序地执行，做到流程设计的持续更新和优化。

2. 优化方法

（1）精简流程程序。如果把每一项工作都看作一个单独的流程，一套工作流程就会有很多不同的子流程，当所有的工作加在一起时必然会产生大量的重复性工作。此时，就需要精简流程程序，精简流程程序的关键是去掉大量无关紧要的环节或程序，减少重复性工作，提高工作效率。同时，企业高层管理者必须要支持流程精简工作，企业负责人应当积极参与流程精简管理。

（2）优化岗位职能。企业部门林立、机构臃肿，往往会造成职能交叉、政出多门、权责不明、多头管理等现象。要改变这一现象，就要在能满足管理需要的前提下，明确流程，撤销、精简、取消多余的机构，或者对雷同的机构进行重组合并。让所有员工明确，各项工作分别由谁负责、具体的工作标准怎样、各个方位的工作规范与权限等，做到标准清楚、一目了然。

（3）完善信息通道。信息就是机遇，就是决策的依据。企业高层能否及时获得准确市场信息、生产信息，关系到高层能否快速做出正确的决策，而这个决策的正确与否，又直接影响企业的生产、销售以及未来的竞争态势，信息的上通下达关系着企业的生死存亡。规范化的信息传递机制是企业高层决策正确的有效保障。企业在信息技术日益发达的今天，需要建立起一套科学高效的流程管理体系，并根据形势的变化和实际情况对其进行有针对性的优化，完善信息通道需要把握三个原则。

第一，系统管理，存取便捷。例如，建立信息数据库，对企业各个环节的原始记录和基本数据及统计分析进行条理化、系统化管理。

第二，优化渠道，就近处理。客户价值信息在哪里发生，就在哪里处理，谁发现的，就由谁处理，保证信息处理的及时性，以避免信息在多级传递的过程中失真。

第三，分散收集，集中使用。信息通常来源于不同地域不同部门，有必要对分散的信息资源进行统一管理、同一调度，实现各部门、各地域间的信息互通。

（4）规范考核与奖惩。规范考核与奖惩，增强执行内驱力。在现代企业中，员工的工资一般来讲都可以分为基本工资和绩效工资两大部分，基本工资是对员工基本生活的一个保障；绩效工资则是强调个人努力与团结协作的统一性，绩效工资与基本工资相比，更能激发员工的积极性与创造性。规范考核制度，管理人员需要做到：明确岗位职责与工作目标，有针对性地开展考核；充分利用成果，及时与责任人沟通；明确绩效考核的算法；有奖有惩，奖惩分明。

小案例

柳州市飞帆物流有限公司的流程优化

柳州市飞帆物流有限公司（以下简称：飞帆公司）是由柳州市商贸控股有限公司和广州市飞扬物流有限公司共同出资组建的第三方现代物流企业。公司目前为数家国内知名生产制造企业提供生产精益物流配送服务，是广西第一家能为东风、柳汽等国内大型知名品牌机械制造企业提供"一体化"供应链全程物流解决方案和精益JIT（准时生产系统）配送服务的本土现代物流企业，现有组织结构如图8-5所示。

互联网背景下的创业基础与实践

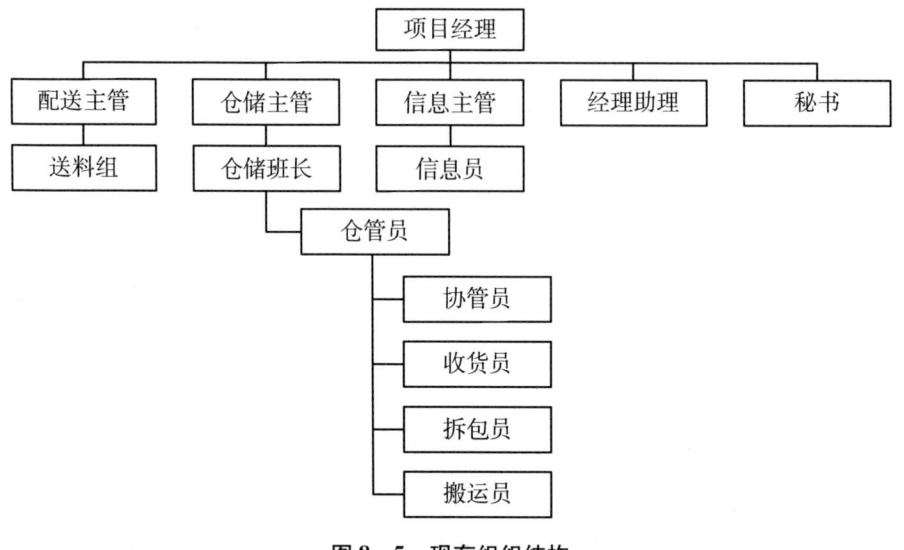

```
                        项目经理
    ┌───────────┬───────────┬───────────┬───────────┐
  配送主管    仓储主管    信息主管   经理助理      秘书
    │           │           │
  送料组    仓储班长      信息员
                │
              仓管员
                ├── 协管员
                ├── 收货员
                ├── 拆包员
                └── 搬运员
```

图 8-5　现有组织结构

梳理现有业务流程：

飞帆物流的业务从接货、验收入库作业开始，其主要工作分为入库、仓储、出库三大部分。其工作流程如下：

（1）入库作业：采购物资到厂后，供应商将《送货单》交仓管员进行初步检验货物，确认单货一致后，填写实际入库数量并签收，然后开具《送检入库单》，在二小时内通知检验人员进行检验。检验部门依据《送检入库单》，对物资进行检验，检验合格后由仓管员在《物料订购单》上注销订购数量，并填写《存货吊卡》和登记《存货计数账》；检验不合格需退货的填报《验退单》办理退货手续。

（2）仓储管理：仓管员每天按照单据核对登记，做到日清月结，数字准确、完整，便于抽查库存，并定期对库存原（物）料进行实物盘点，每月一小盘，每半年一大盘，财务人员予以抽查或监盘，以确保财务账、存货计数账、存货吊卡和实物相符合。

（3）出库作业：材料出库依据柳汽生产车间的《领料通知单》，经有关领导批准后，仓库方可办理出库手续。提货的车到达仓库后，出示出库单据在库房人员协调下，按指定的货位、品种、数量搬运货物装到车上。保管人员和检

第 8 章 新创企业的流程管理

查人员做好记录，复核人员核实品种、数量和提单，制作出仓库出门条。

出库作业流程如图 8-6 所示。

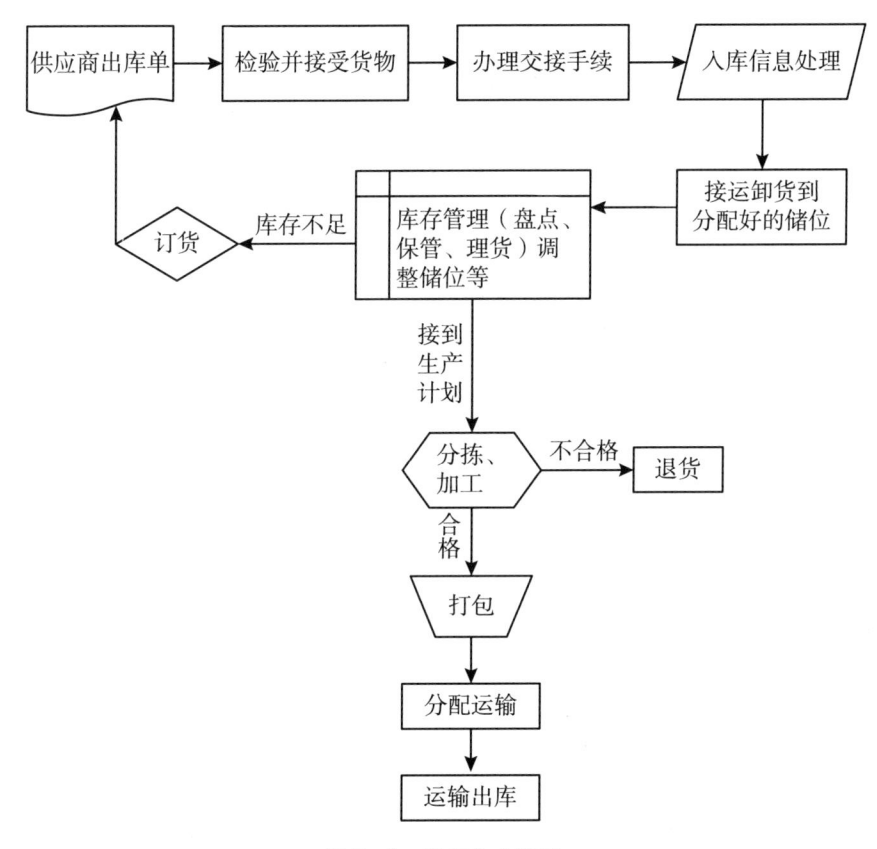

图 8-6 出库作业流程

流程优化方案：

1. 建立和完善信息通道

问题分析：柳汽基地的仓储工作都是传统的手工作业，货物交接等都是用纸质文件，传递速度慢，导致仓库不能及时根据生产计划做出配送决策和安排配送，影响柳汽的生产。供应商司机直接携送货单到库房，没能事前通知仓库方做好接货准备，仓库方不能依据采购单上预定入库日期，做出相应的工作时程安排，造成接货等程序混乱、等待收货时间长、验收货物工作不

互联网背景下的创业基础与实践

到位等问题。

优化方案：实现仓储信息化、信息网络化。高效的物流管理是建立在对物流进行控制和组织，要想实现高效的物流管理，就需要仓库、厂商、物流管理者、物流需求者、运输工具之间建立有效的信息网络，实现仓储信息共享，通过信息网络来控制物流，做到仓储信息网络化。仓储信息化管理包括：对账目处理、结算处理，提供实时的查询；进行货位管理、制作相关单证和报告表，进行存货控制，如图8-7所示。

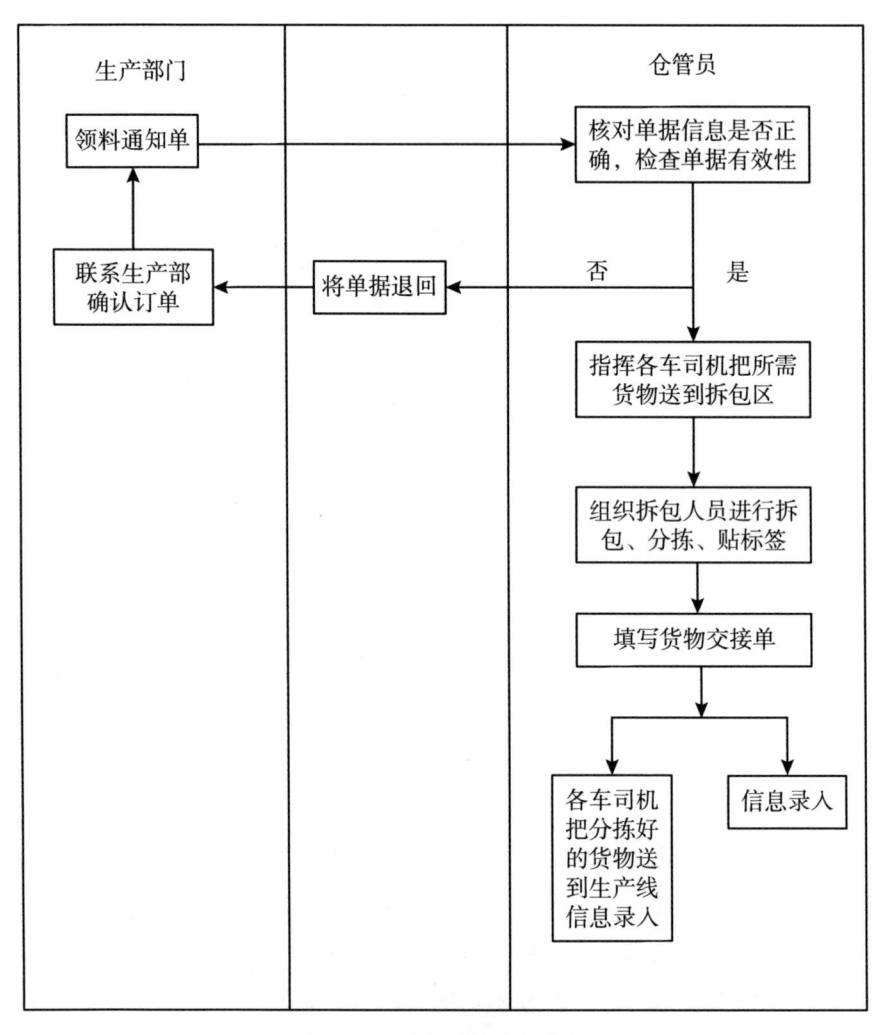

图8-7 优化后的出库流程

2. 优化岗位职能

问题分析：经理助理跟秘书的工作性质相近，协管员和收货员的工作一样，岗位重复，有必要撤销其一；同时有仓储主管和信息主管，而信息主管下面就只有一个信息员，所有的进出库的信息都是由信息员录入，信息主管就相当于是一个闲职，而信息员录入的信息都是仓储主管应该了解和清楚的信息；搬运员应该下属于配送主管，但是柳汽三基地把搬运员隶属于仓储主管，搬运员要用到各种运输工具，不利于统一管理运输工具。优化后的项目组织结构如图8-8所示。

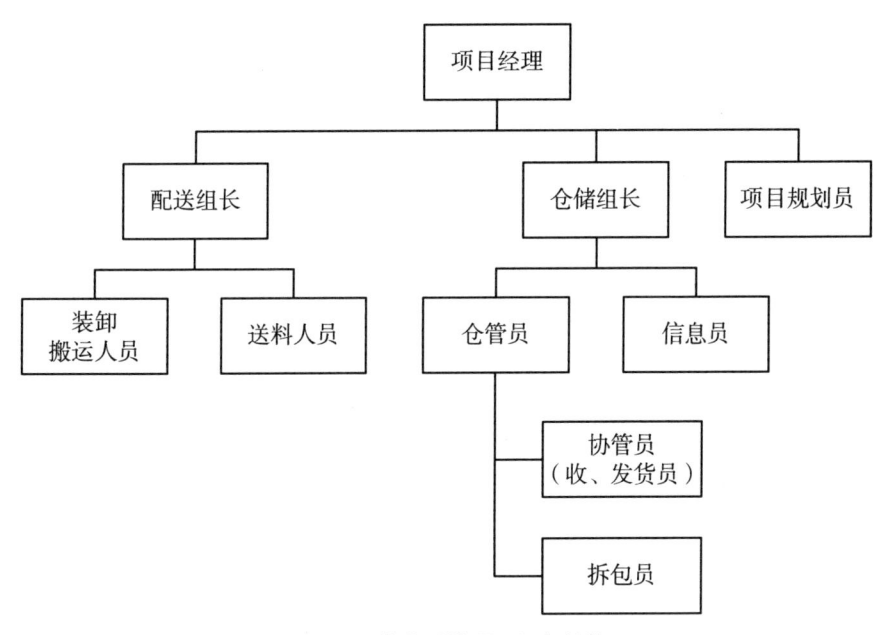

图8-8 优化后的项目组织结构

说明：

（1）配备专职的项目经理，负责领导整个队伍，并作为该项目的主要联系人。

（2）岗位设置合理、简洁，避免岗位重复的问题。

（3）将信息员和仓管员归到仓储组下，方便仓储主管掌握整个仓库的情况。

互联网背景下的创业基础与实践

(4) 搬运人员归到配送主管下,方便统一管理运输工具,也有利于装卸搬运和向生产线送料,这样也可以减轻仓储主管的工作量。

(5) 信息员管理本项目的信息系统,收集配送动态信息,并向有关人员发布信息。

3. 精简流程程序

问题分析:仓库人员将货物交给提货司机时需要核对及清点各车间所需货物,司机将货物送到拆包区后,拆包人员又需要对货物进行核对清点,造成大量重复性工作。同时如果领料单有误被退回车间可能会延误生产,造成效率低的问题。

优化方案如图8-9所示。

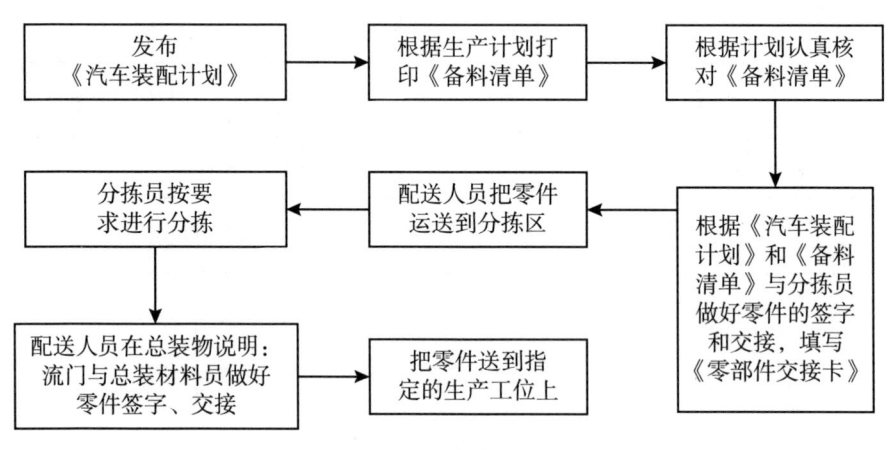

图8-9 优化后的出库作业流程

说明:

(1) 压缩精简出库作业流程,从而节约时间,提高工作效率。

(2) 实现按需出库,避免不必要的资源、人力、物力浪费。

(3) 根据生产车间的工作时间和生产计划来调整出库作业流程。

(4) 保证所有必要的工具、设备、材料的安全,以确保按时按需正常提供。

通过以上分析,可以发现柳汽三基地的存在的问题主要表现为:岗位设置重复，人员冗杂；仓储自动化、信息化、信息网络化水平低，大多数工作都是手工作业；流程环节设置不够合理，功能重复。优化方案通过对其人员配置、信息通道、出库作业流程环节设置的优化，能在一定程度上提高工作效率，降低物流成本，提高物流服务质量，实现仓库作业的机械化与自动化。

（本案例改编自豆丁网 http：//www.docin.com/p-88243216.html）

3. 流程再造

（1）流程再造概述。流程再造由美国的迈克尔·哈默（Michael Hammer）和詹姆斯·钱皮（James Champy）提出，在20世纪90年代达到全盛的一种管理思想。流程再造是从根本上重新而彻底地去分析与设计企业程序，并管理相关的企业变革，以追求绩效，并使企业达到快速的成长。流程再造的重点在于选定对企业经营极为重要的几项程序加以重新规划，以求提高其营运效果。目的是为了使成本、品质、对外服务和时效上达到效率提升和改进。

（2）流程再造的重要性。企业处在不同发展阶段、追求不同的发展目标时，其选择会前后不同。如果客户的需求和市场发生了巨大的变化，企业的商业模式更要实现根本性的变革，流程就必须再造。例如，戴尔公司推行的直销模式，如果在IBM公司的管理流程上套用，恐怕就难以产生预期效果，但是IBM公司的管理流程对于自身奉行的商业模式却是有效的，因为他们各自的客户需求是不同的，如果说戴尔公司想转型成IBM公司的类型，那么它的流程就必须再造。

再造是对现有流程颠覆性、彻底性的变革，是根本性的改变；优化是对现有流程的改进和完善，是渐进式的改变，再造也是流程优化和管理升级的一种选择。流程再造可以帮助企业在短期内突破现有格局、超越同行的企业，这是渐进的优化做不到的。企业可以选择流程再造来打破僵化的管理方式，为企业注入新的活力，推动创新，进而实现企业管理的规范化、标准化和高效化。

（3）流程再造的时机选择。流程再造的时机选择与具体企业的战略决策相关，而流程再造与否，还取决于企业管理的基础与现状。另外，企业员工在思想上、技术上是否理解或接受流程再造也左右着时机的选择。

主动选择：是否决定进行流程再造，取决于企业战略，即企业想突破现有格局，打造行业一流或超越同等水平企业，就需要选择流程再造。否则按部就班，难以实现超越。

被动选择：企业面临倒闭风险，不进行流程再造就会有生存危险，这是企业迫不得已，为求生存而做出的选择。

显然，我们应当尽量避免被动选择，在企业发展稳定的时候可以主动进行流程再造，只要企业有提升管理的空间，任何时候都可以主动选择。

（4）流程再造的四阶段。

第一阶段，确定再造队伍：产生再造领导人，任命流程主持人，必要时组建指导委员会，组织再造小组。

第二阶段，寻求再造机会：选择要再造的业务流程，确定再造流程顺序，了解客户需求和分析流程。

第三阶段，重新设计流程：召开重新设计会议，运用各种思路和方法重构流程。

第四阶段，开始着手再造：向员工说明再造理由，前景宣传，全面实施再造。

8.3.3 流程的把控与执行

1. 流程的把控

（1）落实岗位。把目标和责任落实到具体的人。企业管理中出现的很多问题，都与岗位责任人对岗位责任认识不清有关。岗位职责不清，对管理者的工作会带来很大影响。岗位落实的关键在于明确岗位职责。当员工都严格按照自己的岗位职责工作时，工作任务就能落实到位。

（2）效能控制。效能控制是对每个流程的节点进行科学把控。任何一项工作，都需要若干个不同程序（流程）来完成，某一程序或流程结束，另一程序或流程开始时的转接点（类别点或时间点）就是流程节点。流程节点在整个流程中起着承上启下的作用，这个关键点如果处理不好，可能造成各环节脱钩,从而影响到整个流程的质量。

任何工作的起点与节点、节点与终点都在流程中流转,何处受阻、何处延误都能追踪查找。与流程管理配套的制度规范都应迅速调整完善,所有岗位员工都能清楚地知道工作的起承转接,例外事情只需口头报告即可。

因此,只要对各节点进行科学管理,就能实现管理过程中各个不同环节的无缝对接。

(3)权力下放。权责的界定是流程管理的一个重要环节。企业在进行流程管理的时候必须做好放权的准备。通过放权,可以保障企业内部责权相配,从而使流程管理方案不至于流于形式。管理者想要确保流程顺畅,提高效率,就必须对员工充分授权,将权力下放,将业务的审核与决策点定位于业务流程执行的地方,使权力向组织各个领域渗透,管理层次扁平化,减少不必要的监督控制人员。这有利于缩短决策制定和实施的时间,减少相应的管理费用,提高组织竞争力。更重要的是通过有效授权,被授权者增强了自主性,感受到了责任感,能够提高其自身工作的主动性和积极性。同时,权力下放需要高层管理人员为员工决策提供必要的支持,从而将更多精力放在企业的战略决策上。

然而,源于人们对传统管理的一种假设(认为一线员工既没有时间也没有意愿去监控流程,同时他们也没有足够的知识和眼界去做出决策),大多数企业中工作的执行者、监控者和决策者都是严格分开的。事实上,在信息技术快速发展的今天,通过有效的信息手段,加上一线员工自身素质能力的提高,他们完全有能力自行决策。瞬息万变的市场也要求企业必须给予一线员工快速决断的权力,以免失去解决问题的良机。

(4)明确责任。流程管理中一直强调工作流程的标准化,其实就是在进行工作分析的基础上对相应的工作设立相应的岗位,并且安排具体的工作者来承担。实现了工作流程的标准化后,在某个岗位上出现了工作的失误就能迅速且准确地找到责任人(执行人),可以有效防止相关工作的不同岗位之间的互相推脱责任的现象。

(5)权责对等。权责一致、权责对等是现代企业管理必须遵循的一个重要原则,也是企业把控流程的重要原则。

任何一个岗位，只要赋予其职责，那么就一定要有相应的权力，即职责和权力两者应是相互统一、密不可分的。如果没有配备相应的权力，职责只能是纸上谈兵。因此，拥有什么样的职责，就应该被赋予什么样的权力，两者缺一不可，正所谓在其位谋其政。

（6）监管融合。监督检查是管理中的重要环节，不强调监督与控制，就可能会出问题。管理者要切实进行流程管理，不能将流程的执行寄希望于执行者的个人自律，需要通过监管和检查促使员工把流程执行到位。

管理者可以通过应用信息技术、建立流程执行监督管控体系、建立与流程挂钩的绩效考核制度等方式来保障流程执行到位。

（7）控制过程质量。进行有效的过程质量控制可以从"加强质量意识的教育和培训"、"对流程进行科学评估"、"严格按照生产工艺的流程来生产"、"合理设置质量控制环节"这四点来进行。

2. 流程的执行

（1）量化标准。现在，有越来越多的企业和个人开始追求和重视简单易操作的、规范化的工作流程。成功是可以复制的，越是规范化的工作流程，越容易被复制，形成良性循环，从而提高企业整体的运营效率。越是卓越的企业，越是强调工作标准化、流程规范化。

执行流程的关键就是在流程化的基础上去量化标准，规范行为。将工作标准量化，这不仅让执行者执行时明确了时间以及质量要求，还可以避免工作中出现扯皮、推诿、遗漏等问题。

（2）加强沟通。企业要求按流程执行的时候，很多员工包括一些管理者都会抱有抵触情绪，这是因为在流程优化的过程中，一方面相关人员必须要调整现有的工作习惯，包括职责和范围等；另一方面可能会削弱部分人的"权力"，而且即使执行者也不一定能真正理解这个流程设计意图或目的。只有提前进行一些流程管理方面的培训和沟通后再执行流程，流程的执行才能更加顺畅。

先沟通，后执行。为了确保流程的目的得到充分宣传，争取大多数关键环节上员工的理解和支持，在流程开始执行前，就需要沟通好，在实施中出现问题时，就可以得到正向反馈，及时总结流程执行和维护中的问题，杜绝下次再出现类似问题。尤其要做好横向沟通，确保部门之间信息对称、沟通顺畅。还要加强节点及关键点沟通。每一个工作流程、每一项执行计划及指令，都存在它的关键时间节点以及影响成败的关键绩效点。强化这些节点及关键点上的沟通，是管理者们应当高度重视的问题。

（3）合理分工。对于刚刚推行流程管理或正在致力于通过流程再造来优化管理的企业家来说，可以通过以下两点来使流程管理落实执行。

对事不对人。在具体的管理过程中，企业应当上下一致明确这样的观点：事事都要按流程办，人人都要按流程走，流程面前没有上下级，只有事务负责人。具体的流程有具体的负责人，坚决不做不符合流程规定的事，即使是上级领导，也不能超越流程办事。

合理分工，明确责任。在建立合理分工的基础上，流程管理中员工只需按流程做事，而不必事事等待上级命令。各级管理人员按照流程规定，该审核签字的时候就认真审核，不该过问的时候就绝不过问，某项工作该由谁执行，就由谁执行。流程要能够真正落地执行，还需要高层管理者的支持。

（4）严格执行。严格按照流程执行是造就卓越企业的关键。无条件执行就意味着任何人、任何时候都要按流程办事。

企业管理者需注意从"强化责任、纪律意识"、"领导者以身作则、严格要求自己"、"改变心态、尊重流程"这三点来引导员工包括管理者自己，必须以一种真诚的、尊重的心态去适应流程，接受流程，才能确保最终按流程执行。

8.3.4 流程的考核与评估

1. 中小企业对流程的考核

建立与流程挂钩的绩效考核制度，是对实施流程管理企业的一个基本要求。否则，没有相关数据的统计与积累，评估就无从谈起。

核心：责任随着岗位走，考核围绕流程走。

（1）落实岗位流程责任。在进行流程设计时，将责任划分到岗位并明确岗位在流程中的责任。责任到岗是流程管理的前提或基础；明确岗位责任是流程管理的继续或保证。一个岗位的工作规范要求至少包含以下内容：岗位的工作事项（工作职责）、应遵循的制度和流程、做好工作的主客观条件、做好的标准或考核指标。实施流程管理的企业在建立员工岗位工作规范时，一定要将该岗位应该遵循的制度和流程代号列入其中，目的是方便对新员工入职时进行有针对性的培训，方便员工清楚岗位职责，也方便考核。

（2）设立流程考核办法。同一企业内部，不同的岗位流程责任的权重应当是不同的。流程责任考核的权重由岗位工作与流程联系的紧密度决定，如果联系越紧，则权重越大，反之，权重就小。需要注意的是任何岗位流程责任的权重最高不宜超过90%，最低可以不设限，例如，单独作业的清洁工，就不必设立流程考核权重。考核方法与考核权重标准紧密相连。考核方法的制定需要流程执行者的参与。

（3）分析流程执行情况。考核是针对员工的，但流程执行得好坏却体现了企业管理的优劣和企业效益的高低。考核后统计得分，流程主管需要从整体的角度出发，对企业流程整体执行情况进行分析，可以将流程执行的整体情况进行分类，至少按好、中、差进行三级分类，并寻找流程执行的差的原因。一般来说，流程执行差的原因有两个方面：一是流程本身有问题，脱离实际，难以执行；二是执行者的原因（意识问题或能力问题）。

（4）颁布流程考核新制度。流程管理很重要的一项工作就是持续优化，持续优化的基础就是严格的考核。要实现流程管理的持续优化就要把讨论认可的考核标准、考核方法上升到制度层面，并及时颁布绩效考核管理制度。同时，新的绩效考核制度必须被绝大多数员工所认同。

2. 中小企业对单一管理流程的评估

对单一管理流程的评估贯穿于流程管理的各个环节。

（1）评估指标。判断指标：是否有清晰的流程目标；责任是否明确到岗；是否存在可有可无的环节；是否有清晰的时间节点；能否实现流程运行目的。

量化指标：减少参与岗位的数量；减少流程运行时间；减少审核次数；

减少成本金额；提高效率的百分比。

（2）评估方法。评估小组应该有计划、分类别地进行流程评估，并且每个流程涉及的岗位都要选派代表参加，并将岗位代表的评估意见列入统计范围内。具体方法是：流程评估的判断指标只要有一项是否定的，则这个流程就应该判定为不合格。流程评估的量化指标正好相反，在流程评估的判断指标合格的前提下，只要有一项量化指标是肯定的，这个流程就可以判定为合格。

（3）评估组织。中小企业实施流程管理需要立足于自我设计、自我评估，企业可以在内部成立流程评估小组。小组成员的选择需要注意代表性，其职责或专业能力最好涉及企业的方方面面，以保证流程评估的公正性。如果企业自身能力不足，就需要外聘专业的咨询机构。

（4）评估结果的运用。评估结束后，将资料归档，总结整理评估意见，并将评估小组的意见和要求传达至各被评估岗位，督促各岗位工作的改进，将评估要求落到实处。

3. 中小企业对整个流程管理的评估

企业流程管理的整体评估与单个流程评估不同，单个流程的评估是随时都可以进行的，而整体评估则必须在企业实施流程管理一个阶段以后才能进行。"一个阶段"通常是指项目完成一段时间后，否则没有数据支撑，无法提供准确合理的判断。

（1）评估指标。流程意识普及程度；流程图覆盖范围；流程责任界定清晰度；流程责任考核覆盖面；违背流程事件发生量；违背流程事件查处率；工作一次完成率提高多少；产品一次合格率提升多少；采购到货准确率提高多少；资金周转提高率；人均产值增加量；人均利润增加量；客户等待时间减少量；安全事故降低比率；客户投诉减少比率；成本降低率；其他本企业认为重要的指标。

（2）评估方法。评估指标的1~7项，是流程管理企业所独有的，而8~17项则是所有企业正常经营必须统计的，实施流程管理的企业更需如此。所有指标数据必须逐月统计，最后换算成年度指标与上一年进行纵向比较。

1~7项评估指标的采集与运用说明：

①流程意识普及程度：权重10分。针对全员考查。接受流程管理理论与技术培训、知晓并理解自己岗位责任的员工所占百分比，达到70%为合格，达到80%为良好，超过90%为优秀。

优秀计10分，良好计8分，合格计6分，否则计0分。

②流程图覆盖范围：权重15分。企业的日常工作，或者叫例行事务有多少用流程图来表述，其占全部例行事务的百分比达到60%为合格，达到70%为良好，达到80%为优秀。

流程图不可能包罗万象，不可能也无必要覆盖所有工作。优秀计15分，良好计12分，合格计9分，否则计0分。

③流程责任界定清晰度：权重5分。流程责任清晰到岗的程度，企业所有流程责任均有明确的岗位承担且能被员工轻易识别。责任与岗位对应清晰达90%为合格，95%为良好，99%为优秀。

优秀计5分，良好计4分，合格计3分，否则计0分。

④流程责任考核覆盖面：权重5分。流程责任清晰，承担岗位员工受到考核，没有空缺事项。流程责任70%受到考核为合格，80%受到考核为良好，90%受到考核为优秀。

考核内容与员工岗位工作标准挂钩，做到一目了然。优秀计5分，良好计4分，合格计3分，否则计0分。

⑤违背流程事件发生量：权重5分。违背流程操作的事件发生次数，每月不超过三次（含三次）为优秀，超过三次不超过五次为良好，超过五次不超过七次为合格。

优秀计5分，良好计4分，合格计3分，否则计0分。

⑥违背流程事件查处率：权重5分。违背流程事件查处率100%为优秀，达到90%为良好，达到80%为合格。优秀计5分，良好计4分，合格计3分，否则计0分。

⑦工作一次完成准确率提高多少：权重5分。员工工作一次完成准确率是衡量流程管理效率高低的一个重要指标。实施流程管理之前，企业往往缺乏这方面的统计数据。企业对比的指标也就只能从第一次统计开始。为便于

统计，我们一律使用全年平均数除以第一个月的工作一次完成准确数得出准确率提高比率。

提高 1% 为合格，提高 3% 为良好，提高 5% 为优秀。优秀计 5 分，良好计 4 分，合格计 3 分，否则计 0 分。

其他十项评估指标为：

⑧产品一次合格率提升多少；⑨采购到货准确率提高多少；⑩资金周转提高率；⑪人均产值增加量；⑫人均利润增加量；⑬客户等待时间减少量；⑭安全事故降低比率；⑮客户投诉减少比率；⑯成本降低率；⑰其他本企业认为重要的指标。

8~17 项，各项权重分别为 5 分，即每项提高或降低 1 个百分点为 1 分，最高得 5 分。10 项合计 50 分。1~7 项的权重合计也是 50 分，总计 100 分。

（3）评估组织。企业可以成立内外结合的评估小组，企业负责人需要参与其中以方便调动资源，同时外聘专家以保证评估的规范与客观。外聘专家的原因有两点：一是中小企业可能不具备流程管理的专业人才，二是企业内部评价很难做到客观准确。另外，企业各系统负责人也需要参与评估，可以选择企业负责数据的主管最后归类与整理。评估小组成员至少在 11 人或以上，以保证评价成员的代表性和全面性。

（4）评估结果分析。经过以上方法的评估，如果评估分数超过 90 分，则表明企业流程管理取得了显著成绩，只需要继续保持；如果评估分数达到 80 分，则说明企业流程管理取得了良好的成绩，但还有进步空间；如果评估分数达到 60 分，表明企业流程管理还是成功的，但改善空间还很大，需要继续努力优化。

案例

海尔的业务流程再造

20 世纪 90 年代以来，知识经济和经济一体化浪潮席卷全球，企业外部

互联网背景下的创业基础与实践

环境复杂多变，市场竞争日趋激烈，管理领域的变革与创新层出不穷，管理理论界也在不断探求适应企业需要且反映时代特色的新的管理方式。特别是20世纪90年代初美国管理学界哈默和昌佩提出的业务流程再造理论，在全世界范围内掀起了一场流程再造革命。当时，海尔集团经过17年的发展，已从一个亏损上百万的集体小企业发展成为年营业额600多亿元的国际化大企业集团，这其中业务流程再造的实践功不可没。

一、海尔的业务流程再造

1997年5月，我国政府正式宣布重点培植海尔等六家公司向"世界500强"进军。海尔为适应进军"世界500强"的战略目标，在企业内部管理方面进行了一系列变革与创新。1999年3月，海尔提出了企业进一步发展的三种转变的发展战略，即从职能结构向流程网络型结构转变，由主要经营国内市场向国外市场转变以及从制造业向服务业转变，其总体目标是使海尔成为一个国际化企业，跨入世界500强行列。

（一）海尔主要从以下三个方面来实施业务流程再造与转变

（1）规避"大企业病"的发生，提高流程效率。海尔为了回避"大企业病"的威胁，同时整合企业内部管理方面的优势，必须在管理上进行变革和创新，按照大企业规模和小企业速度的要求，在管理上事先设计，谋定而后动，进行业务流程再造，通过创新，提高企业的管理效率和响应市场变化的速度，从根本上解决"大企业病"的问题。

（2）提高员工的整体素质。海尔经营目标的国际化，客观上要求员工必须具有国际化企业经营所需要的创新力和责任心。在以个性化为主旋律的新经济环境下，企业的最终目标是通过最大限度地发挥员工的创新力，以达到顾客满意度最大化，最终实现企业的可持续发展。海尔建立了一种创新的机制，从源头上寻求企业发展的活力，一个必然的选择就是把市场的压力和企业发展的重任转化为每一个员工的动力和责任，使每一个员工的积极性和创造性发挥出来，从而聚集出企业的整体活力。

（3）建立以"市场链"为纽带的业务流程再造模式。员工是企业发展的最关键的因素，员工是企业的源头，源头的活力是企业的活力之源。只有唤起员工对企业和用户的高度责任心，充分发挥他们的积极性和创造性，才能使企业这条大河奔腾不息。因此，这就需要创建一种员工与用户相咬合的利益调节机制，激发员工的内在潜力。市场链正式建立在"企业源头论"上的一种客观必然选择。在市场链的基础上如何进一步提升员工的自我创新能力，把对员工的导向和激励作用与企业经营资源更有效地配置结合起来，瞄准顾客的个性化需求来提高企业的竞争力和市场美誉度，海尔提出了"负债经营"的观念，也就是将企业以前无偿给员工使用的资源如设备、工具、材料等，转变为有偿使用，企业给员工提供的这些资源就是员工的负债，员工必须运用创新的方法经营这些资源，使资源增值，实现真正的价值创造，这样才能得到相应的报酬；负债经营思想的实施首先要求量化负债资源，建立负债经营计算平台，由创新主体利用创新的工作方式去经营负债资源，达到资源增值的目的。实行OEC管理法，即Overall（全方位）、Every（每人、每天、每件事）、Control & Clear（控制和清理），简言之就是五句话：总账不漏项，事事有人管，人人都管事，管事凭效果，管人凭考核。

（二）流程再造前海尔集团为传统的事业部制结构

组织机构分为三层：第一层是集团的八个职能中心，即规划、财务、人力、法律、营销、技术、文化、保卫八大职能中心；第二层是六个产品本部；第三层是各事业部内分别设立的资料、规划、财务、人保、销售、法律、科研、质管、文化、设备、检验等职能处室，每一层都是行政隶属关系。

1998年8月，海尔以市场链为纽带对组织机构进行战略性调整：把原来属于每个事业部的财务、采购、销售业务全部分离出来，整合成独立经营的商物推进部、物流推进部、资金流推进部，实行全集团范围内统一营销、统一采购、统一结算；把人力资源开发、技术质量管理、信息管理、设备管理等职能管理部门全部从各事业部门分离出来，成立独立经营的服务公司。原来的职能部门不再具有职能的功能，而变成了支持流程。

二、海尔业务流程再造给我们的启示

（1）公司再造理论的提出为海尔业务流程再造和新流程观念的确立提供了指导思想。传统的职能型结构是依据专业化分工设计而形成的，在这种组织结构中，每个人对内向各自所承担的专业化工作负责，对上则遵照上级的指示执行，没有哪一个人有资格对整个工作流程负责，结果使流程缺少整体的管理和控制，并导致企业协调运作成本大量增加，降低了企业的应变能力，难以适应新经济环境下企业可持续发展的要求。而流程型结构则强调以完整、连贯的整合型业务流程代替那种被各职能部门划分的、难以管理协调的破碎型业务流程，每一个流程都有直接的顾客——内部顾客和外部顾客，为顾客提供最直接的服务。基于公司再造理论而确立的新流程观念就是直接面对顾客的、具有高度经营决策权的完整业务流程，其优势在于提高企业的经营效率和响应市场的速度，使企业获得多倍速发展。

（2）流程关系不是行政关系，而是市场关系。海尔业务流程再造的切入点是市场链，即把市场经济中的利益调节机制引入企业内部，在集团的宏观调控下，把企业内部的上下流程、上下工序和岗位之间的业务关系由原来的单纯行政制转变成平等的买卖关系、服务关系和契约关系。通过这些关系把外部市场订单转变成一系列内部市场订单，形成以订单为中心、上下工序和岗位之间相互咬合、自行调节运行的业务链。在这条业务链中，每一个流程都有直接的顾客（外部顾客和内部顾客。内部顾客指部门之间、工序之间、岗位之间互为顾客）。按照这一模式，海尔集团对原来的组织结构进行了重新设计和整合。

（3）以企业文化和OEC管理为平台，价值分配市场化。OEC管理贯穿于企业整个内部市场链，流程之间的内部订单履行以OEC管理为保障，通过索酬、索赔和"跳闸"手段，在规定的时间、地点和条件下迅速完成订单的各项内容。再造后所有的业务流程与岗位的收益不再是"大锅饭"，而是全部由自己服务的顾客来支付，这是价值分配与激励机制领域的一次深刻革命。

（4）总体看来，海尔的流程再造中贯穿着"管理创新"，这些创新体现在以下几个方面。

第一，观念创新。观念创新之处在于索赔观念、跳闸观念和负债经营的观念。在海尔的市场链模式下，以市场和顾客作为价值评价和分配的标准，员工的报酬完全来源于市场，只有你的工作得到了市场的认可与接收，才能获得报酬，否则，不但拿不到报酬，还要被用户索赔。同时，通过负责经营观念的确立，把资产负债表落实到每一个岗位和流程，由利益相关的第三方（独立于当事者双方并与当事者利益相关的仲裁中心）制约并解决问题。

第二，组织结构创新。在海尔的"市场唯一不变的法则就是永远在变"的观念下，其组织结构必然随着其战略目标的转移和市场环境的变化而不断创新。从实施海尔名牌战略的职能结构，到适应海尔多元化扩张战略的事业部制组织结构，再到实现海尔国际化战略目标的流程型网络结构，体现了海尔的组织结构创新之路，流程型网络结构实现了由传统的功能型组织向流程型组织的转变，是一种对传统结构彻底的创新，是"业务流程再造"的必然结果。

第三，管理集成创新。从管理体系上看，把分属于不同业务流程的先进管理技术通过市场链集成起来，形成一个完整、系统的管理体系，把市场的压力通过相互咬合业务流程无差异地传递给每一个岗位，使信息的流动货币化，加快了信息沟通和反馈的速度，全面激活了流程的活力，进而在以OEC管理法为核心的管理基础平台上，把核心流程与支持流程集成起来，形成了一个最大限度地、共享企业资源的管理集成平台。

第 9 章

企业市场营销策略

9.1 市场营销的重要性

  IBM 创始人托马斯·沃森在总结其毕生经验时讲到："一切始于销售"，"没有销售，就没有美国的商业。"企业是一个追求利润的组织，产品产出后最关键的一步便是销售。但不少人将市场营销与销售或推销简单等同，认为只要设立一个专门的营销部门，通过一系列的广告、促销手段的轰炸，便能将产品推广出去，吸引顾客，获得高销量。事实上，市场营销的含义是很广泛的，它虽然重视销售，但它更强调企业以市场需求为导向，以实现潜在交换为目的，从产品设计开始就规划全部经营活动，从而使企业能顺利进入市场并占领市场。

  企业的目标是实现利益最大化，但实现利益最大化不能只注重短期利益而忽视长远发展，也不能只注重销售和利润而忽视对市场份额的占有，在进行利益决策时还应考虑如何吸引客户并长期维持，使企业可持续、健康地经营。许多企业曾经辉煌一时，却因缺少前瞻性，没有及时转变公司的战略方向，或是只专注于产品开发，不考虑用户体验，于是在激烈的市场竞争中渐渐被淘汰。

  "现代营销学之父"菲利普·科特勒曾指出："营销学不仅适用于产品

与服务，也适用于组织与人，所有的组织不管是否进行货币交易，事实上都需要搞营销。"

市场营销介于企业与市场之间，通过对客户需求的分析和研究，进行有针对性的营销设计，为企业的经营活动作出指导，使企业获得较强的市场竞争力；通过分析、掌握市场中现有的竞争格局，为企业的整体发展战略提供依据；根据对市场动态的实时把握及市场需求动向来调整产品生产、研发、销售和营销。这些措施已成为企业在新时期求生存、谋发展的战略需要。

9.1.1 客户的维系

用户是企业产品和服务的直接购买力，是企业最重要的资源之一，其决定了产品的销售额与所占的市场份额、也决定了企业能否持续的经营与发展。

随着市场竞争的不断加剧，客户的期望值越来越高，客户关系的维护难度也在不断增加。各企业不仅面临着客户需求的日益多样化，也面临着企业间产品与服务渐趋同质的困境。因此企业要生存下去，关键就在于其产品拥有一大批忠诚的客户。而市场营销为企业提供了一系列策略来进行市场调研、分析与预测，使企业得以发现客户未被满足的需求，从而发现新的商业机会，并根据调研结果有针对性地开发客户。

另外，通过市场营销策略中的客户关系管理，企业可以从不同的角度来了解和区分客户，开发出满足客户个性化需求的产品或服务，与客户建立起一对一的营销模式，提高客户满意度，从而提高客户的忠诚度，强化企业与客户的关系，最终实现企业利润的长期增长。

9.1.2 竞争地位的建立

市场经济竞争必然会日趋激烈，每家企业都不可避免地要面对竞争者施加的压力，企业要想发展，必然要敢于竞争。而作为新创的中小企业，想要在竞争中取得优势，就要对竞争环境和竞争形势进行总体分析，充分了解不同竞争力量的态势,从而制定有效的竞争策略。

根据波特五力模型所描述,企业所面临的竞争力量一般有:同行业现有的竞争力量、买方竞争力量、供货者竞争力量、潜在进入者竞争力量以及替代品竞争力量。

市场中不同竞争力量的态势,对企业产生的竞争压力是不同的。企业要拓展业务,先要对不同的竞争对手进行充分了解,再通过对自身相对优势和劣势的分析,制定不同竞争策略,使企业在竞争中能争取更多的优势,从而达到占领或维护市场份额、提高竞争实力的目的。

9.1.3 市场动态的把控

在创业初始阶段,创业者最应当关注的是公司的销售技能和团队建设。好的创意、新的商业模式以及独特的核心技术固然是创业的有利条件,但这些都不是创业成败的决定性因素。创业之所以能够成功,更重要的还是团队的执行力和市场推广力。因此,市场营销能力在新创企业中扮演着极为重要的角色。

从传统经营观念的角度看,企业的经营活动主要表现为制造产品和销售产品;而从市场营销观念的角度看,企业的经营活动就可以理解为一个选择价值、提供价值和传播价值的过程。

在企业发展的各个时期,为了更好地把握市场机会,需要企业敏锐地去发现机会,并正确、理性地分析机会,关注市场中尚未被满足的需求,从而对企业未来的走向以及目标市场的确定进行战略决策。同时,通过市场营销策略中的产品生命周期理论等,企业还可以对自身的产品或服务进行评估,从而做出缩短或延长产品线,以及推出新产品的决策,以帮助企业更平稳地发展,降低经营风险,为企业源源不断地注入活力。

9.2 市场营销设计

克里斯·安德森(Chris Anderson)在《长尾理论》(The Long Tail)一

书中提出："我们的文化和经济正在发生快速转变，经济重心在从数量相对较少的主流产品和市场偏移（这些产品位于需求曲线的头部），正移向数量较多的利基产品和市场（尾部）。"

他认为，以技术为基础的互联网电子商务的出现，已经使得消费者购买行为发生转变。在消费者广泛接受网络作为购买平台的今天，消费者的搜索成本下降、可选择范围变广，以往市场上只带来少量销售额的大部分产品（长尾部分）相比带来主要销售额的少量"畅销品"（头部部分），"长尾产品"明显具有比以前更多的价值。而这也为新创业者们带来了生存发展的新市场。

宏观经济随着时代变迁发生着巨大变化，相比以前传统市场"大鱼吃小鱼，小鱼吃虾米"的模式，中小型初创企业如今在市场长尾部分有着更多的市场机会。正如"长尾部分"理论所展现：原有市场企业众多，竞争激烈。而初创企业想要避开激烈竞争，寻找尾部市场，在其中占有一席之地，对企业的市场营销设计有着较高的要求。

本章将为创业者梳理一下营销流程，为创业者讲解市场细分、目标市场选择、营销策略确定以及营销活动管理，以期通过合适的市场营销策略，使企业能在市场竞争中脱颖而出。

9.2.1 选择目标市场

菲利普·科特勒曾说："好的公司不应安于那些二流市场。"团队再优秀、资源再丰富，目标市场选择失误就如同把鲸鱼放进了鱼缸里，举步维艰。而一个市场的好坏不仅仅取决于所选市场的容量，还包括市场潜力、初创企业资源匹配度以及竞争者状况等因素。这就需要企业对现有市场进行细分、评估，综合考虑自身资源后，做出目标市场的明智选择。

1. 市场细分标准

市场细分是企业根据消费者群体的人口特征、心理特征、行为特征等因素对现有市场进行细化分类，以确定企业针对不同消费群体的策略。怎样的市场细分才算有效细分，科特勒在《营销管理》一书中提出了五个标准。

（1）可衡量。细分市场的规模、购买力和特性是能够衡量的。

（2）规模大。细分市场的规模和获利能力应对初创企业有足够大的吸引力。每个细分市场应该是值得为之设计一套营销规划方案的尽可能大的同质消费群体。

（3）可接近。细分市场能够被有效地接近和为之提供服务。

（4）可区分。在概念上能被区分，并且对不同的营销组合有不同反应。

（5）可操作。能明确制定有效的计划，用于吸引产品和服务细分市场。

传统的市场细分标准包括地理因素、人口统计因素、心理因素、行为因素（见表9-1）。

表9-1　　　　　　　　　市场细分标准与指标

细分标准	具体指标
地理因素	地理位置、城镇大小、人口密度等
人口统计因素	年龄、性别、收入、家庭生命周期等
心理因素	生活、性格、购买动机、态度等
行为因素	场合、使用率、忠诚度等

例如，初创企业可以根据消费者特征与产品特性进行市场细分。假设企业从事生日策划业务，就可以依客户收入分为低端收入群、中等收入群和高端收入群；根据顾客性格分为浪漫型、求实型等；根据顾客忠诚度分为敏感型、普通型、忠诚型等。

2. 目标市场评估

完成目标市场细分后，就需依据目标市场的市场潜力和竞争环境对其进行评估，选择要进入多少个细分市场。考虑细分市场总体吸引力与企业自身资源及目标的适配性，评估并确定目标市场。

（1）细分市场总体吸引力。

①市场规模。即初创企业从目标市场能获得的业务量。

②发展潜力。根据产品生命周期理论，处于成长阶段的市场，前景更为可观。

（2）公司目标与资源。在公司特定的目标和资源情况下，投资该细分市场是否有意义？一些看起来很有吸引力的细分市场可能并不符合公司的长远目标；也有可能公司在一些细分市场中缺乏提供卓越价值所需的实力。

3. 市场策略选择

根据产品特性与消费者特性细分、目标市场评估后，针对众多的子市场，企业可从自身资源与公司目标出发，参考如下四种策略做出合适选择。

（1）集中性策略。以追求市场利润最大化为目标，创业活动将主要力量聚焦在一个子市场。

（2）无差异化策略。创业面向各个子市场的集合，而不是针对某个细分市场。仅用一种产品来尽量迎合最大数量的购买者。

（3）差异化策略。面对已细分的市场，从中选择两个以上的子市场作为目标市场，分别对每个市场提供有针对性的市场策略。

（4）集中—差异化策略。面对竞争激烈的市场，企业选择多个待进入细分市场，先进入一个子市场，以提高行业知名度，再在此基础上实行差异化策略，开拓更多的细分市场，抢占更多市场份额。

对于创业初期的中小企业，目标市场策略的选择上建议采用集中—差异化策略。初期先筛选多个待进入的细分市场适配自身产品种类，待产品供应市场时再辅以集中性策略，集中力量对各个已选定的细分市场投放针对性的产品，占领该细分市场，以此来迅速提升企业知名度，获得消费者好感。待现有产品在市场中获得较为可观的份额之后，再实行差异化策略，拓展更多产品线，抢占市场份额。

选择集中—差异化策略的原因之一在于创业初期，企业资源、能力有限，无法与市场上过于强大的竞争对手直接竞争。采用集中—差异化策略，能够使企业集中优势力量开拓长尾市场，降低营销成本，提升企业的服务质量，获得消费者的信赖与忠诚度。但同时也要注意集中性市场策略意味着以一款特色产品针对小众市场进行营销，目标市场范围小，品种单一，若目标市场的消费者需求和爱好发生变化，企业很容易陷入困局。因此在企业成功切入市场并收获一定口碑后，对各个目标市场要进行有针对性的产品差异化策略，才能够有效地规避这个风险。

9.2.2 确定营销策略

选定目标市场后，就需要针对目标市场进行营销策略的选择与实施。传统的营销策略主要指4P（产品、价格、渠道、促销）或4C（顾客满足、成本、沟通、便利性）等，大量文献已谈及，这里不再赘述。随着移动互联网时代的来临，企业的营销策略又有了更丰富的选择。这里重点介绍常用的互联网营销策略（见表9-2）。

表9-2　　　　　　　　　常见的互联网营销策略

工具式	非工具式
搜索引擎营销	事件营销
微博营销	植入营销
微信营销	即时营销
社区营销	病毒营销

（1）搜索引擎营销。包括搜索引擎优化与付费推广广告。利用搜索引擎提升搜索此类关键词用户的关注度，实现客户转化。是网络营销中低门槛、使用较为广泛的一种营销方式。

（2）微博、微信营销。利用微博、微信平台发现、满足消费者需求，创造商业价值的一种营销方式。

（3）社区营销。通过网上社区发起话题，讨论交流以达到营销目的的一种营销方式。

（4）事件营销。通过策划、组织和利用具有新闻价值、社会影响以及名人效应的人物或事件，吸引媒体、社会和消费者的关注，以求提高企业或产品的知名度，树立良好品牌形象，并最终促成产品或服务的销售。

（5）植入营销。通过电影等载体进行公司信息、产品信息，植入以达到营销目的。

（6）即时营销。密切关注公众热点，利用公众对于热点的追逐，及时作出反应，吸引公众对产品或服务的注意。

（7）病毒营销。发起话题或者利用视频引起消费者间的信息以病毒方式传播，利用快速复制的方式迅速传递给数以千万计的受众，以达到营销目的。

非工具式营销通常需要依附于各种营销工具载体，并且对于技巧性及专业性要求极高。例如，在今年在网络上由一条裙子引发的激烈讨论：白金还是蓝黑（见图9-1）。

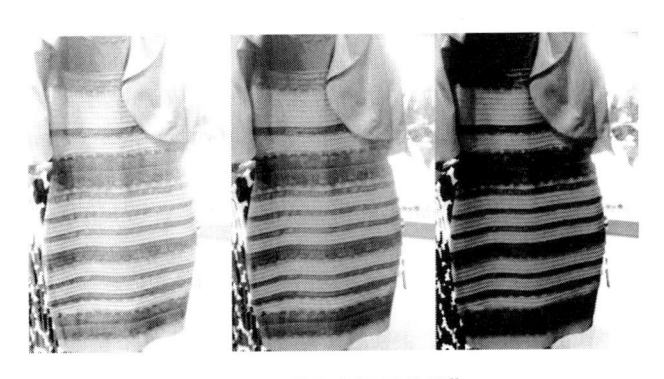

图9-1 "白金还是蓝黑"

在这场论战中，很多企业加入讨论，但即时表现最佳的当属Adobe。当时Adobe引用了摄影师Hope Taylor利用Adobe coloe软件把裙子还原的博文，根据CMO的统计显示，在24小时内Adobe微博得到了超过80万次参与，其中包括1.7万次转发、接近9800次点赞。这是Adobe以网络营销工具为载体获得成功的一次即时营销。但其实Adobe并非是第一个做出反应的企业，在此之前已经有很多企业对事件做出了回应，但是Adobe却是获益最大的。究其原因，一是因为讨论图片性质与Adobe coloe的强相关性，还有一个重要原因就是Adobe企业的知名度给消费者带来了信任感。

但是初创企业想通过事件营销、病毒营销等非工具式营销策略立刻获得关注度的可行性并不高。立足实体产品和服务的基础，充分利用一些易操作的互联网营销工具与策略逐步吸引流量，来进行营销活动，这对初创企业来说，是更有可行性和价值的。

9.3　互联网营销建设规划

9.3.1　品牌营销

1. 品牌塑造

（1）品牌的重要性。一个品牌能为企业带来两种价值：欲望价值和定位价值。

欲望价值是由心理产品层次产生的，由以往经验、宣传产生的欲望。

定位价值是由实体产品层面与扩展产品层面产生的，实体产品层面包括产品质量、效用和个性化；扩展产品层面包括品牌知名度、美誉度，以及售前、售中和售后服务等。如提到手机，消费者第一反应是苹果，提到洗发水，第一反应是宝洁、联合利华，这就是定位价值。

对于初创企业来说，品牌塑造尤为重要，初创企业塑造一个好的品牌，就是给消费者留下好的第一印象。

一般来说，企业的利润分为两种来源：一是产品利润，二是品牌利润。即：

$$利润 = 产品利润 + 品牌利润$$

企业从品牌利润中的所得往往远高于产品利润。以苹果手机为例，一部普通的手机 3000 元，可能你会觉得挺贵，但其实可能厂商利润却只有 200 元；一部苹果手机，很多人却甘愿用 5000 元人民币购买，但苹果的成本大概是多少呢？以 2015 年苹果的主打产品 iPhone 6 和 iPhone 6Plus 为例，两者零售价分别是 649 美元和 749 美元。但从《华尔街见闻》报道中公布的苹

第 9 章　企业市场营销策略

果的生产成本来看（见图 9-2），iPhone 6 和 iPhone 6Plus 的生产成本分别只有 227 美元和 242 美元。也就是说如果不计研发、营销等成本，只扣除生产成本，苹果每出售一部 iPhone6 至少可以赚到 422 美元。虽然不能以此为据表明苹果手机全部实际成本，但仍可以从数据中推断出苹果手机利润丰厚，尤其在中国，苹果手机定价相较其他国家和地区价格更高一些。

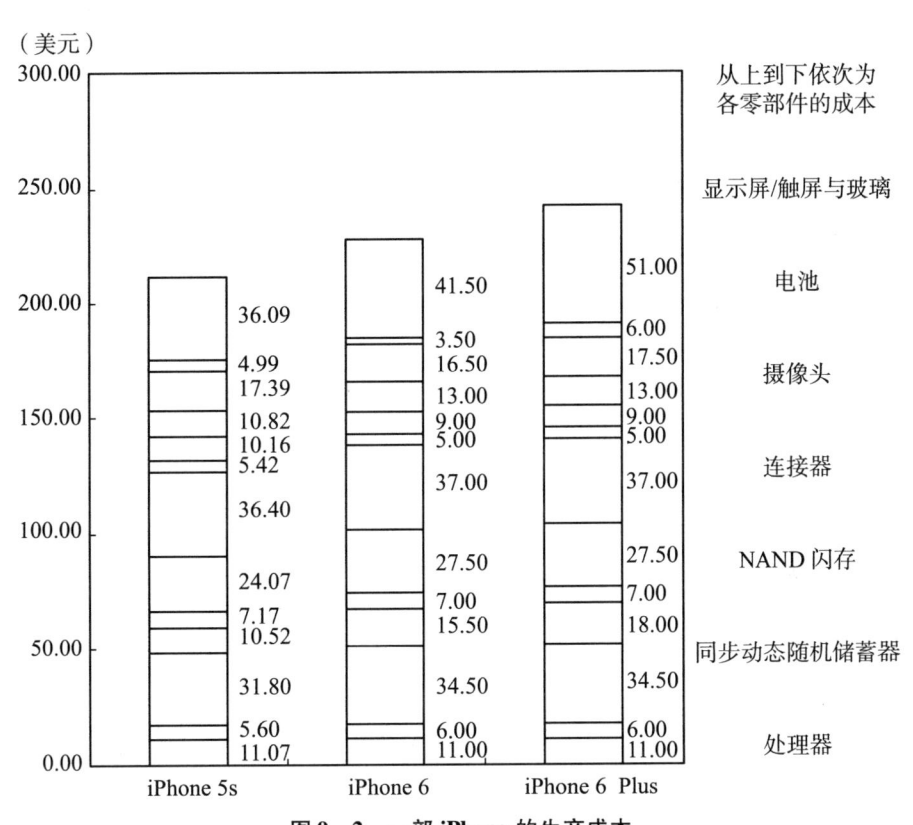

（美元）	iPhone 5s	iPhone 6	iPhone 6 Plus	从上到下依次为各零部件的成本
	36.09	41.50	51.00	显示屏/触屏与玻璃
	4.99	3.50	6.00	电池
	17.39	16.50	17.50	摄像头
	10.82	13.00	13.00	
	10.16	9.00	9.00	
	5.42	5.00	5.00	连接器
	36.40	37.00	37.00	
	24.07	27.50	27.50	NAND 闪存
	7.17	7.00	7.00	
	10.52	15.50	18.00	同步动态随机储蓄器
	31.80	34.50	34.50	
	5.60	6.00	6.00	处理器
	11.07	11.00	11.00	

图 9-2　一部 iPhone 的生产成本

资料来源：互联网。

因此，只有通过欲望价值与定位价值的塑造来塑造品牌，企业才能获得产品利润之外的高额品牌利润，进而提高最终利润。

（2）品牌建立。

①品牌的卖点定位。首先，要找准能真正把产品卖出去的功能和特点。

一个产品的功能和特点可能多种多样，可是真正吸引消费者的却只有少数甚至是只有一个。因此，进行准确的产品功能与品牌定位。需要初创企业对消费者有一定了解，找出消费者对于产品的需求点。

其次，通过深入了解消费者，找到体现消费者欲望的、企业可满足的、同时未被满足的买点，作为品牌定位。

②品牌的有形定位。品牌的有形定位包括名称、标识、宣言、宣传等要素。对于消费者来说，品牌是有形的，一个易于传播的标识或者一句具有感染力的表达。例如耐克的LOGO及其广告语"Just Do It."。更进一步说，消费者眼中的品牌＝品牌名称＋品牌标识＋品牌宣言＋品牌宣传。所以，定位品牌就需要以有形定位为先导，以消费者为核心，设计品牌名称、标识与宣言，进行品牌宣传。

而如何定位有形品牌，最核心的就是要掌握消费者所想、所需，以消费者的视角去树立品牌，让消费者爱上这个品牌。消费者的五大思考模式是：

模式特性一：消费者只能接收有限的信息。在信息超载的互联网时代中，消费者会按照个人的经验、喜好、兴趣甚至情绪，选择接受哪些信息，记忆哪些信息。因此，品牌设计就需要能足够引起消费者的兴趣。正如很多消费者选择购买"三只松鼠"的产品，不仅仅是因为产品的高质量与服务，也因为在同质化严重的购物平台中被其格外可爱呆萌的"三只松鼠"形象所吸引。

模式特性二：消费者喜欢简单，讨厌复杂。在各种媒体广告的狂轰滥炸下，消费者最需要简单明了的信息。广告传播信息简化的诀窍，就是不要长篇大论，而是集中力量将一个重点清楚地渗入消费者心中，突破人们痛恨复杂的心理屏障。

模式特性三：消费者缺乏安全感。由于缺乏安全感，消费者会买跟别人一样的东西而避免社会风险和经济风险。

模式特性四：消费者对品牌的印象不会轻易改变，虽然新品牌有新鲜感，但是真正能被消费者记住的品牌，还是那些反复出现在消费者脑海中的"常客"。

模式特性五：消费者的想法容易失去焦点。如果企业定位不明，产品线过于冗长，只会越来越模糊在消费者心中的品牌定位。

2. 品牌传播

当企业通过专项研究、设计形成自己独有的品牌之后，如何将自身的品牌推广出去，也是一个初创企业所必须经历的关键阶段。从过去的传统营销到如今的互联网营销，品牌传播渠道不断丰富。从电视报纸营销、电话营销，到如今的社区营销、微信、微博营销，品牌传播的渠道日益丰富。通过别出心裁的营销将一个品牌准确、高效地植入消费者思想，形成消费者对品牌忠诚度的同时，还需要遵从一些互联网时代的基本传播原则。

在品牌传播中要注意落实两个重要原则。

①用户参与。怎样能低成本地让顾客快速融入企业品牌并形成强烈的"带入感"，答案就是用户参与。就是让用户参与到品牌建设中来，培养粉丝，进行品牌传播。

伴随着互联网时代成长起来的年轻消费人群，普遍有一个很明显的共性：自我意识感更强，对产品和服务的需求不再停留于功能层面，更想借此表达自己的情感。而在如今的互联网时代，每个消费者都可能成为意见领袖，以往传统的熟人间的口碑传播已经由互联网这张巨网演变成网上点对点的口碑传播。人们活跃在各大社交网站，进行着经验交流、产品评价，渴望着受到关注与重视。消费者喜欢参与，甚至渴望参与到企业供应链上游的决策讨论，企业既然宣称以消费者为中心，就应该让消费者参与进来，作为品牌建设、品牌传播的一分子，增强消费者的品牌归属感。

最典型的案例就是2010年成立的小米公司宣扬的"参与感"。在最初小米公司发布MIUI系统之前，本着"用户至上"原则邀请了100位"米粉"作为系统内测人员，并将使用心得反馈给小米公司，为小米公司提供了非常宝贵的建议。后来小米发展成功后还特地做了一个视频来感谢当时的100名勇士。随后，小米系统一分为二，分为开发版和稳定版。根据社区、手机用户意见反馈，开发版面向发烧友每周进行一次系统更新，而稳定版针对普通客户每月集中更新，从用户评价中发现用户需求，鼓励用户参与，不断提升顾客体验。

②双向沟通，友爱互动。互联网催生出很多社区式的沟通平台，许多企

业只关注了自己品牌传播的广度,却忽视了品牌传播的"温度"。移动终端的普及,跟客户沟通已经不能仅仅局限于以往的单向灌输式沟通。要想让顾客发自内心地喜欢一个品牌并自愿传播,需要的不仅仅是好的产品和服务,还需要真诚的沟通。在这个充斥着"顾客就是上帝"口号的时代,消费者更加倾心于从消费者利益出发,进行真诚沟通的企业。用户不是上帝,不是老板,而是朋友。产品即对话,服务即对话,传播即对话,这种对话就是一种友爱的传递。小米公司把这种友爱的互动叫做"温度感"。在小米公司创立初期,几位高管每天至少要泡在小米社区里一个小时,近距离接触顾客,了解顾客的需求,将用户端与供应链端连接起来,用户将需求反馈至研发生产,企业改进产品后再提供给顾客使用评价,以此形成良性循环。正是由于这种真诚沟通,切实反馈,让小米用户深切感受到了小米实实在在的"温度感",进而也使得小米在短短五年内一跃成为中国国产手机的佼佼者。

3. 企业形象建立

企业在塑造一个优秀的品牌的同时,也应当建立一个良好的企业形象。正如企业文化领域资深学者罗长海所说:"所谓企业形象,是企业在其全部活动过程中所展现出的各种特性和品质,也是社会大众对企业的印象和评价。"一个良好的企业形象应与一个优秀的品牌相辅相成,才能促进企业的发展。

(1) CIS 对企业形象建立的重要性。CIS 是从 CI(Corporate Identity)演化发展过来的一种现代企业经营管理的概念。我们通常称为企业识别。CIS 包括三部分,即 MIS(理念识别系统)、BIS(行为识别系统)、VIS(视觉识别系统)。我国从 20 世纪 80 年代前后开始导入 CIS 的理念,经历了由狂热转向冷却,最后趋于理性的发展阶段。尤其是创业初期,对于消费者,企业形象成为对初创公司重要的"第一印象",直接决定了初创企业的市场接纳程度。

①CIS 首先作为一种企业市场竞争的有利武器,良好的 CIS 可有效统一和提升公司形象,不仅有利于企业与顾客沟通,而且能够制造企业的差别优势,创建名牌,提高经济效益。

②正确导入 CIS 可理顺企业内部关系,规范企业行为,实现企业素质与

管理水平的提升。

③通过导入CIS，可大大提高企业的信息传播率，减少浪费，同时使其无形资产迅速增值。

（2）CIS的具体内容。理念识别系统（Mind Identity System，MIS）是一套揭示企业目的和主导思想，凝聚员工向心力的价值观念。MIS是CIS的核心和基本精神、最高的决策层次，为CIS的顺利实施提供原动力。MIS是企业在长期发展过程中，集成企业优良传统，适应时代要求，由企业家积极倡导、全体员工自觉实践形成的代表企业信念、活力、团队精神的一系列规定。

行为识别系统（Behavior Identity System，BIS）是一套企业全体员工对内、对外活动的行为规范和准则。BIS是CIS的动态识别形式，指在企业理念的指导下，将实际经营过程中的具体操作行为进行规范和协调，以使企业经营管理统一化。BIS具体可以分为对内和对外两部分，对内的活动主要是指对企业全体员工的管理培训、行为准则的制定。对外的活动主要包括企业的促销活动、公共关系活动、产品的研发、社会公益活动、广告宣传以及各种展示活动等，主要目的是获得社会公众的认同，为企业的生存和发展创造良好的外部环境。

视觉识别系统（Visual Identity System，VIS）是一套将企业理念和行为进行传播的可感知的识别系统。VIS是CIS的静态识别符号，是企业形象的具体化，主要包括两大部分：一是基础要素，主要包括企业名称、企业标志、企业标准色彩和象征物以及他们之间的规范组合；二是应用要素，是指以上的基础要素经过规范组合以后，在企业各个领域的应用。

实施CIS战略就是要使MIS/BIS/VIS三要素保持高度一致，通过完整的系统运作，创造性展示企业的经营理念和企业个性，在全方位的传播过程中引起社会公众的关注，使广大消费者对企业产生认同感，对企业的产品产生依赖。

（3）CIS的导入步骤。导入CIS时应严格按照其工作程序进行，一般工作程序如下：

①提案阶段：明确导入CIS的动机与目的、组建负责CIS的机构、安排日程、预算导入CIS的费用、完成提案书；

②调研阶段：确定调研总体计划、分析与评估企业的营销状况、企业总体形象调查与视觉形象审查、调查资料的分析与研判、完成调研报告书；

③策划设计阶段：完成总概念书的策划、创立企业理念、开发设计视觉识别系统、办理有关法律行政手续；

④实施管理阶段：实施内部传播与员工教育、推行理念与设计系统、组织 CIS 对外发布、落实企业各部门管理、导入效果测试与评估。

(4) 运营中导入 CIS 应规避的问题。

①盲目跟风。企业识别系统有比较严格的条件限制，而且强调全面导入，一次性投入。CIS 中的三个子系统都必须严格按照统一的标准进行设计和控制，一经决定，就不得随意改变，因此，要求实施 CIS 战略的企业，经营理念、内部结构、产品和业务范围等相对稳定，并且有较为固定的活动范围。创业者应该清晰地认识到，导入和实施 CIS 战略是为了解决问题，而不是盲目跟风。如果仅仅只是要解决对外的沟通问题，可以直接采用广告等宣传方式，而不必大张旗鼓地实施 CIS 战略，否则，盲目导入，单纯追求形式，反而影响企业的发展。实施 CIS 战略的费用也较大，需要投入较多的资金，而财力有限的企业往往难以负担。

②把 CIS 作为企业的短期行为。推行 CIS 的短期行为表现在：一是没有长远的战略目标，走一步看一步。二是急功近利，注重眼前利益。这种短视行为对公司发展极其不利。企业理念是 CIS 的核心，是全体员工行为准则的依据，也是外部公众认知该企业并进而产生好感的最基本的因素，所以企业理念一经形成，就不能随便更改。而只有当企业树立了长远的战略目标，才能使企业的理念保持相对的稳定。此外，企业如不注重长远利益，往往会导致 CIS 推行的半途而废。CIS 的导入同广告不一样，需要长期投入与等待才能出现效果。所以，应该把 CIS 导入的费用作为一种长期的无形资产投入而非暂时的支出。

③忽视 CIS 各要素的整合。很多企业认为，如果没有实力一步到位地导入 CIS，可以逐步分步进行，这是一个很大的认识误区。CIS 三部分是相互衔接、互相作用的，其中 MIS 是 CIS 的基础。BIS、VIS 的执行与推动基石源于 MIS，即通过建立视觉形象和社会行为规范落实企业理念，使得企业形

象被具体地认同，达成 CIS 的最终目的。

④导入 CIS 的规范性差。很多企业在进行 CIS 战略导入时，缺乏新意，观念雷同，起不到很好的识别和导向作用。在一次随机抽样的调查统计分析中，调查结果显示："团结""开拓创新""艰苦""求实"等词语的使用率超过了 20%；而"奉献""拼搏""进取"的使用率也超过了 10%。其中"团结"一次的使用率更是高达 41%。创业者应根据自身实际情况决定导入 CIS 系统，并立足于企业长远发展，把 CIS 系统作为一项战略投资，依实际、依程序导入，完成企业形象系统的设计与完善。

9.3.2 流量吸引

1. 流量的重要性

在互联网时代，对于一个公司的估值，很重要的一项指标就是流量，包括用户注册数量、活跃用户数、用户访问频率等。很多互联网产品，即使当下并不盈利，但由于拥有庞大的注册用户数量，拥有了相当丰富的用户资源，从而拥有了更多与资本方博弈的筹码。

而在这些直观的数据指标背后，就是流量的本质——用户关注度。

在这个"信息过剩"且"注意力稀缺"的时代，企业所要做的就是在"无限的信息"中攫取"有限的注意力"。对于企业而言，在激烈的市场竞争环境中，拥有高关注度就意味着拥有更多的潜在用户。当企业受到源源不断的关注时，用户带来的流量会在无形中自然地转化为商业价值。

传统零售行业十分看重店铺选址，其原因就在于人流量大的地方，门店的人流量也大，销售量自然会上升。而传统商业模式的选址在互联网中也同样适用。各类搜索界面、网络购物平台就相当于互联网的商业街，搜索结果相当于店铺的地理位置，其排序影响着用户流量，而平台的点击流量也决定了店铺的点击率以及最终销量的高低。

因此，在"注意力经济"时代，创业者必须意识到流量的重要性，接下来还要考虑如何吸引流量，又如何让流量产生价值。

互联网背景下的创业基础与实践

2. 如何吸引流量

根据经典消费者行为研究中"AIDA"模式所表述，消费者的决策会依次经历四个行为阶段：

注意（Awareness）

兴趣（Interesting）

需求（Desire）

行动（Action）

通常，广告、促销信息会引起消费者注意，消费者对其产生兴趣，经过思考、对比和评价后进行决策、购买。为了吸引流量，传统营销模式往往在第一阶段投入大部分精力和资源——打断客户注意力，表现为打断式的强制入侵性，但是这种强硬营销容易使消费者产生反感情绪。并且，传统的广告对受众的刻画是相对粗糙的，选用大众化的媒体（如电视、报纸等）进行营销，只能是大致推断受众是否为目标客户，如猜测这个时段收看该节目的是女性或者某年龄段的人。而且传统广告往往价格昂贵，连普通电视台的广告费用5秒也可达数万元，且仅为一次播放的售价。

随着互联网的发展，为吸引流量，传统的打断式营销已经越来越受到消费者排斥，一批以顾客兴趣为核心的营销工具和手段不断涌现，其中搜索引擎成为受众使用最广的营销工具。下面以使用最广泛的"免费"策略和使用人数最多的网络营销工具——搜索引擎营销为例，具体说明初创企业如何吸引流量。

（1）搜索引擎。搜索引擎是目前吸引流量最好的方式，其主要通过如下三步来吸引流量：

从互联网上抓取网页；建立索引数据库；搜索引擎数据库将根据搜索相关度排序。

首先，利用能从互联网上自动收集网页的SPIDER系统程序，像蜘蛛一样在网络间爬来爬去，并沿着任何网页中的所有URL网址爬到其他网页，并把爬过的所有网页收集回来。

其次，分析收集回来的网页，提取信息，得到每个网页及其内容、超链接中每一个关键词的相关度，利用这些相关信息建立网页索引数据库。

最后，当搜索用户搜索关键词时，系统程序就将找出符合该关键词的网页，并根据已计算好的相关度进行排序。

①搜索引擎营销的分类。搜索引擎营销分为：SEO搜索引擎优化和PPC点击付费广告。

第一，SEO搜索引擎优化是指利用搜索引擎的搜索规则来提高目标网页在搜索引擎内对应某些相关关键词排名的方式。

第二，PPC点击付费广告是指设置相关广告展示规则使得在某种条件下在搜索结果页中出现广告营销。

SEO属于利用搜索引擎排名规则进行自然排名优化，而后者PPC点击付费广告需要企业之间竞价付费，价高者可以设置自己企业的广告展示时间、点击上限等出现在搜索结果页面的特殊位置。不过竞价竞的是单次点击的费用，如果推广广告没有人点击，不用企业付费。

以搜索"互联网产品"为例，图9-3中，搜索结果页面右端的"推广链接"就是属于PPC付费广告，是企业之间对关键词进行竞价，胜出者设置此搜索时间，并在顶端展示企业的广告。

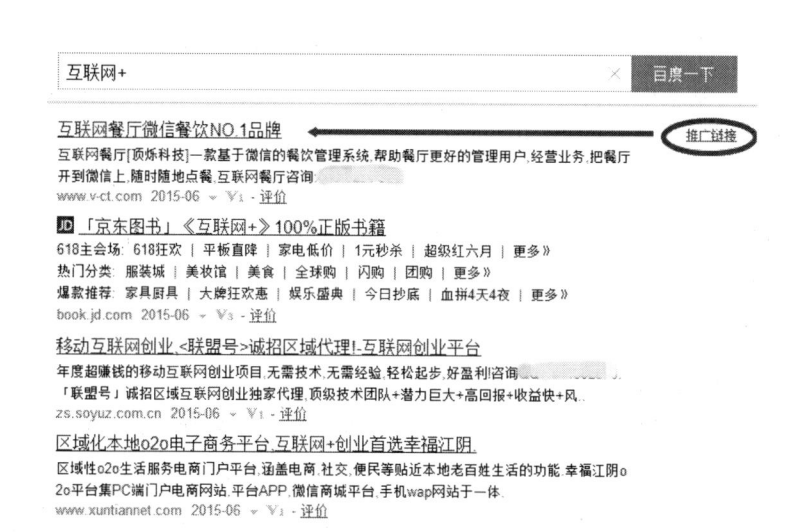

图9-3 "互联网产品"搜索结果（图片来自百度搜索）

而在其下面"百度快照"类型的搜索结果则是根据百度关键词排名规则,多因素共同影响下的结果。企业要吸引流量,必须了解关键词搜索排名的规则。

②排名规则。搜索引擎结果的排序一般会受多个因素共同影响,而每一个因素中又有更为细分的指标:

第一,关键词分数。包括网页标题中的关键词,文本内容中关键词的密度,外部链接中关键词的选择等。

第二,域名权重。包括域名注册前的历史问题,注册时间长短等。

第三,用户数据。包括搜索引擎结果页面的点击率、用户在网页上的停留时间、域名或 URL 的搜索量、访问量及其他可以检测到的流量统计数据。

第四,内容质量分数。包括内容相关性、原创性、稀缺性和时效性。

第五,其他人工干预因素。对于某些受限或有需要特别处理的关键词,人工干预将直接影响排序结果。

而上述因素中,根据排名规则,关键词分数所占权重最大,创业公司在开始搜索引擎营销时,对于选择关键词,有如下几种思路:大众名词;自我品牌、产品相关;竞争者。

③具体操作。下面就以百度为例,介绍简要的操作流程:

第一,基本申请流程。登录百度推广管理系统,注册百度推广账户;提交证明,签订服务合同,缴纳推广费用;审核通过后,开始推广。

第二,优化"推广单元"(由关键词和创意组成)基本操作。控制关键词数量在 5~15 个之间,每个推广单元必须是同类型的,在相同的推广单元下,关键词相似度越高,分类越清晰,就能获得更靠前的排名位置;广告创意撰写紧密联系关键词;对广告进行分割测试,比较不同方案的展示效果,再调整细分关键词,提高广告转化率。

(2) 免费策略。许多互联网产品开发之初并不盈利,甚至处于亏本经营状态,而为了进入市场,获得庞大的流量,产品推广往往以免费策略为主。互联网上的免费模式之所以畅行,其原因在于互联网产品和服务的数字化。无论是做广告还是增值业务,当用户数量累积到一定规模时,每个用户在这种商业模式下为你贡献的收入会远远超过其所分摊的成本。

①免费的影响力。免费现已成为了互联网产品推广最有利的手段——一旦企业推出了免费的产品，并且它的品质和所提供的服务能够与同类付费产品相当甚至赶超付费产品时，它便能给用户带来巨大的体验冲击。

另外，免费而优质的互联网产品使得消费者对其产生了黏性，使消费者会自觉地在互联网产品上进行内容创造，如在微博、豆瓣中发文，或是在购物平台上进行产品评价、交流，这些由用户创造的内容能吸引到更多的用户。同时，因为用户自身的参与，他们会更加频繁地浏览其他用户的动态并与之互动，从而保证了用户活跃度。

目前很多成功的互联网产品就是使用了这样的模式。随着互联网使用的规范化，用免费模式来推广产品在用户中取得了很好的反响。那么，在互联网产品和服务普遍免费的今天，如何运用免费模式来吸引消费者呢？

——在别人收费的地方免费。最初360打入杀毒软件市场就是以免费杀毒为噱头，吸引了大批用户。但是一开始360在用户体验方面做得并不到位，致使许多用户都弃之不用，竞争对手也以"免费无好货"对其大肆抨击。360推出时，用户的追捧虽然对其他杀毒软件公司造成了很大的影响，但他们都一致认为其免费模式只是一时火热，无法持续。可是360通过不断收集用户意见，积极改进，最终不但存活下来，还成为杀毒软件市场的一大霸主。

②免费模式背后的利益链。传统的免费更多是一种促销手段，新型的免费则是一种长期的产品价格策略——企业的核心服务永远不收费，如微信、QQ的即时通讯功能，百度、Google的搜索功能。

但即使是在互联网背景下，真正的免费产品也是不存在的，产品的免费只是将价值链延长，其免费的本质仅是使费用的承担者发生了转移，当企业推出免费产品时，一定会通过创造出新的利益链来获取收益。

腾讯QQ最初只是一款与MSN类似的即时通讯软件，其核心业务不收费，并且相比MSN，它使用简单方便，功能更人性化，随着其用户群的爆发式增长，腾讯借助QQ这个平台接连推出了QQ邮箱、QQ空间、QQ音乐等一系列免费的附带服务，使得用户黏性大大增强。而后腾讯再通过推出一系列可以提高用户体验的增值服务，吸引用户消费，从而在新的价值链中获得了高额利润。时至今日，腾讯QQ已由最初的一款免费即时通讯软件转变成了一个集通讯、娱乐、媒体为一体的大型互联网平台。

③免费模式注意的问题。免费并不意味着产品质量和服务品质的相应降低。用户对于免费产品的选择成本很低，同样的，对其抛弃成本也很低。因此，免费的产品更要注重打造高品质的用户体验，要做到和付费产品同样好的使用感，甚至超过付费产品，这样竞争对手和用户才不会以"免费无好货"将你淘汰。

同时，免费策略并不总是适用的，要综合考虑资源、产品与时机。免费策略势必需要大量的资金来使企业在前期能正常运转，这也要求经营者具备前瞻性，明白未来在哪些地方可以真正盈利，而不是盲目地免费。免费的目的在于吸引流量，当流量达到一定规模才会转变成资本价值。

（3）微博营销。在互联网时代，微博是最容易积累粉丝的，而这也造就了微博在"粉丝营销"中的重要地位。什么是粉丝？广义来讲就是对某个人或某种事物的崇拜或追随者，如球迷、歌迷、影迷等，在传统商业模式下，寻求明星代言其本身也是一种粉丝营销。在微博营销中，粉丝的获得比传统商业模式有了更方便、更有效的途径。但需要注意的是，在微博营销中粉丝是分类型的，不同类型的粉丝其来源、需求、作用、关注点都是不一样的。

①微博粉丝的重要性。一般来讲，传统企业微博里数量最多的粉丝是"围观粉丝"，他们不一定是企业产品的最终消费者，但他们对维持整个微博的活跃度起着重要作用。企业微博里比例第二多的是"品牌粉丝"，他们既是企业的微博粉丝，又是企业的用户。第三类则是"领袖粉丝"，他们在用户中有一定的威信，其拥有的话语权和信息传播力很强。

这三类粉丝根据其性质和比例不同，对企业来说也有着不同的价值。在微博运营中，我们应当与其进行不同的互动，让其发挥不同的作用。通过各种活动吸引围观粉丝，增加微博活跃度，提高微博影响力；通过挖掘和不断互动来吸引品牌粉丝，帮助反馈对产品的意见和建议，提高企业的产品力；通过细微关怀来吸引领袖粉丝，并通过领袖粉丝来增强消费者的认可度，提升企业的公信力。

粉丝是最优质的目标消费者。因为互联网的存在，粉丝们可以参与到品牌文化的创建、传播和演进过程。在这一过程中，粉丝将自己的情感因素注入品牌和产品，其自身业已成为品牌的一部分。因此，即使略有缺陷的产品也能被他们接受。

当前大部分企业采用的仅仅是会员积分系统——消费者通过消费获得积分，并将积分累积到一定数量用于兑换商品。或者通过积分获得会员级别，不同级别的会员卡能提供不同的优惠折扣。这类传统模式过分强调了人与物的互惠关系是建立在利益交换的基础上，而没有让消费者对品牌、产品产生情感共鸣。价格、折扣虽然能在很大程度上影响消费者的行为，但并不意味着消费者对产品会拥有高忠诚度。然而，一旦消费者成为品牌粉丝，那价格便不再是决定其消费行为的首要因素。

②企业微博的定位。企业定位与企业微博定位是存在差异的。企业定位是为了打入目标市场，是对消费者关注度的争夺；而企业微博定位则是确定企业微博运营的价值和方向，使之能脱颖而出，是对微博粉丝关注度的争夺。

首先，企业要明确开通微博的目标，如做好品牌推广，聆听粉丝声音，或是影响粉丝认知等。目标明确后，便可以发布不同的微博内容、发起各种微博活动来吸引粉丝关注，扩大影响力，塑造独特的企业微博形象，实现利益最大化。

其次，企业微博要与用户平等沟通，让用户觉得是在与一个活生生的人交流，而不是一个冰冷的组织或一台没有感情的机器；要以诚恳和热情与粉丝建立关系，而不是只站在自己的角度盲目宣传、推广。为了获得更多的粉丝和更持久的关注，企业微博就要做一个有个性的"人"，以其独特的"人格魅力"让粉丝心甘情愿地跟随你。

③企业微博的内容。大多数企业在微博内容的撰写上都容易走进"自说自话"的误区，单纯地站在自己的角度来表达自己想要传达的信息，但这样的内容往往会让用户感觉企业是在"自卖自夸"，不但不能吸引关注，还会让用户产生抵触情绪。

要做好官方微博的内容，企业应先对自己适合发布的内容作一个规划，在此基础上发布贴近自身形象的内容。以下几点原则可供参考：相关性、互动性、趣味性和专业性。

在发布与自身相关的内容时，不仅要符合自己的定位，还要做到有趣，能吸引人，让粉丝自发地与你互动。另外，也要懂得关注时事，懂得借势，借热点事件来扩大自己的品牌影响。

④企业微博的互动。企业应当认识到，随着微博、微信的普及，广大消费者的话语权越来越重，加上社会化媒体的实时性和交互性的特点，用户正在由被动接受转向主动选择，从单向接收企业信息转向与企业双向交流信息。因此每个人都可以成为企业、品牌、产品的代言人，但同时也会将企业存在的问题放大。用户希望与企业进行平等对话，渴望与品牌进行互动交流；并希望企业能倾听他们的需求，快速做出符合他们期望的反应。因为用户的参与，企业需要更多地聆听和采取用户的建议。在这样的环境下，企业更需要做好售前与售后服务，认真聆听消费者的声音，为顾客着想，积极努力去改善产品和服务，这样才能收获一批忠实的品牌粉丝。

互动不是单向营销和公关，不是强迫用户去接受你，而是让用户发自内心地喜欢你，因为喜欢才会有参与和互动。无论是让消费者参与到产品研发中，还是参与到品牌建设中，都是一种互动过程。这种互动意味着你要和用户打成一片，必须融入他们之中。小米的官微就通过与粉丝的亲切互动收获了一批"死忠粉丝"，从而创造出产品一经发布，就被抢购一空的盛况。

（4）微信营销。随着微信的推广和普及，微信已经由一个即时通讯工具逐渐转化为一个公众平台，可供企业进行信息发布和传播。微信的特别之处就在于它重新定义了品牌与用户之间的沟通方式，提高了企业与用户之间的交流质量，拉近了企业与用户的距离——微信公众订阅号的消息推送服务，让企业每天都可以向用户推送一条消息。这样的强制推送模式，虽然让信息推广十分有效，但也会在一定程度上引起用户反感，因此如何维系与用户之间的关系是微信营销的关键。对此，《南方人物周刊》曾经给出一个建议："提供价值，而非吸引眼球，这是微信的态度，也是它能否成功的关键。"

①微信推广模式。

第一，二维码。在微信中，用户可以通过扫描识别二维码身份来添加朋友、关注企业账号。企业可以设定自己品牌的二维码，利用实体店面推广、开展线上线下活动等方式来吸引用户关注。

第二，漂流瓶。"漂流瓶"本身可以发送不同的文字内容甚至语音小游戏等，让用户可以通过打捞扔出的漂流瓶来了解企业开展的活动，传播范围更广，但不具有精准性。

第三，地理位置推送。微信中"查看附近的人"这一设置，让企业可以根据自己的地理位置查找到周围的微信用户。然后根据地理位置将相应的促销信息推送给附近用户，进行精准投放。

第四，软文推广。软文是由企业的市场策划人员或广告公司的文案人员来负责撰写的"文字广告"。通过将软文投放到相应的网站和平台，吸引用户转发、分享，来达到市场推广的作用，从而增加企业微信公众号的订阅量。

第五，微博宣传。在微博中加入微信元素（如在企业简介，微博内容中宣传企业微信公众号），或以推广企业微信为目的发起活动。

第六，微信开放平台。利用微信开放平台，开发者可通过微信开放接口接入第三方应用，也可以让用户把第三方应用中的内容在微信中分享。由于微信独具的私密性，用户彼此间关系更加亲密，所以一旦第三方应用的内容被某个用户分享给其他好友后，就意味着完成了一个有效到达的口碑营销。

②企业公众号管理。

第一，品牌个性。与企业官方微博相类似，企业微信公众号也应当注入品牌的烙印，打造拟人化形象，以拉近与粉丝的距离，增加亲切感，展示品牌特色。

第二，需求导向。新创企业前期人力较少，不足以做到对用户问答进行一对一的回复，就可以利用对用户数据的分析、需求的把握，来估计用户对不同内容的喜好程度，这对于推送内容的选择大有裨益。另外，并不是所有资讯都适合强制推送，要让用户能自主选择所要接受的信息，就可以设置"特定字词"让用户自行获取消息。

微信用户的敏感度远远大于微博，用户可能因偶尔的反感信息果断取消对企业微信公众号的关注，因此企业在推送内容的选择上一方面要符合所塑造的拟人化形象，另一方面还要多考虑用户需求。

第三，重视互动。微信不只是文字推送，还有图片声音，甚至是录像，极大丰富了企业与用户之间的信息传播形式。但单方面的信息传播并不能有效增强用户黏性，因此，企业要重视与用户之间的互动——开展抽奖类、游戏类、分享类活动，让用户得到折扣或实惠等。

第四，变化意识。由于微信平台尚不成熟，用户需求变化快，不可控因素较多，因此公众号推送的内容、形式都要保持多变，用新颖的推荐来让用户保持新鲜感。

9.3.3 客户管理

在没有互联网的时代，信息传播范围较小，也比较缓慢，因此如果一个用户对产品或服务不满意，苦于投诉无门，也只能自认倒霉，以后再也不购买，至多提醒朋友、同事也不要去购买。由于这种意见与行为只能在小范围内传播，对厂家几乎没有影响，因此很多厂家便利用这种信息的不对称性大肆获利。

而在互联网时代下，这样的模式无法再继续。互联网时代下企业的营销发生了巨大的变化，消费者不再是被动的信息接受者，通过互联网信息高速传播，商家也不能再忽视消费者的投诉和意见。互联网的特点是开放、透明、共享，很大程度上消除了信息不对称，使得消费者掌握了更多的产品、价格、品牌方面的信息。

消费者在选择产品或服务前通常会先查看别人的评价情况，借此来帮助自己做出决策，特别是在互联网信息公开后，消费者可以通过很多渠道和方式了解到其他曾用这个产品的人的情况，以及他们对产品或服务各方面的评价。一个负面消息往往会在网络上迅速地传播开来，从而使商家信誉受损，客户流失，严重影响企业经营，甚至导致企业破产。互联网共享的特性让消费者乐于做出评价，一方面为其他人决策提供参考，另一方面也能督促商家

第9章　企业市场营销策略

提高产品品质、提升服务质量。在互联网时代下，消费者逐渐掌握了市场中的主动权，因而营销不再是简简单单地推广产品或服务，而是要真正"以消费者为中心"，想消费者之所想，急消费者之所需。

1. 用户体验至上

用户体验是一种纯主观的感受，是在用户接触产品或服务的整个过程中形成的综合体验。要让用户对企业的产品或服务保持持续的关注，甚至成为追随、拥护企业的粉丝，对用户体验的重视是必不可少的。好的用户体验是对细节的关注，从用户的角度出发考虑用户真正的需求是什么，以及除了满足用户明确的需求外，还能为用户提供什么，同时所改善细节一定要达到甚至超过用户预期。

要做到真正超越用户期待的服务，就需要认清商家与用户互动的本质其实是人与人之间情感交换的过程，要营造商家与顾客之间彼此尊重、彼此需要、互相平等的氛围，并深入了解用户的内心世界，满足用户内心的隐性需求，给用户不断带来惊喜。

2. 精准营销定位

在实际生活中，每个消费者都是活生生的个人，每个人都是独特的、有个性的。在大数据时代，通过对用户数据路径的全程记录与分析，每个人都有自己独特的一份互联网数据资料，因而每个人都是可被定位、被区分的。

通过整理消费者在网页上留下的一系列痕迹——浏览的商品种类、浏览某些网页停留的时间，以及最终的购买选择等信息，商家可以分析出每位消费者的不同喜好与需求，从而对其消费行为进行消费预测。就如现在的淘宝、当当等购物网站，在你浏览了某一商品后，网页内还会有相关或类似商品的即时推荐。

企业要充分理解用户大数据的价值，利用大量的用户数据来改进自身的产品和服务，增强用户黏性，并为企业的经营决策提供依据，为企业创造更多的商业价值。

案例 1

小米的饥饿营销

2014年2月,外媒曝光了MIT《技术评论》公布的"全球最聪明的50家公司"榜单。令人大跌眼镜的是,苹果公司竟意外落选,连第50名都没有挤进。而来自国内的小米公司,却荣幸的位列第30位。该评选中的"聪明",指的是"拥有很高的智慧",也就是说在创新、公司发展、策略等方面高人一筹。小米公司榜上有名,且排在第30的位置,可喜可贺,也证明了小米公司被世界舞台的认可。

众所周知,小米公司成立时间仅三年(2010年4月),2011年开始销售手机,如今是中国成长最快的企业,而且根据美国科技博客网站Quartz报道称,目前小米市值达到了90亿美元,约合人民币551亿元,已经超越了黑莓公司的75亿美元。而雷军本人更是看好小米未来,力争在明后两年突破1000亿元。在中国互联网领域仅次于腾讯、百度和阿里巴巴。

小米公司成为《财富》(中文版)评选出的2013年"最受赞赏的中国公司"之一,并成为本榜单有史以来最年轻的上榜公司。而他的当家人雷军,也将"2013中国年度经济人物"的奖杯收入囊中。小米手机2012年净利润超过12亿元人民币,利润率超过中兴、华为、联想等其他国产品牌手机厂商。在新浪微博首次开卖,仅仅用5分14秒的时间,5万台小米2手机被售罄;2014年1月7日星期二,中午12点整,又是一个小米手机开放购买的日子。3分57秒内,20万部红米手机售罄;5万台小米3在4分59秒内销售一空。

高调发布

小米手机的创始人——雷军凭借其自身的号召力,自称自己是乔布斯的超级粉丝,一场酷似苹果的小米手机发布会于2011年8月16日在中国北京召开。如此高调发布国产手机的企业,小米是第一个!不可否认,小米手机这招高调宣传发布会取得了众媒体与手机发烧友的关注。小米手机定位为发烧友手机，配置相当高端，手感界面以及操作设计特别人性化，小米不光设计亲民，价格也相当亲民，所以当发布会上雷军宣布小米1999元的价格的时候，惹得现场的米粉尖叫不断。发布会结束后，各大媒体争相报道，米粉们口口相传，各大手机厂商惊呼"狼来了"。

工程机销售

小米手机的正式版尚未发布，却先预售了工程纪念版。而且小米工程机采用秒杀的形式出售，2011年8月29～8月31日三天，每天200台，限量600台，比正式版手机优惠300元。此消息一出，在网上搜索如何购买小米手机的新闻瞬间传遍网络。但是，并不是每个人都有资格秒杀工程机，需8月16日之前在小米论坛达到100积分以上的才有资格参与秒杀活动，这项规则把那些想看热闹的"门外汉"挤在了外面，只销售给之前就已经关注小米手机的发烧友们，客户精准率非常高，让人有种想买买不到的心情，而大多数人都是不怕买得贵，就怕买不到。小米手机这一规则的限制，让更多的人对小米手机充满了好奇，这就是网络营销中著名的饥饿营销。

网络预订，排队买米

从9月5日下午一点预订开始，小米手机官方网站论坛一度瘫痪，经历了严峻的考验，并且预订数字不断飙升，最终在预订到30万部时，小米官方停止了手机预订。小米发布数量能否满足米粉们的需要，小米官方一直没有明确发表声明，引来米粉的猜测和持续关注。

正式销售

直到10月11日，小米官方才公布了销售计划：10月15～19日：小米手机工程机无条件更换正式零售机；10月20日：面向参与预订的30万用户发货，10月20日之后的第一周每天1000台，第二周每天2000台，第三周每天3000台……30万台预订用户发货完毕后，才面向所有用户进行发售。无论是每周递增的发售形式，还是等到预订用户发货完毕才开始发售，都是一种饥饿营销吸引眼球的继续。

所谓饥饿营销，就是针对消费者急于抢先购买的心理，商家有意调低供应量，以期达到调控供求关系，制造供不应求的"假象"，维持商品较高售价和利润率，或者只是为吸引眼球，增加人气。小米手机的销售一开始就采取优先制，即论坛的用户能够优先购买；其次采用报名制，在小米手机的网站进行排号，到多少号才有购买权；此外，还有一个特别通道叫 F 码，实际上就是给特殊用户的邀请码，相当于优先购买权。在手机供不应求之时，小米网站宣布停止预售，关闭购买渠道，让消费者无处购买。此举让小米手机看起来非常紧俏，同时也吊足了广大米粉的胃口。

经 验 总 结

要成为市场长盛不衰的经典产品，品质永远是核心，营销策略是为一个品牌的腾飞插上翅膀，主辅关系不能反过来，否则所有繁荣最终只能是昙花一现。

案例 2

"触摸"价格和渠道

"触摸"创业背景

邵正兴大学里学的是环境设计专业，毕业之后到了一家知名的装饰设计公司成为一名室内装饰设计师。一次偶然的机会，他和朋友一起参加了一个智能化家居展览会，从展览会回来之后，邵正兴开始关注高科技产品。也正值此时触摸产品大行其道，微软的"多人多点触摸"技术让他大开眼界，而各类触摸手机越来越集中地应用。触摸技术更让他觉得触摸已经开始改变人们的生活习惯，成为一种必然的趋势。此时，他结识了一个同样对触摸技术感兴趣的朋友杨先生，两个迷上触摸的年轻人在一次次的交流中碰撞出很多的火花，最终他们下定决心开始以产品研发为主的创业之路，由邵正兴出资邀请杨先生出任技术总监。

邵正兴首先通过软件功能来为客户提供硬件载体，以软件销售带动硬件销售，目标市场定位在"行业解决方案"上。如针对汽车行业，他们以触摸屏作为迎接载体，配套销售，给客户提供一款电子设备。如婚纱影楼行业，他们把开发的客户所需要的选片系统，以触摸产品作为载体，给客户提供电子选片机设备。再比如他们开发的电子签名系统，以光学触摸屏为载体，可以进行现场签名、抽奖互动等活动，这一产品在会议营销、婚礼庆典等活动中获得了高度认可，使用率突破10万人次。

"触摸"价格策略

产品有了定位，在价格上同样需要策略。最开始代理光学触摸屏的时候，邵正兴基本上都是直接在成本上增加30%作为产品定价。统一的标准化定价虽然很规范，但弊端也逐渐显现出来。

一种是与心理价位出入大，无疾而终。因为很多客户对于产品的技术等级分类都不是很清楚，往往把它们和液晶电视或者查询一体机相比较，所以光学触摸屏设备2万~3万元的起步定价和他们的心理价位有很大的出入，基本上都是销售人员一提到价格，客户基本上就无心再听你去讲解产品的性能了。

另一种是中间人需要差价空间，统一价格无法操作。对于一些市政机关或者大型企业的采购部门来说，中间人往往需要一定的差价空间赚取利润，而统一的市场定价让邵正兴很难操作。

这两个问题普遍存在于市场中，一度让市场人员非常头疼。不统一报价怕市场混乱，销售人员各自为政，而如果继续这样，会造成客户流失严重，市场停滞不前。

针对这一难题，邵正兴果断采用了客户细分的价格策略，统一价格不统一报，即在首次接触客户的时候严格限制报具体价格，必须通过面谈确认身份后再进行价格策略。对于一些市政机关的中间人，直接给其底价，根据他的需要进行报价。而对于与其心理价格出入大的客户群，首先让他们了解产品，将最低档的价格模糊报价，然后通过面谈提供相应的软件展示，吸引客户的关注力，并将产品的性能全方位介绍给客户，让他认识到产品差异后，再进行报价。通过这两个策略，价格问题获得了解决，再没有市场人员会因为报价问题流失客户了。

在拓展市场的过程中，邵正兴越来越认识到产品定位和价格策略的重要

互联网背景下的创业基础与实践

性，因此他也更多地将产品进行定位细分，分为个性化定制软件（如针对不同企业需求的展示类软件）和针对触摸功能进行的功能性软件（如选片系统、点菜系统、电子签名系统、汽车销售系统等），而硬件设备作为这些功能演绎的载体进行配套销售，真正做到产品价值的充分挖掘，客户体验的充分享受。

"触摸"销售渠道

产品和价格定位好了，接下来就是如何销售好，做好销售的关键是找到客户，让这些客户知道自己的产品，以及让这些客户愿意花钱购买。

创业初期，邵正兴把自己的产品定位于高端科技产品，价格定位也很高，所以目标客户主要定位在一些政府机构，或者大型地产公司等企业。为此，公司在销售中采取了渠道营销和媒体营销两种方式。渠道营销就是通过社会关系进行销售。为了能够更多地接触到这些高端目标客户群，邵正兴特别参加了清华总裁培训班、狮子会等社会活动，希望能够通过这些高端的社会活动积累人脉，打开市场局面。但事实上效果并不理想，很多人都看了产品，但真正到购买的时候都犹豫了。渠道营销并未取得明显效果。在媒体营销过程中，网络推广占据了相当大的比例。公司在各大行业网站上进行了产品推广，通过一段时期的推广，受到了一些客户的关注，但他们集中在全国各地，只在网络或电话中沟通，很难让客户看到产品性能，最后也多半都流失了。

高层次的客户不屑于与他们这种小公司合作，低端的客户可能没有足够的实力来购买他们的产品。到底应该怎样去找到目标客户，怎样和客户沟通成为又一个难题。

邵正兴带领自己的销售团队进行了深入的研讨，他们的最终决策是寻找一个中介点（第三方），通过第三方来肯定和宣传他们的产品，而这个第三方必须是能够游刃于各阶层、各行业中的。为此他们针对电子签到系统的适用人群的情况，将该产品以租赁的形式提供给各类公关礼仪公司，而公关礼仪公司就是所谓的中介点。由于公关礼仪公司的业务范围涵盖了各类产品企业的会议活动、庆典活动，因此可以把它们当做一个中介点，通过他们来宣传公司的产品，从而搭建与目标客户的沟通桥梁。

第9章 企业市场营销策略

制定了这一渠道沟通策略后，他们将电子签名产品推荐给各大公关礼仪公司，并以最优惠的租赁价格与之合作。由于租赁价格低廉，因此客户很容易接受这种合作，在合作过程中，他们先后接触到了汽车新车发布会、楼盘启动仪式等活动，并通过这些活动，成功地将产品引荐给企业，并获得了认可。

邵正兴还为知名企业提供赞助，进而参与到行业活动中，如房展、汽车展等活动，通过企业在这类活动中的产品使用展示，让客户了解产品，进而获得与客户沟通的机会。另外，通过与YBC合作，组织中小企业营销活动，将企业集中在一起召开触摸产品发布会，站在巨人的肩膀上，找到更高的视角，获得更多的市场资源。

经 验 总 结

1. 营销对于任何一个企业来说都是至关重要的环节。创业之初的某些想法受到市场和现实的不断冲击，内部矛盾也开始出现，然后伴随矛盾将产生更多的市场挑战和机遇，从而指引创业者开辟出一条崭新的道路。

2. 在渠道建设方面，创业者需要根据不同的顾客建设不同的渠道通路，进行个性化服务，并以"软"带"硬"，实现产品的渗透销售。产品定价与销售渠道是创业者应该重点研究的领域。

第 10 章

注册登记、法律问题与风险管理

10.1 企业的注册登记

10.1.1 工商注册类型

进行工商注册之前,创业者首先应明确新建公司的性质,不同的企业类型对注册资本有着不同的最低限额。在目前的经济环境中,与创业者距离较近的企业形式有:个体工商户、私营独资企业、私营合伙企业、非公司企业法人、有限责任公司以及股份有限责任公司,其注册资本的最低限额及注册的基本要求如下:

1. 个体工商户

对注册资金实行申报制,没有最低限额的要求。基本要求:(1)有经营能力的城镇待业人员、农村村民以及国家政策允许的其他人员,可以申请从事个体工商业经营;(2)申请人必须具备与经营项目相应的资金、场地、经营能力及业务技术。

2. 私营独资企业

对注册资金实行申报制，没有最低限额的要求。基本要求：（1）投资人为一个自然人；（2）有合法的企业名称；（3）有投资人的申报出资；（4）有固定的生产经营场所和必要的生产经营条件；（5）有必要的从业人员。

3. 私营合伙企业

对注册资金实行申报制，没有最低限额的要求。基本要求：（1）合伙人要求在2人以上、50人以下，并且对合伙企业债务承担无限连带责任；（2）有书面合伙协议；（3）有各合伙人实际缴付的出资；（4）有合伙企业的名称；（5）有经营场所和从事合伙经营的必要条件；（6）合伙人应当为具有完全民事行为能力的人；（7）法律、行政法规禁止从事营利性活动的人，不得成为合伙企业的合伙人。

4. 非公司企业法人

最低注册资金为3万元人民币。基本要求：（1）有符合规定的名称和章程；（2）有国家授予的企业经营管理的财产或者企业所有的财产，并能够以其财产承担民事责任；（3）有与生产规模相适应的经营管理机构、财务核算机构、劳动组织以及法律或者章程规定必须建立的其他机构；（4）有必要的与经营范围相适应的经营场所和设施；（5）有与生产经营规模和业务相适应的从业人员，其中专职人员不得少于8人；（6）有健全的财会制度，能够实行独立核算，自负盈亏，独立编制资产负债表；（7）有符合规定数额并与经营范围相适应的注册资金，企业法人的注册资金不得少于3万元，国家对企业注册资金数额有专项规定的按专项规定执行；（8）有符合国家法律、法规和政策规定的经营范围。

5. 有限责任公司

最低注册资本10万元人民币。基本要求：（1）股东符合法定人数，即由 2 个以上，50 个以下股东共同出资设立；（2）股东出资达到法定资本最低限额：以生产经营为主的公司需 150 万元人民币以上；以商品批发为主的公司需 50 万元人民币以上；以商品零售为主的公司需 30 万元人民币以上；科技开发、咨询、服务公司需 10 万元人民币以上；（3）股东共同制定公司章程；（4）有公司名称，建立符合有限责任公司要求的组织机构；（5）有固定的生产经营场所和必要的生产经营条件。

6. 股份有限公司

最低注册资本为 500 万元。基本要求：（1）设立股份有限公司，应当有 5 人以上为发起人，其中需有过半数的发起人在中国境内有住所。国有企业改建为股份有限公司的，发起人可以少于 5 人，但应当采取募集设立方式。（2）股份有限公司发起人，必须按照法律规定认购其应认购的股份，并承担公司筹办事务。（3）股份有限公司的设立，必须经过国务院授权的部门或者省级人民政府批准。（4）股份有限公司的注册资本为在公司登记的实收股份总额。（5）股份有限公司注册资本最低限额需高于上述所定限额的，由法律、行政法规另行规定。

10.1.2 办理公司营业执照

办理公司营业执照要根据公司住所地到相应的工商局/所进行办理。一般有以下几个步骤：

创业者想好了公司名称之后，需要先到工商局进行名称的查询和核准，以确认该名称是否已被其他公司注册，是否违反工商局所规定的名称冠名要求，通过名称预先核准之后，就可以在工商局先保留该名称的使用权，有条不紊地进行接下来的注册工作。

名称预核准需要准备的资料有：《企业名称预先核准申请书》《指定代表或共同委托代理人的证明》指定代表或共同委托代理人的身份证复印件、股东的主体资格证明或自然人身份证明复印件等。其中，前两个表格都可以在工商局网站上下载或柜台领取。此外，还要预先确定法人及合伙人的出资比例，拟定 1~5 个公司名称及公司经营范围的主要项目。如果顺利，一般 1 个工作日之后就可领取《名称核准通知书》。

营业执照的批准时间视各地情况不同而不等，一般 7 个工作日之内可以领取，并需要缴纳一定数额的注册费用和公告费用。领取的营业执照包括正本、副本和电子执照、企业信息 IC 卡和法人证，凭营业执照就可以刻新公司的公章、财务专用章和法人章。

10.1.3 办理组织机构代码证

组织机构代码证需要到公司所在区的技术监督局办理。所需材料包括：法定代表人身份证及复印件、营业执照副本、公章和经办人身份证。一般代码证在 2 个工作日内完成，IC 卡会在 10 个工作日内以挂号信形式寄出。

10.1.4 税务登记和开立银行账户

近年来，有省市已经实行了税收一本证，如杭州市办理税务登记时就不用国税、地税两头跑了，一般带齐相关资料，就可以当场办理完税务登记，领取税务登记证。

领取税务登记证之后，还需要去验资的银行开基本账户，用于日常公司间的基本资金往来。开银行基本账户时，需要带上公司营业执照正本、组织机构代码证正本、税务登记证正本、法人身份证原件及复印件和三颗章（公章、财务章、法人章）。一般银行会在一周之后退还所有原件，同时发放人民银行审批的《开户许可证》，今后可以凭此证更换公司的基本户银行。

因各地规定不同，需要到税务局去了解基本户是否可作为纳税户。如果不可以，还需要开设专用户作为今后的纳税户，专用户的开设所需材料与基本户开设相同。这些都完成之后，就可以去税务局申请开通网上报税和扣款协议。通过网上报税，直接从公司的账户里扣除，而不需要亲自每月去税务局办理缴税。

10.1.5　商标的保护

对于存在自有产品或服务的企业来说，申请一个形象、易记的商标并采取必要的手段保护，是维护企业长期发展的有效手段，可以帮助企业避免日后不必要的纠纷和矛盾。

10.1.6　其他

新开设的公司在开设 30 日内还需要办理统计登记证。在当地统计局网站下载《统计单位登记申请表》并填写完毕后，携带法人证和组织机构代码证原件，至统计局申请统计登记证。此外，对于外商投资企业还应办理财务登记证。

如为零售行业，还需向国税局申请购买普通发票。首先应领取普通发票领购证，填写《发票领购簿申请审批表》一式三份并盖章，携带发票专用章或财务专用章、经办人有效身份证明、税务登记证副本，就可当场领到普通发票领购证。填写《国家税务局发票购领申请表》一式两份，携带购票人有效身份证明、税务登记证副本，就可以购买普通发票了。

除了硬件上的准备外，还需要进行公司软件上的准备，制定合理的财务制度。全面、规范、合理的财务制度能够加强财务管理和经济核算。尤其对于首次创业者来说，一个有效的财务系统可以很好地预防财务出错，及时准确地提醒创业者公司的财务状况。财务制度和员工的切身利益息息相关，预先设立的合理的财务制度，也能减少不必要的劳资纠纷。财务制度可参考其他公司的现成版本，根据自身的特点进行修改。设立登记一般流程如图 10-1 所示。

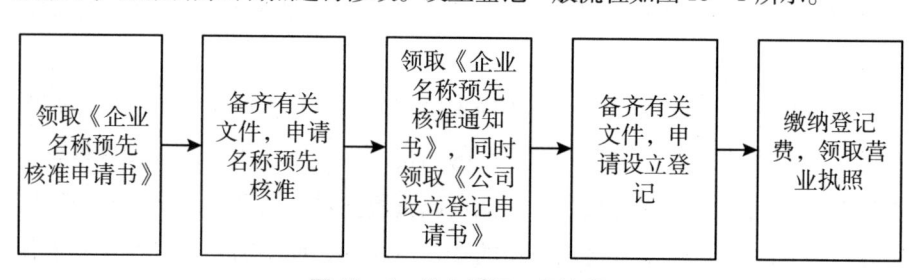

领取《企业名称预先核准申请书》 → 备齐有关文件，申请名称预先核准 → 领取《企业名称预先核准通知书》，同时领取《公司设立登记申请书》 → 备齐有关文件，申请设立登记 → 缴纳登记费，领取营业执照

图 10-1　设立登记一般流程

第 10 章 注册登记、法律问题与风险管理

10.2 创业常涉及的法律问题

10.2.1 企业形式的选择

在创业开始前，首先需要了解我国的基本法律环境。我国是成文法国家，执法和司法均以法律、法规、规章以及规范性文件为依据。目前，我国正处于社会主义市场经济的初级阶段，政府对经济的管制还比较多，许多经营项目需审批，行政监察较多，税外费用也时有发生。随着政府经济管理水平和企业自律能力的提高，上述问题必将逐步得到解决。

设立企业从事经营活动，必须到工商行政管理部门办理登记手续，领取营业执照。如果从事特定行业的经营活动，还须事先取得相关主管部门的批准文件。我国企业立法是按企业组织形式分别立法，根据《民法通则》《公司法》《合伙企业法》《个人独资企业法》等法律的规定，企业的组织形式可以是股份有限公司、有限责任公司、合伙企业、个人独资企业。其中以有限责任公司最为常见。不同组织形式的企业的创建都依据相应法律的规定。

设立企业还需要了解《企业登记管理条例》《公司登记管理条例》等工商管理法规、规章。设立特定行业的企业还有必要了解有关开发区、高新科技园区、软件园区（基地）等方面的法规、规章和有关的地方规定，这样有助于选择创业地点，以享受税收等优惠政策。

我国实行法定注册资本制，如果不是以货币资金出资，而是以实物、知识产权等无形资产或股权、债券等出资，还需要了解有关出资、资产评估等法律规定。

企业设立后，需要进行税务登记，需要会计人员处理财务，这其中涉及税法和财务制度。企业需要了解要缴纳哪些税，如营业税、增值税、所得税等，还需要了解哪些支出可以计入成本，开办费、固定资产怎么摊销等；企业需要聘用员工，涉及《劳动法》和社会保险问题。需要了解劳动合同、使用期、商业秘密、工伤、养老金、住房公积金、医疗保险、失业保险等诸

多规定；企业还需要处理知识产权问题，既不能侵犯别人的知识产权，又要建立起自己的知识产权保护体系，需要了解著作权、商标、域名、商号、专利、技术秘密等各自的保护方法。在业务中还要了解《合同法》《担保法》《票据法》等基本民商事法律以及行业管理的法律法规。

根据我国相关法律的规定，创业者可以选择有限责任公司、股份有限公司、合伙和个人独资等企业形式。股份有限公司由于注册资本要求较高，且须经省级政府的批准，不为一般的创业者所采用。合伙和独资企业因创业者须承担无限责任，选择这两种企业形式的也相对较少。有限责任公司是绝大多数创业者乐于采用的组织形式。下面以表格的形式对有限责任公司、合伙企业和个人独资企业三种企业形式在创建运作时所涉及的法律问题作一比较（见表 10-1）。

表 10-1　有限责任公司、合伙企业和个人独资企业的设立及事务管理的法律规定的比较

项目	有限责任公司	合伙企业	个人独资企业
法律依据	《公司法》（自 1994 年 7 月 1 日起施行）	《合伙企业法》（自 1997 年 8 月 1 日起施行）	《个人独资企业法》（自 2000 年 1 月 1 日起施行）
法律基础	公司章程	合伙协议	无章程或协议
法律地位	企业法人	非法人营利性组织	非法人经营主体
责任形式	有限责任	无限连带责任	无限责任
投资者	无特别要求，法人、自然人皆可	完全民事行为能力的自然人，法律、行政法规禁止从事营利性活动的人除外	完全民事行为能力的自然人，法律、行政法规禁止从事营利性活动的人除外
注册资本	最低限额： 以生产经营为主公司人民币 50 万元； 以商品批发为主的公司人民币 50 万元； 以商品零售为主的公司人民币 30 万元； 科技开发、咨询、服务公司人民币 10 万元	协议约定	投资者申报

续表

项目	有限责任公司	合伙企业	个人独资企业
出资	法定：货币、实物、工业产权、非专利技术、土地使用权	约定：货币、实物、土地使用权、知识产权或者其他财产权利、劳务	投资者申报
出资评估	必须委托评估机构	可协商确定或评估	投资者决定
成立日期	营业执照签发日期	营业执照签发日期	营业执照签发日期
章程或协议生效条件	公司成立	合伙人签章	（无）
财产权性质	法人财产权	合伙人共有	投资者个人所有
财产管理使用	公司机关	全体合伙人	投资者
出资转让	股东过半数同意	一致同意	可继承
经营主体	股东不一定参加经营	合伙人共同经营	投资者及其委托人
事务决定权	股东会	全体合伙人或从约定	投资者个人
事务执行	公司机关、一般股东无权代表	合伙人权力同等	投资者或其委托人
利亏分担	投资比例	按约定，未约定则均分	投资者个人
解散程序	注销并公告	注销	注销
解散后义务	无	5年内承担责任	5年内承担责任

10.2.2 创业常涉及的基本民商事法律问题

1. 票据

票据是由出票人依《票据法》签发、自己承诺或委托他人在见票时或在确定的日期，向收款人或者持票人无条件支付一定款项的书面凭证。

世界各国立法关于票据种类规定不一，在立法体例上也存在差异。我国

《票据法》规定的票据与大多数的国家立法一致，包括汇票、本票和支票。

（1）汇票。汇票是出票人签发的，委托付款人在见票时或者在指定日期或者在将来可以确定的日期向收款人或持票人无条件支付确定金额的票据。

汇票关系中的三个基本当事人是：出票人、付款人和收款人。

在汇票的种类中，根据汇票人的不同，汇票可以分为商业汇票和银行汇票。在商业汇票中，若汇票的付款人为银行并由其承兑，则该汇票称为银行承兑汇票；若汇票的付款人为银行以外的其他公司或者个人等并由其承兑，则称该汇票为商业承兑汇票。值得创业者注意的是，若依信誉度和可靠性而言，银行明显高于企业和个人。因此，在商业交易买卖中，接收款项时接受银行汇票或银行承兑汇票的财务风险要相对小一些。

此外，根据汇票上是否载明收款人，汇票分为记名汇票和不记名汇票。我国的《票据法》及日内瓦的《统一汇票本票法》的均规定，汇票应记载收款人名称，亦即不允许签发无记名汇票。

（2）本票。本票是出票人签发的，承诺自己在见票时或在指定日期或在将来可以确定的日期无条件向收款人或持票人支付确定金额的票据。我国的《票据法》规定，本票仅限于银行本票。由于本票的资金数额较大，而且对出票人的限制也比较多，所以对于创业初期的企业财务往来而言，一般很少涉及本票。

（3）支票。在票据中，使用最多的是支票。支票是由出票人签发的，委托银行或其他的金融机构在见票时无条件支付确定金额给收款人或持票人的票据。支票与汇票的不同之处在于支票的付款人只能是银行或其他金融机构，且支票只能是即期的。

支票关系也包括三个基本当事人是：出票人、付款人和收款人。

支票的种类如下：

①根据付款方式的不同，支票分为普通支票、现金支票和转账支票。普通支票是对付款无特别限制的支票，既可以用于支取现金，也可以用于转账；现金支票只能用于支取现金；转账支票只能用于转账，不能支取现金。

②根据是否记载收款人的姓名或名称，支票分为记名支票和不记名支

票。记名支票在收款人一栏中记载收款人的姓名和名称，取款时必须由注明的收款人签名或盖章；不记名支票的收款人可以是任何持票人，银行对持票人是否合法取得支票不负责任。我国的《票据法》允许使用不记名支票。

③在我国，支票仅限于见票即付。

④画线支票。出票人、背书人或持票人在支票正面画两道平行线，目的是防止支票被盗、丢失和被他人冒领。经画线的支票，收款人只能是银行，不能提取现金。

支票的出票人所签发的支票金额不得超过其付款时在付款人处实有的存款金额，否则视为空头支票。我国《票据法》规定禁止签发空头支票，签发空头支票骗取财物的，要依法追究其刑事责任。

(4)《票据法》。《票据法》是指规定票据的种类、形式、内容以及当事人的权利义务，调整因票据而发生的票据法律关系以及其他社会关系的法律规范。票据当事人是指享有票据权利、承担票据义务的票据法律关系主体。根据是否在出票行为中出现，票据当事人分为基本当事人与非基本当事人两种。基本当事人是票据一经签发就存在的当事人，如出票人、付款人、收款人。非基本当事人是票据签发后，通过其他票据行为而加入票据关系的当事人，如背书人、保证人等。所有的票据当事人都置身于债权债务关系中。票据的任何持票人都是债权人，可凭其所持有票据向票据债务人行使付款请求权，如付款请求得不到满足，还可向有关债务人行使偿还请求权。在票据上签名的任何人都是债务人，如在票据上为承兑行为的承兑人、在票据上有背书行为的背书人以及票据的出票人都是票据债务人。

以上只是对票据和《票据法》的简要介绍。创业者不仅要遵守国家《票据法》的规定，更重要的是要熟知各种票据的有关知识，掌握有关票据的出票、背书、承兑、保证、付款、追索等票据规则，避免在商业行为中上当受骗。

2. 合同

我国《合同法》的第2条规定："本法所称合同是平等主体的自然人、法人、其他组织之间设立、变更、终止民事权利义务关系的协定。"我国

《合同法》调整的对象主要是民事合同中的债权合同。

合同是当事人双方意思表示一致的结果。在合同的订立、成立和履行过程中都涉及了诚实信用的问题。因此在订立合同之前要做好准备工作，这对预防履行合同时发生争议、防止上当受骗是具有重要意义的，尤其是对于正处于创业期的企业来说，意义更是重大。

关于合同及相关法律问题，1999年3月通过的《中华人民共和国合同法》已经就民事合同中的各种债权合同做了详细的规范。在这里，主要是强调创业者订立合同时需注意的问题。我国的《合同法》在这方面没有规定，但就一般的实践经验来看，应当注意这样几个问题。

（1）合作伙伴的资信调查。主要是调查对方当事人的资信程度，即约定能力和履约能力。了解对方当事人的资信情况虽非合同行为，但其意义却在于事先判断合同关系的可能结果。只有对方当事人具备订约资格和履约能力，订立合同的目的才能实现。同时，这也是防止利用合同进行诈骗活动或者其他违法活动的必要措施。如果对方是"买空卖空"的"皮包公司"或商人，不能履行合同，或者虽为合法的公司或商人，但没有能力履行合同，就不能与他们进行交易，签订合同。

一般可以通过专业的企业商务资信调查机构、政府的行政管理机构、主管部门、商会等民间组织、各种社会团体、各类银行及其分行以及具体的合同洽谈中，通过审查对方出示的各种法律文件来对合作伙伴的资信情况进行审查。

资信调查的内容包括对方的基本情况，如：公司的名称、类别、经营范围；法定代表人的姓名、职务、国籍、法人资格和营业执照等；对方的政治背景与社会地位；对方的注册资金数额及其证明文件；现实的财务状况、经营历史、商业道德以及其他的法律文件。

（2）可行性研究报告。可行性研究报告的制作是正式签约前必不可少的步骤。可行性研究报告是在合同谈判中及正式签约前对合同项目的经济、技术等方面进行是否可行、是否合理、是否有利的研究分析，其目的是综合考证一个合同在经济上的合理性和有利性、技术上的先进性和可行性，也就是论证此合同是否行得通、能否成功、能否获利，为最后决策提供科学依据。

可行性研究的方法和步骤：①基本数据的收集、整理、分类与分析，以及必要的说明；②方案的比较与选择；③对未来情况的预测；④综合平衡。

可行性研究的任务：①市场研究，把握市场供求与竞争，对价格、销售及推销活动进行调研并提出对策。②技术研究，合同所包括的技术问题在市场上处于什么地位，技术是否先进、适用等。③财务研究，合同的财务处理办法及合同的获利能力和该合同所需资金来源、盈亏前景等。④综合研究，合同是否可行的结论。

（3）拟订合同文本。凡已有标准合同的，应以标准合同为基础拟定合同文本。无标准合同的，应力争由我方提出合同文本草案，并以我方合同文本草案为基础指定合同文书。这样我方可以达到先入为主的效果，使我方处于有利的地位，掌握主动权。

如果对方也请律师提出合同文本草案，或针对我方草案提出了反建议，甚至重新起草合同文书，那么我方应注意防止丢掉自己的合同文本的核心和精华，要立即组织力量对其进行研究。实践中，把对方合同文本草案中的条款分为四类：一是基本可以接受的条款；二是经过修改可以接受的条款；三是经过艰苦的讨价还价有可能接受的——实际上是搞平衡的条款；四是绝对不能接受的条款。

（4）办理使合同生效的必要手续。对那些需要经过国家相关主管部门批准才能生效的合同，应向相应的国家主管部门申请批准。

3. 担保

就法律意义上的担保来说，是指民商法关系中所发生的、以保障债权的实现为目的的行为。依据我国《担保法》第2条规定，可以依照该法设定担保的情形限于债权人需要以担保形式保障其债权实现的借贷、买卖、货物运输、加工承揽等经济活动。

我国《担保法》规定的担保方式有五种，即保证、抵押、质押、留置和定金。

担保的方式分为一般担保和连带责任担保。一般担保是指当事人在保证合同中约定，债务人不履行债务时，由保证人承担担保责任。连带责任担保是指当事人在保证合同中约定，保证人与债务人对债务承担连带责任。无论是哪一种担保方式，保证人都需要承担一定的风险，这种风险对处于创业期、各方面能力都还比较薄弱的企业和创业者来说，都是风险巨大且较无意义的。因此，在创业期间，企业和创业者应尽量避免为别人做担保，而是要更多考虑自己资金紧张、需要筹集资金时，如何做才能得到别人的担保帮助，同时还要注意对方企业的信用问题。

4. 社会保险

社会保险的概念。社会保险，即对劳动保险的社会保障。为了确保劳动者生存和劳动力再生产，国家和社会对丧失劳动能力或丧失劳动机会，而完全不能劳动、不能正常劳动或者暂时终止劳动的劳动者（即发生了劳动风险的劳动者），给予物质帮助，使其至少能维持基本生活需要的行为，即社会保险。目前在我国，社会保险仅限于职工社会保险。

《劳动法》规定的社会保险是指该法适用范围内的职工社会保险，目前的社会保险已经由过去的由企业办劳动保险改为资金统筹，进行社会化管理，并逐步扩大实施范围。社会保险制度包括养老、失业、医疗、工伤、生育等保险制度，以及疾病、伤残、遗属津贴制度。

①社会保险当事人。

第一，保险人，又称承保人，在我国称为社会保险经办机构，是指依法经办社会保险业务的主体。按照改革的目标模式，县级以上政府应设立社会保险经办机构，其中失业保险应以法定就业服务机构作为经办机构，再根据实际需要在社区和用人单位派出机构。

第二，投保人，又称要保人，是为了被保险人的利润向保险人投办社会保险的主体，一般为用人单位。其主要义务是：一为被保险人投办法定项目的社会保险。二向被保险人如实陈述保险合同条例。三接受保险人的监督检查。其主要权利是：一要求保险人提供相应保险服务。二监督保险人工作。三就保险争议请求法律救济。

第三，被保险人，也称受保人，是直接对保险标的享有保险收益的主体，一般指已由用人单位为其投办或已由本人投办社会保险的劳动者。

第四，受益人，是基于与被保险人具有一定人身关系而享有保险收益的主体。主要包括法定范围内的被保险人的亲属。

②社会保险的险种。我国目前的社会保险的险种有：养老保险、失业保险、医疗保险、工伤保险、生育保险和死亡保险。目前我国企业职工的三大保险指的是前三项。

③社会保险结构。《劳动法》在强制实行国家基本社会保险的同时，鼓励用人单位根据本单位实际情况为劳动者建立补充保险，并支持劳动者个人进行储蓄性保险。因此，社会保险的各个险种都可以由国家基本险、用人单位补充险和个人储蓄保险三部分组成。

④社会保险待遇计算依据。

第一，工资。依据三项工资标准确定：职工个人月工资；用人单位月平均工资；社会月平均工资。

第二，工龄。对计算社会保险待遇有法律意义的是连续工龄和缴费工龄。

第三，保险费。

第四，特殊贡献。

第五，社会经济政策。

除上面提到的法律之外，企业的劳动关系都归《劳动法》调整。创建的如果是加工制造型的企业，则企业的产品还要符合《产品质量法》所规定的标准；如果是提供商品或者服务的企业，要注意《消费者权益保护法》中的有关消费者依法享有的权利和解决消费者权益争议的相关规定。

以上简单地介绍了创业期间常遇到的一些法律法规，在企业实际运行中还会遇到大量其他的法律问题。当然，创业者需要对这些问题有一定基本的了解，专业问题还需由律师去处理。

10.3　创业的风险管理

事实上，几乎很少有新创企业能清醒地认识到他们创业风险的根本来源和真实原因，那些不成功的创业案例中，如果创业者能在创业前和创业中以比较客观的方式进行风险分析、管理和控制，那么许多创业的悲剧就不会一再发生，成功的概率也可以因此而大幅提升。

在市场机会和竞争环境都明确之后，接下来我们需要做的就是对风险进行评估。在现代商业理论中，对风险的评估和控制是一门非常高深和繁杂的学科，涉及包括数学在内的许多学科。对于创业者，要进行规范化的风险评估是有一定困难的，而且创业所涉及的领域往往是那些新兴的、处在高速发展阶段的市场，而这部分市场的不确定性会更高，要对其做出风险评估的难度也就更大。但是一个好的创业者不一定必须是风险评估的专家，比规范化评估流程更重要的，是创业者必须在头脑中具有充分的风险意识，也就是说，要能够分析并且认清每一个决策背后的潜在风险，并且选择以最合适的方式加以规避和控制。

10.3.1 创业风险的含义

创业风险是指创业投资行为给创业者带来某种经济损失的可能性，风险是一种概率，在未演化成威胁之前，并不对创业活动造成直接的负面影响，所以说，风险是一种未来的影响趋势。风险与收益一般成正比例关系，即风险越大，获利可能性越高。任何一家运营中的企业每天都会面临着一定的风险，新创企业自然也不例外。风险是可以被感知和认识的客观存在，无论从微观角度还是宏观角度，都可以进行判断和估计，从而对创业风险进行有效的管理。因此，新创企业在开办之初，就要查找并确认企业可能存在的各种风险，制订并执行各种有效的应付风险的对策，把风险损失控制在企业所能承受的最小范围内。

10.3.2 创业风险的来源

创业环境的不确定性，创业机会与初创企业管理的复杂性，创业者、创业团队与创业投资者的能力与实力的局限性，是创业风险的主要来源。研究表明，由于创业的过程往往是将某一构想或技术转化为具体的产品或服务，在这一过程中，存在着几个基本的、相互联系的缺口，它们是形成上述不确定性、复杂性和局限性的直接影响因素。也就是说，创业风险在既定的宏观条件下，往往就直接来源于这些缺口。

1. 融资缺口

融资缺口存在于学术支持和商业支持之间，是研究基金和投资基金之间存在的断层。其中，研究基金通常来自个人、政府机构或公司研究机构。创业者可以证明其创意的可行性，但往往没有足够的资金将其实现商品化，从而给创业者带来一定的风险。通常，只有极少数资金愿意鼓励创业者跨越创意到商业化这个缺口，如风险投资和政府资助计划等。

2. 研究缺口

研究缺口主要存在于仅凭个人兴趣所做的研究判断和基于市场潜力的商业判断之间。当一个创业者最初证明一个特定的科学突破或技术突破可能成为商业产品时，他可能仅仅停留在自己满意的论证过程中。然而，在将预想的产品真正转化为商业价值的过程中，需要大量复杂而且可能耗资巨大的工作（有时需要几年时间），使产品具备有效的性能、低廉的成本和高质量的品质，这些能否实现，都存在不确定的风险。

3. 信息和信任缺口

信息和信任缺口存在于技术专家和管理者（投资者）之间。也就是说，在创业中，存在两种不同类型的人：一类是技术专家；另一类是管理者（投资者）。这两种人对创业有不同的预期、信息来源和表达方式。技术专家知道哪些内容在科学上是有趣的，哪些内容在技术层上是可行的，哪些内容根本就无法实现，但科学上有趣或技术上可行并不等同于短期内就具备商业化的可能。如果失败，技术专家要承担的风险一般表现在学术上、声誉上受到影响，以及没有金钱上的回报。而管理者（投资者）通常比较了解使新产品进入市场的程序，精通将其商业化的流程，但当涉及具体技术时，他们又不得不相信技术专家。因此，可以说技术专家是在拿管理者（投资者）的钱冒险。如果技术专家与管理者（投资者）不能充分信任对方，或者不能够进行有效的沟通，那么这一缺口将会变得更深，给创业带来很大的风险。

4. 资源缺口

资源与创业者之间的关系就如颜料、画笔与艺术家之间的关系。没有了颜料和画笔，艺术家即使有了构思也无从实现，创业也是如此。没有所需的基本资源，创业者将一筹莫展，创业也就无从谈起。在大多数情况下，创业者很难也不可能拥有所需的全部资源，这就形成了资源缺口。如果创业者没有能力弥补相应的资源缺口，要么创业无法起步，要么在创业中会受制于人。

5. 管理缺口

管理缺口是指创业者并不一定是出色的企业家，不一定具备出色的管理才能。进行创业活动主要有两种：一是创业者利用某一新技术进行创业，他可能是技术方面的专业人才，但不一定具备专业的管理才能，从而形成管理缺口；二是创业者往往有某种"奇思妙想"，可能是新的商业点子，但在战略规划上不具备出色的商业化才能，或不擅长管理具备的事务，从而形成管理缺口。

10.3.3　创业风险的特征

1. 客观性

创业风险是客观存在的，是不以人的意志为转移的，无论创业者是否意识到，它都会客观地存在于一定的市场环境中。如产品都有其生命周期，在每个阶段都会客观存在着风险，如果产品的结构、质量、更新换代速度等方面与市场需求脱节，产品缺乏竞争力，就会被市场淘汰，企业也可能被迫停止运行。正因为如此，就要求创业者能采取正确的态度，承认和正视客观性风险，积极应对。

2. 不确定性

创业风险最主要的特征是不确定性。创业风险会随着环境的变化而产生或消失，如国家政策的变化，遭受意外事故（战争的爆发、台风的袭击），人为破坏等。虽有其发生的具体原因，但发生的时间是难以预计的，这种难以预知性便造成了风险的不确定性。不确定性有多种表现形式，包括不幸事件发生与否的不确定性、损失发生的不确定性、可量化的不确定性。

3. 潜在性

风险不仅具有随机性，同时它也包含于创业过程中的某些确定事物中。从创业的规律来看，风险往往具有潜在性，不是显现在表面的东西，但并不是说风险是不可认识的。认识到这点，对于预防风险就具有重要意义。如企业的信誉在很多情况下就超过了产品对消费者的影响力，企业如果在产品或服务等方面与消费者发生纠纷甚至造成消费者重大损失，就会使企业的整体形象严重受损，企业信誉度大大降低，导致企业陷入危机，人们所熟悉的"红牛饮料事件"、"三株口服液事件"都属于这类情况。

4. 损益双重性

风险和机会其实是一个事物的两个方面，在一定范围内，风险会随着创业环境的变化而产生，但也会随着时间的推移而减弱和消失，甚至演变为机会。风险对于创业不是仅有负面影响，如果正确认识并且充分利用风险，反而会使风险在很大程度上受到控制，并转化为新的创业机会。风险的双重性说明，对待风险不应该消极地预防，更不应该惧怕，而是要将风险当作一种机会，敢于承担风险，在与风险的斗争中利用风险、战胜风险。

5. 可测性

虽然风险具有不确定性和潜在性，但创业者可以根据以往的统计资料进行分析，对某种风险发生的概率及其造成的经济损失程度做出客观判断，从而对可能发生的风险进行预测和预防。例如，根据许多企业使用人才的经验分析，新招聘入职的人员面临三个流失高峰，即新入职人员在三周内、三个月内、三年期满的流失率最高，那么企业除了在这三个高峰期要针对流失人员的具体情况作出相应的措施外，还要根据企业经营状况做好适当的人员储备，以保证企业的正常运营不会因人员的变动而发生变化。风险的测量过程就是对风险的分析过程，它对风险的控制与防范、决策与管理具有举足轻重的作用。

6. 相关性

创业者面临的风险与其创业行为及决策是紧密相关的。同一风险事件对不同的创业者会产生不同的风险，同一创业者由于其决策或采取的策略不同，也会面临不同的风险结果。如20世纪80年代，全球范围的兼并、收购热潮，使众多的大公司、跨国公司实现了多元化经营。在随后几年里，这些扩张性公司中很多公司没有达到预期效果，有的甚至发现自己进入了一个完全陌生的行业，既没有做新行业的经验，又耗费资源和时间，最终以失败而告终。但也有公司成功了，企业规模得到了较大的扩张，多元化经营使得企业在市场竞争中更加游刃有余，有效地提升了企业的总效益。决策是创业者根据自身状态自主选择的结果，决策是否正确直接影响着创业者面临的风险及程度。

10.3.4 创业风险的管理

一般来说，新企业大多规模小。小企业承受的风险和压力也最高。小企业风险有外部因素造成的，也有自身存在的内部风险。据德国的一家研究所调查，中小企业的主要问题还是对企业内部风险不能及时发现，待到发现时，往往来不及采取应变措施。伦敦商学院的学者也得出了相似的结论：小企业成长的关键不是外部经济环境，而是企业自身的管理工作。

随着小企业的成长发展，一般会出现九种风险，即开业后前3年可能出现开业风险、现金风险、市场风险、技术风险和人员风险;第3~7年可能出现授权风险和领导风险;第7~第10年可能出现兴旺风险;开业10年后可能出现管理上的接班风险。

1. 开业风险

容易在开业阶段发生的风险称为开业风险。它有两个特征:一是所有风险中最先到来;二是它是许多企业最终倒闭的根源。巨人集团在创业之初,通过在计算机领域的卓越表现,一跃成为当时国内极具实力的计算机企业。可随后为了追逐热点和潮流,毅然向陌生的房地产和生物保健品领域进军,过于频繁的多元化经营把巨人集团送上了破产之路,这种风险实际上就是开业风险。

最易出现的开业风险有:经营者对市场上冒出的暂时机会匆忙作出反应,或者看到别人赚了钱,也盲目跟着上;小企业的经营者往往被要求是"多面手",而事实上多数经营者缺乏全面管理能力;没有建立必要的财务管理系统,企业的重大决策缺乏可靠依据;草率估计或低估企业的资金需求;设备和技术选择错误。

防范开业风险的对策有:在你最熟悉的行业办企业;制定符合实际的,而不是过分乐观的计划;反复审查项目建议,删除其中不切实际的幻想;在预测资金流动时,对收入要谨慎计算,对支出却要留有余地;一般要多预留计划资金10%的准备金以应付意外;没有足够资金不要勉强上项目,发现问题时要立即调整。

2. 现金风险

只有提供足够的现金,企业才能生存。没有足够的现金,必将影响到企业的营运能力和偿债能力,从而影响企业的信用等级和资金周转,甚至资不抵债,走向破产。巨人集团的失败不仅在于盲目的多元化经营,其资金流动性太差也是一个重要原因。

产生现金风险的主要原因有:过分注意利润和销售的增长,忽视现金管理;固定资产投资过多,使资金沉淀;不考虑条件和时机,盲目扩张。

防范现金风险的对策有：理解利润与现金以及现金与资产的区别，经常分析它们之间的差额；节约使用资金；向有经验的专家请教；经常评估现金状况，按季编制现金流量表；监控原材料、半成品、成品的库存和应收账款的余额等。

现金管理上应注意：接受订货任务要与现金能力相适应；不要将用于原材料、半成品、成品和清偿债务的短期资金移作固定资产投资；约束投资冲动，慎重对待扩张、多种经营及类似的投资决策，确有剩余现金时才进行这类投资；对现金需求的高峰期应预先做出安排；随时将事情向银行通报；安排精明而又务实的人管理现金。

3. 市场风险

大多数小企业经营上的失败都是由销售不足引起的，因此市场风险是创业初期企业必须慎重对待的问题。市场风险的主要表现是：只偏爱自己的产品和服务而无视市场的变化；市场调查不充分，缺乏有效的市场营销策略；没有充分分析同行业竞争对手的状况；创业者的成本较高；对工商、税务、防疫等外界主管机关不甚了解；没有建立起配套的售后服务体系。

防范市场风险的对策为：以市场及消费者的需求为生产的出发点；时刻关注市场变化，善于抓住机会；广泛收集市场情报，并加以分析比较，制定有效的市场营销策略；摸清竞争对手底细，发现其弱点，师夷长技以制夷；对各种成本精打细算，杜绝不必要的费用；健全符合自身产品特点的销售渠道；充分了解各主管机关职能及人员构成情况；以良好诚信的售后服务赢得顾客青睐。

4. 技术风险

创业初期的技术风险主要是指企业技术开发、取得、使用过程中不能实现预期目标而造成损失的可能性。它的产生和发展所表现的形态比较隐蔽，引起的损失也比较严重，关系到项目成败的全局，因而必须对其有足够的警惕。技术风险不仅来自技术上获得成功的可能性，而且来自是否能在市场中取得经济上的收益。在开发创新过程中，无论是物的因素、技术本身的因素，还是人的因素，都有造成风险损失的可能。

技术风险的防范对策主要是综合考虑企业自身技术能力、资金量和所需时间，选择技术获得途径；加强对技术的市场需求预测，重视技术方案的咨询论证，对方案实施的配套措施进行分析，对方案实施后的可能结果进行技术上的先进性、经济性和适用性评价，使引进的技术买得起、用得好、出效益；联合进行技术开发与研究时，应注意与资信程度好、技术实力强的单位进行合作；在技术开发过程中应加强技术管理，建立健全技术开发和管理的内部控制制度，对科技人员实行特殊的优惠政策，防止因技术人才外调引起技术流失，保证技术资料的机密性；建立有效的技术风险预警系统，使企业能够超前行动，防患于未然，并且也可适当考虑进行科技保险，以此将技术风险转移出去；加强对职工的技术培训，提高员工对高科技设备的操作熟练度，减少不必要的风险损失。

5. 人员风险

经营之神松下幸之助在创造商业奇迹的时候，总结自己的经营诀窍就是善于用人、育人。的确，拥有确保企业运营和发展的人力资源是创业者赖以成功的基石。人员风险的主要表现是：不加挑选地招募新员工；不能有效地通过面试挑选出合适人选；论资排辈，任人唯亲；忽视了新雇员工的初期安排工作，导致其不久便退出企业；只以业绩论英雄；尚未建立完善的上下级信息沟通制度；没有进行必要的员工培训；未能在员工中形成优秀的企业文化。

防范人员风险的对策是：建立完善的雇员选择标准，综合考虑技术能力和合作能力两个因素；面试所问的问题既要巧妙又要能表现实质，必要时向专家请教；记录并跟踪新雇员情况，熟悉各职员素质及发展，做到人尽其才；友好对待并鼓励新雇员，使其早日适应新环境，进入工作角色；通过广泛的调查研究，进行科学的工作评价；建立合理的信息沟通汇报制度，使创业者能充分掌握员工及企业动态；制订有效的培训计划，加大教育培训力度；加强员工内部凝聚力，发展健康而卓越的企业文化。

6. 授权风险

企业在发展到一定规模后,由创业者管理全部业务的局面难以为继,必须向他人授权。三株集团的发展曾经如日中天,可是其所崇尚的高度集权的管理体制造成了种种类似"国企病"的症状,与其"恐龙结构"更是不相协调,这使得三株这个庞然大物逐步走上了灭绝的边缘。授权风险的主要表现有:缺乏组织上的准备,不能有计划地在关键岗位上培养拟授权的对象;存在心理障碍,认为"只有我才能干好",对下级缺乏信任感。有效授权的标志是:授权的责任明确;权责利相结合;对被授权者既要放手使用,又要建立监督约束体制。防范授权风险的方法有:物色有才能的助手;从考查入手,逐步由他人分担责任;向能够弥补自己弱点的人授权;以较高工资、相应的地位权力或分享利润等方法,留住关键员工;与其他小企业合并。

7. 领导风险

当企业进入成长阶段时容易出现领导风险。领导风险的表现主要有:业主无法承受较大企业的管理责任;不授权别人分担责任,也不注意建立一个管理班子;不采用有效的管理方式,工作不论轻重,都要亲自动手。防范领导风险的措施有:谦虚学习,接受培训,掌握现代管理知识;提倡管理创新,不仅凭老经验管理企业;集中精力抓好经营战略、长远规划以及与政府的关系等主要工作;建立企业的管理班子,注意授权,为他们提高领导水平创造条件。

8. 兴旺风险

兴旺时期的企业最容易得意忘形。王安电脑公司曾在美国《幸福》杂志所排列的 500 家大企业中名列 146 位,可是它在鼎盛时期却无视电脑行业的飞速发展,因循守旧,最终盛极而衰。

兴旺风险的主要表现是:满足于眼前成就;不注意竞争形势、技术变革、原材料替代、新产品和消费者偏好等方面的变化;市场份额和利润下降；在成绩面前忘乎所以，盲目扩张。

防范兴旺风险的对策有：在取得一点成绩后，仍要兢兢业业，力戒骄傲；保持坚定的进取精神，防止消极保守倾向抬头；不过于自信，绝不投资前景不明的项目或过快的扩张；没有专业人员掌握，多种经营的成功率不会太高；在企业并购和联合时，必须分析利弊得失，经充分论证后再决策；抓好两方面的工作：一是通过考核质量和成本来改进现有生产活动，二是通过增加新的产品和服务来扩大业务范围，增强生存活力。

9. 接班风险

接班风险主要表现在：经营者久病不愈、意外死亡或失去工作能力；在风险降临时没有准备好由谁来接替管理责任；二把手在企业里没有占有必要的股权；没有授权，缺少规划。防范接班风险的对策有：消除顾虑，拟定接班规划；预先做好接班人的选拔工作；挑选一个具有全面管理才能的人接班；信得过的能人比亲人强；组建一个班子比仅仅只有一个"能人"强；聘请有才能的人参加董事会。

案例

创业者如何签订协议来控制风险

一、定好规则才能合作长久

（一）认可规则和遵守规则是成为股东的前提

股东之间的合作，一举一动，无不牵扯到每个人的切实利益。理论上，既然股东的利益是一致的，似乎就应该所有股东一条心。其实不然，公司经营好了，该不该分红？该不该多元化？如何激励经营层？有人要并购，卖还是不卖？公司经营不好，亏损了怎么办？如果不断需要股东往里面投钱怎么办……可以说企业发展过程中每一次需要股东决策的时候，都是对股东人性和观念的一次大考验。股东对于企业发展方向甚至某些具体事情发生分歧是经常的，也是必然的。

股东之间因为意见分歧导致朋友反目,甚至演化到人身攻击,宁愿鱼死网破也要置对方于死地,甚至置公司于死地的事情也是屡见不鲜。股东是公司的根基,股东出问题公司根基将动摇,所以创业之前必须考虑到股东之间产生分歧的可能,事先以股东协议的方式定好规则、认同规则才能成为股东,如此,才能为公司奠定一个坚实的根基。

(二)创业者要对核心问题提前做出约定

真正成熟的管理,离开不了规则和标准。美国人虽然天性崇尚自由,看似天马行空,实则最遵守规则。

以开会为例,他们有一本厚厚的开会规则——《罗伯特议事规则》,由亨利·马丁·罗伯特撰写。《罗伯特议事规则》的内容非常详细,有专门讲主持会议的主席的规则,有针对会议秘书的规则,有针对不同意见的提出和表达的规则,有辩论的规则,还有不同情况下的表决规则等。其核心原则包括:平衡、对领袖权力的制约、多数原则、辩论原则、集体的意志自由等,既保障了民主,也保证了效率。

对于国内的创业股东们而言,他们开始合作之前对于合作并未制定任何规则,绝大多数中国人开公司的时候签署的都是工商部门统一印制的公司章程,很多股东甚至连整个章程都未曾仔细阅读,签字只是走形式而已,加上中国人的含蓄,导致很多事情事先没有说清楚,这是非常危险的。

实际上,股东之间有很多非常核心的问题需要事先做出约定,否则,公司一旦遇到这些问题,就会陷入大麻烦之中。因为没有约定处理方法只能届时再谈判,而出现这些问题正是因为股东之间有了分歧,再谈判的难度和效果可想而知,只能寄希望于大家的觉悟了,很多优秀的公司就是因此而垮掉的。

二、股东协议要约定哪些事

(一)约定股东义务

虽然从法律上讲股东的义务只是投入资金以及不损害公司利益,但实际上并非如此。尤其是创业期公司,他们在选择股东时,往往首先考虑的是股东的资源和经验对于公司的价值,所以创业公司有的股东往往会多一些义务。而这些义务不可能是每个股东平等的，基本上只能是能者多劳。所以合股之前最好所有的股东约定清楚每个人必须为公司做的事情，而且要明确一旦未做到要怎么办（例如，如果未做到，其他股东有权以原价回购他的股份等），尤其是对于那些握有对公司发展很重要资源的股东。

很多人喜欢把业务对象发展为股东，这要非常谨慎，因为一旦对方离职或调职，他对于公司的价值就归零甚至变为负数了。如果一定要发展这类股东，一定要事先说清楚，他的义务是什么，他必须为公司做到什么，如果做不到怎么办，然后各自按照协议执行。

（二）约定退出机制

退出机制是必须事先约定的。许多公司因为股东分歧无法调和，又没有退出机制，导致大家同归于尽，造成很多公司解体的悲剧。

股东退出有两种可能：一种是大家对于公司发展或者管理产生严重分歧，无法调和，尤其是股东都在经营层的时候。另一种是有人做了严重危害其他股东或者公司利益的事情，让其退出是必然的。不论是哪种情况，届时股东之间都会是矛盾重重，甚至上升到人身攻击的程度。如果没有事先的退出机制，矛盾就很难解决。在中国，绝大多数出现上述两种问题的公司都关门了，至少也是元气大伤。

（三）约定决策机制

股东协议中也必须要确定股东会以及董事会的表决机制，明确规定哪些问题由谁来决策，如果是集体决策，如何表决，一旦表决，所有人必须坚决执行等。

企业决策上容易出现的问题有两个：要么是没有约束决策机制，一旦出现分歧就无法决策。要么是按照机制决策了，但是持不同意见者不认同决策的权威性，不遵守决策结果。这两种情况的危害都是非常大的。

（四）约定公司方向

股东协议还要约定大家投资办这家公司的方向，及公司的目的是什么，做什么。

与这两个问题的答案是什么相比，股东之间对这两个问题的共识更重要。这两个问题是公司的根本问题，股东之间如果对此没有共识，任何一个决策都可能出现分歧。如果事先已有约定，化解股东之间的分歧也就有了根本的方向和依据。

经验总结

随着企业规模的扩大，创业者必须牢记：企业要以制度管人，而不是以人来管人，好的制度能帮助员工克服自身的惰性和缺点，坏的制度能把优秀的员工慢慢埋没或退变成"坏员工"。有了科学的管理制度，企业才可能规范、持续、健康地发展。

附录 1

MBTI 职业性格测试（28 题版）

MBTI 通过四项二元轴来测量人在性格和行为方面的喜好和差异。这四项轴分别为：

★ 人的注意力集中所在和精力的来源：外向（E）和内向（I）

★ 人获取信息的方式：感知（S）和直觉（N）

★ 人作决策的方式：思考（T）和感觉（F）

★ 人对待外界和处世的方式：计划型（J）和情绪型（P）

如果不能准确界定，请回答下列测试问卷。每题考虑的时间不得超过 10 秒钟。（同所有心理测验一样，别想的太多，用直觉作答）

1. 你倾向从何处得到力量：

（E）别人。（I）自己的想法。

2. 当你参加一个社交聚会时，你会：

（E）在夜色很深时，一旦你开始投入，也许就是最晚离开的那一个。

（I）在夜晚刚开始的时候，我就疲倦了并且想回家。

3. 下列哪一件事听起来比较吸引你？

（E）与情人到有很多人且社交活动频繁的地方。

（I）待在家中与情人做一些特别的事情，例如说观赏一部有趣的录影带并享用你最喜欢的外卖食物。

4. 在约会中，你通常：

（E）整体来说很健谈。

（I）较安静并保留，直到你觉得舒服。

5. 过去，你遇见你大部分的情人是：

（E）在宴会中、夜总会、工作上、休闲活动中、会议上或当朋友介绍我给他们的朋友时。

（I）通过私人的方式，例如个人广告、录影约会，或是由亲密的朋友和家人介绍。

6. 你倾向拥有：

（E）很多认识的人和很亲密的朋友。

（I）一些很亲密的朋友和一些认识的人。

7. 过去，你的爱人和情人倾向对你说：

（E）你难道不可以安静一会儿吗？

（I）可以请你从你的世界中出来一下吗？

8. 你倾向通过以下哪种方式收集信息：

（N）你对有可能发生之事的想象和期望。

（S）你对目前状况的实际认知。

9. 你倾向相信：

（N）你的直觉。

（S）你直接的观察和现成的经验。

10. 当你置身于一段关系中时，你倾向相信：

（N）永远有进步的空间。

（S）若它没有被破坏，不予修补。

11. 当你对一个约会觉得放心时，你偏向谈论：

（N）未来，关于改进或发明事物和生活的种种可能性。例如，你也许会谈论一个新的科学发明，或一个更好的方法来表达你的感受。

（S）实际的、具体的、关于"此时此地"的事物。例如，你也许会谈论品酒的好方法，或你即将要参加的新奇旅程。

12. 你是这种人：

（N）喜欢先综观全局。

（S）喜欢先掌握细节。

13. 你是这类型的人：

（N）与其活在现实中，不如活在想象里。

（S）与其活在想象里，不如活在现实中。

14. 你通常：

（N）偏向于去想象一大堆关于即将来临的约会的事情。

（S）偏向于拘谨地想象即将来临的约会，只期待让它自然地发生。

15. 你倾向如此做决定：

（F）首先依你的心意，然后依你的逻辑。

（T）首先依你的逻辑，然后依你的心意。

16. 你倾向比较能够察觉到：

（F）当人们需要情感上的支持时。

（T）当人们不合逻辑时。

17. 当和某人分手时：

（F）你通常让自己的情绪深陷其中，很难抽身出来。

（T）虽然你觉得受伤，但一旦下定决心，你会直截了当地将过去恋人的影子甩开。

18. 当与一个人交往时，你倾向于看重：

（F）情感上的相容性：表达爱意和对另一半的需求很敏感。

（T）智慧上的相容性：沟通重要的想法；客观地讨论和辩论事情。

19. 当你不同意情人的想法时：

（F）你尽可能地避免伤害对方的感情；若是会对对方造成伤害的话，你就不会说。

（T）你通常毫无保留地说话，并且对情人直言不讳，因为对的就是对的。

20. 认识你的人倾向形容你为：

（F）热情和敏感。

（T）逻辑和明确。

21. 你把大部分和别人的相遇视为：

（F）友善及重要的。

（T）另有目的。

22. 若你有时间和金钱，你的朋友邀请你到国外度假，并且在前一天才通知，你会：

（J）必须先检查你的时间表。

（P）立刻收拾行装。

23. 在第一次约会中：

（J）若你所约的人来迟了，你会很不高兴。

（P）一点儿都不在乎，因为你自己常常迟到。

24. 你偏好：

（J）事先知道约会的行程：要去哪里、有谁参加、你会在那里多久、该如何打扮。

（P）让约会自然地发生，不做太多事先的计划。

25. 你选择的生活充满着：

（J）日程表和组织。

（P）自然发生和弹性。

26. 哪一项较常见：

（J）你准时出席而其他人都迟到。

（P）其他人都准时出席而你迟到。

27. 你是这种喜欢……的人：

（J）下定决心并且做出最后肯定的结论。

（P）放宽你的选择面并且持续收集信息。

28. 你是此类型的人：

（J）喜欢在一段时间里专心于一件事情直到完成。

（P）享受同时进行好几件事情。

这四个轴的二元通过排列组合形成了 16 种性格类型，并可以参考一下哪些职业可能比较适合你的性格。当然所列举的只是一些较为常见的，并由研究表明此种性格类型较为容易成功的职业，仅供参考。

性格类型没有好坏，只有不同。每一种性格特征都有其价值和优点，也有缺点和需要注意的地方。清楚地了解自己的性格优劣势，有利于更好地发挥自己的特长，而尽可能的在为人处事中避免自己性格中的劣势，更好地和他人相处，更好地作重要的决策。清楚地了解他人（家人、同事等）的性格特征，有利于减少冲突，使家庭和睦，使团队合作更有效。总之，只要你是认真真实地填写了测试问卷，那么通常情况下你都能得到一个确实和你的性格相匹配的类型。希望你能从中或多或少地获得一些有益的信息。

1. ISTJ

ISTJ 型的人是严肃的、有责任心的和通情达理的社会坚定分子。他们值得信赖,他们重视承诺,对他们来说,言语就是庄严的宣誓。ISTJ 型的人工作缜密,讲求实际,很有头脑也很现实。他们具有很强的集中力、条理性和准确性。无论他们做什么,都相当有条理和可靠。他们具有坚定不移、深思熟虑的思想,一旦他们着手自己相信是最好的行动方法时,就很难转变或变得沮丧。ISTJ 型的人特别安静和勤奋,对于细节有很强的记忆和判断。他们能够引证准确的事实支持自己的观点,把过去的经历运用到现在的决策中。他们重视和利用符合逻辑、客观的分析,以坚持不懈的态度准时地完成工作,并且总是安排有序,很有条理。他们重视必要的理论体系和传统惯例,对于那些不是如此做事的人则很不耐烦。ISTJ 型的人总是很传统、谨小慎微。他们聆听和喜欢确实、清晰地陈述事物。ISTJ 型的人天生不喜欢显露,即使危机之时,也显得很平静。他们总是显得责无旁贷、坚定不变、但是在他们冷静的外表之下,也许有强烈却很少表露的反应。

适合领域:工商业领域、政府机构、金融银行业、政府机构、技术领域、医务领域。

适合职业:审计师、会计、财务经理、办公室行政管理、后勤和供应管理、中层经理、公务(法律、税务)执行人员等银行信贷员、成本估价师、保险精算师、税务经纪人、税务检查员等 机械、电气工程师、计算机程序员、数据库管理员、地质、气象学家、法律研究者、律师等外科医生、药剂师、实验室技术人员、牙科医生、医学研究员等。

2. ISFJ

ISFJ 型的人忠诚、有奉献精神和同情心,理解别人的感受。他们意志清醒而有责任心,乐于为人所需。ISFJ 型的人十分务实,他们喜欢平和谦逊的人。他们喜欢利用大量的事实情况,对于细节则有很强的记忆力。他们耐心地对待任务的整个阶段,喜欢事情能够清晰明确。ISFJ 型的人具有强烈的职业道德,所以他们如果知道自己的行为真正有用时,会对需要完成之事承担责任。他们准确系统地完成任务。他们具有传统的价值观,十分保守。他们利用符合实际的判断标准做决定,通过出色的注重实际的态度增加了稳定性。ISFJ 型的人平和谦虚、勤奋严肃。他们温和、圆通,支持朋友和同伴。他们乐于协助别人,喜欢实际可行地帮助他人。他们利用个人热情与人交往，在困难中与他人和睦相处。ISFJ型的人不喜欢表达个人情感，但实际上对于大多数的情况和事件都具有强烈的个人反应。他们关心、保护朋友，愿意为朋友献身，他们有为他人服务的意识，愿意完成他们的责任和义务。

适合领域：无明显领域特征 医护领域 消费类商业、服务业领域。

适合职业：行政管理人员、总经理助理、秘书、人事管理者、项目经理、物流经理、律师助手等外科医生及其他各类医生、家庭医生、牙科医生、护士、药剂师、医学专家、营养学专家、顾问等，零售店、精品店业主、大型商场、酒店管理人员、室内设计师等。

3. INFJ

INFJ型的人生活在思想的世界里。他们是独立的、有独创性的思想家，具有强烈的感情、坚定的原则和正直的人性。即使面对怀疑，INFJ型的人仍相信自己的看法与决定。他们对自己的评价高于其他的一切，包括流行观点和存在的权威，这种内在的观念激发着他们的积极性。通常INFJ型的人具有本能的洞察力，能够看到事物更深层的含义。即使他人无法分享他们的热情，但灵感对于他们重要而令人信服。

INFJ型的人忠诚、坚定、富有理想。他们珍视正直，十分坚定以至达到倔强的地步。因为他们的说服能力，以及对于什么对公共利益最有利有清楚的看法，所以INFJ型的人会成为伟大的领导者。由于他们的贡献，他们通常会受到尊重或敬佩。因为珍视友谊和和睦，INFJ型的人喜欢说服别人，使之相信他们的观点是正确的。通过运用嘉许和赞扬，而不是争吵和威胁，他们赢得了他人的合作。他们愿意毫无保留地激励同伴，避免争吵。通常INFJ型的人是深思熟虑的决策者，他们觉得问题使人兴奋，在行动之前他们通常要仔细地考虑。他们喜欢每次全神贯注于一件事情，这会造成一段时期的专心致志。满怀热情与同情心，INFJ型的人强烈地渴望为他人的幸福做贡献。他们注意其他人的情感和利益，能够很好地处理复杂的人。INFJ型的人本身具有深厚复杂的性格，既敏感又热切。他们内向，很难被人了解，但是愿意同自己信任的人分享内在的自我。他们往往有一个交往深厚、持久的小规模的朋友圈，在合适的氛围中能产生充分的个人热情和激情。

适合领域：咨询、教育、科研等领域 文化、艺术、设计等领域。

适合职业：心理咨询工作者、心理诊疗师、职业指导顾问、大学教师（人文学科、艺术类）、心理学、教育学、社会学、哲学及其他领域的研究人员等 作家、诗人、剧作家、电影编剧、电影导演、画家、雕塑家、音乐家、艺术顾问、建筑师、设计师等。

4. INTJ

INTJ 型的人是完美主义者。他们强烈地要求个人自由和能力，同时在他们独创的思想中，不可动摇的信仰促使他们达到目标。INTJ 型的人思维严谨、有逻辑性、足智多谋，他们能够看到新计划实行后的结果。他们对自己和别人都很苛求，往往几乎同样强硬地逼迫别人和自己。他们并不十分受冷漠与批评的干扰，作为所有性格类型中最独立的，INTJ 型的人更喜欢以自己的方式行事。面对相反意见，他们通常持怀疑态度，十分坚定和坚决。权威本身不能强制他们，只有他们认为这些规则对自己的更重要的目标有用时，才会去遵守。INTJ 型的人是天生的谋略家，具有独特的思想、伟大的远见和梦想。他们天生精于理论，对于复杂而综合的概念运转灵活。他们是优秀的战略思想家，通常能清楚地看到任何局势的利处和缺陷。对于感兴趣的问题，他们是出色的、具有远见和见解的组织者。如果是他们自己形成的看法和计划，他们会投入不可思议的注意力、能量和积极性。领先到达或超过自己的高标准的决心和坚忍不拔，使他们获得许多成就。

适合领域：科研、科技应用、技术咨询、管理咨询、金融、投资领域、创造性行业。

适合职业：各类科学家、研究所研究人员、设计工程师、系统分析员、计算机程序师、研究开发部经理等，各类技术顾问、技术专家、企业管理顾问、投资专家、法律顾问、医学专家、精神分析学家等，经济学家、投资银行研究员、证券投资和金融分析员、投资银行家、财务计划人、企业并购专家等，各类发明家、建筑师、社论作家、设计师、艺术家等。

5. ISTP

ISTP 型的人坦率、诚实、讲求实效，他们喜欢行动而非漫谈。他们很谦逊，对于完成工作的方法有很好的理解力。ISTP 型的人擅长分析，所以他们对客观含蓄的原则很有兴趣。他们对于技巧性的事物有天生的理解力，通常精于使用工具和进行手工劳动。他们往往做出有条理而保密的决定。他们仅仅是按照自己所看到的、有条理而直接地陈述事实。ISTP型的人好奇心强，而且善于观察，只有理性、可靠的事实才能使他们信服。他们重视事实，简直就是有关他们知之甚深的知识的宝库。他们是现实主义者，所以能够很好地利用可获得的资源，同时他们善于把握时机，这使他们变得很讲求实效。ISTP型的人平和而寡言，往往显得冷酷而清高，而且容易害羞，除了是与好朋友在一起时。他们平等、公正。他们往往受冲动的驱使，对于即刻的挑战和问题具有相当的适应性和反应能力。因为他们喜欢行动和兴奋的事情，所以他们乐于户外活动和运动。

适合领域：技术领域、证券、金融业、贸易、商业领域、户外、运动、艺术等领域。

适合职业：机械、电气、电子工程师、各类技术专家和技师、计算机硬件、系统集成专业人员等，证券分析师、金融、财务顾问、经济学研究者等，贸易商、商品经销商、产品代理商（有形产品为主）等。警察、侦探、体育工作者、赛车手、飞行员、雕塑家、手工制作、画家等。

6. ISFP

ISFP型的人平和、敏感，他们保持着许多强烈的个人理想和自己的价值观念。他们更多地是通过行为而不是言辞表达自己深沉的情感。ISFP型的人谦虚而缄默，但实际上他们是具有巨大的友受和热情之人，但是除了与他们相知和信赖的人在一起外，他们不经常表现出自我的另一面。因为ISFP型的人不喜欢直接地自我表达，所以常常被误解。ISFP型的人耐心、灵活，很容易与他人相处，很少支配或控制别人。他们很客观，以一种相当实事求是的方式接受他人的行为。他们善于观察周围的人和物，却不寻求发现动机和含义。ISFP型的人完全生活在现在，所以他们的准备或计划往往不会多于必须，他们是很好的短期计划制订者。因为他们喜欢享受目前的经历，而不继续向下一个目标兑现，所以他们对完成工作感到很放松。ISFP型的人对于从经历中直接了解和感受的东西很感兴趣，常常富有艺术天赋和审美感，力求为自己创造一个美丽而隐蔽的环境。没有想要成为领导者，ISFP型的人经常是忠诚的追随者和团体成员。因为他们利用个人的价值标准去判断生活中的每一件事，所以他们喜欢那些花费时间去认识他们和理解他们内心的忠诚之人。他们需要最基本的信任和理解，在生活中需要和睦的人际关系，对于冲突和分歧则很敏感。

适合领域：手工艺、艺术领域、医护领域、商业、服务业领域。

适合职业：时装、首饰设计师、装潢、园艺设计师、陶器、乐器、卡通、漫画制作者、素描画家、舞蹈演员、画家等，出诊医生、出诊护士、理疗师、牙科医生、个人健康和运动教练等，餐饮业、娱乐业业主、旅行社销售人员、体育用品、个人理疗用品销售员等。

7. INFP

性格类型：INFP INFP 把内在的和谐视为高于其他一切。他们敏感、理想化、忠诚，对于个人价值具有一种强烈的荣誉感。他们个人信仰坚定，有为自认为有价值的事业献身的精神。INFP 型的人对于已知事物之外的可能性很感兴趣，精力集中于他们的梦想和想象。他们思维开阔、有好奇心和洞察力，常常具有出色的长远眼光。在日常事务中，他们通常灵活多变、具有忍耐力和适应性，但是他们非常坚定地对待内心的忠诚，为自己设定了事实上几乎是不可能的标准。INFP 型的人具有许多使他们忙碌的理想和忠诚。他们十分坚定地完成自己所选择的事情，他们往往承担得太多，但不管怎样总要完成每件事。虽然对外部世界他们显得冷淡缄默，但 INFP 型的人很关心内在。他们富有同情心、理解力，对于别人的情感很敏感。除了他们的价值观受到威胁外，他们总是避免冲突，没有兴趣强迫或支配别人。INFP 型的人常常喜欢通过书写而不是口头来表达自己的感情。当 INFP 型的人劝说别人相信他们的想法的重要性时，可能是最有说服力的。INFP 很少显露强烈的感情，常常显得沉默而冷静。然而，一旦他们与你认识了，就会变得热情友好，但往往会避免浮浅的交往。他们珍视那些花费时间去思考目标与价值的人。

适合领域：创作性、艺术类、教育、研究、咨询类。

适合职业：各类艺术家、插图画家、诗人、小说家、建筑师、设计师、文学编辑、艺术指导、记者等，大学老师（人文类）、心理学工作者、心理辅导和咨询人员、社科类研究人员、社会工作者、教育顾问、图书管理者、翻译家等。

8. INTP

性格类型：INTP型的人是解决理性问题者。他们很有才智和条理性，以及创造才华的突出表现。INTP型的人外表平静、缄默、超然，内心却专心致志于分析问题。他们苛求精细、惯于怀疑。他们努力寻找和利用原则以理解许多想法。他们喜欢有条理和有目的的交谈，而且可能会仅仅为了高兴，争论一些无益而琐碎的问题。只有有条理的推理才会使他们信服。通常INTP型的人是足智多谋、有独立见解的思考者。他们重视才智，对于个人能力有强烈的欲望，有能力也很感兴趣向他人挑战。INTP型的人最主要的兴趣在于理解明显的事物之外的可能性。他们乐于为了改进事物的目前状况或解决难题而进行思考。他们的思考方式极端复杂，而且他们能很好地组织概念和想法。偶尔，他们的想法非常复杂，以至于很难向别人表达和被他人理解。INTP型的人十分独立，喜欢冒险和富有想象力的活动。他们灵活易变、思维开阔，更感兴趣的是发现有创见而且合理的解决方法，而不是仅仅看到成为事实的解决方式。

适合领域：计算机技术、理论研究、学术领域、专业领域、创造性领域。

适合职业：软件设计员、系统分析师、计算机程序员、数据库管理、故障排除专家等，大学教授、科研机构研究人员、数学家、物理学家、经济学家、考古学家、历史学家等，证券分析师、金融投资顾问、律师、法律顾问、财务专家、侦探等，各类发明家、作家、设计师、音乐家、艺术家、艺术鉴赏家等。

9. ESTP

ESTP型的人不会焦虑，因为他们是快乐的。ESTP型的人活跃、随遇而安、天真率直。他们乐于享受现在的一切而不是为将来计划什么。ESTP型的人很现实，他们信任和依赖于自己对这个世界的感受。他们是好奇而热心的观察者。因为他们接受现在的一切，所以他们思维开阔，能够容忍自我和他人。ESTP型的人喜欢处理、分解与恢复原状的真实事物。ESTP型的人喜欢行动而不是漫谈，当问题出现时，他们乐于去处理。他们是优秀的解决问题的人，这是因为他们能够掌握必要的事实情况，然后找到符合逻辑的明智的解决途径，而无需浪费大量的努力或精力。他们会成为适宜外交谈判的人，他们乐于尝试非传统的方法，而且常常能够说服别人给他们一个妥协的机会。他们能够理解晦涩的原则，在符合逻辑的基础上，而不是基于他们对事物的感受之上做出决定。因此，他们讲求实效，在情况必须时非常强硬。在大多数的社交场合中，ESTP型的人很友善，富有魅力、轻松自如而受人欢迎。在任何有他们的场合中，他们总是爽直、多才多艺和有趣，总有没完没了的笑话和故事。他们善于通过缓和气氛以及使冲突的双方相互协调，从而化解紧张的局势。

适合领域：贸易、商业、某些特殊领域、服务业、金融证券业、娱乐、体育、艺术领域。

适合职业：各类贸易商、批发商、中间商、零售商、房地产经纪人、保险经纪人、汽车销售人员、私家侦探、警察等，餐饮、娱乐及其他各类服务业的业主、主管、特许经营者、自由职业者等，股票经纪人、证券分析师、理财顾问、个人投资者等，娱乐节目主持人、体育节目评论、脱口秀、音乐、舞蹈表演者、健身教练、体育工作者等。

10. ESFP

ESFP型的人乐意与人相处，有一种真正的生活热情。他们顽皮活泼，通过真诚和玩笑使别人感到事情更加有趣。ESFP型的人脾气随和、适应性强，热情友好和慷慨大方。他们擅长交际，常常是别人的"注意中心"。他们热情而乐于合作地参加各种活动和节目，而且通常立刻能应对几种活动。ESFP型的人是现实的观察者，他们按照事物的本身去对待并接受它们。他们往往信任自己能够听到、闻到、触摸和看到的事物，而不是依赖于理论上的解释。因为他们喜欢具体的事实，对于细节有很好的记忆力，所以他们能从亲身的经历中学到最好的东西。共同的感觉给予他们与人和物相处的实际能力。他们喜欢收集信息，从中观察可能自然出现的解决方法。ESFP型的人对于自我和他人都能容忍和接受，往往不会试图把自己的愿望强加于他人。ESFP型的人通融和有同情心，通常许多人都真心地喜欢他们。他们能够让别人采纳他们的建议，所以他们很善于帮助冲突的各方重归于好。他们寻求他人的陪伴，是很好的交谈者。他们乐于帮助别人，偏好以真实有形的方式给予协助。ESFP型的人天真率直，很有魅力和说服力。他们喜欢意料不到的事情，喜欢寻找给他人带来愉快和意外惊喜的方法。

适合领域：消费类商业、服务业领域、广告业、娱乐业领域、旅游业、社区服务等其他领域。

适合职业：精品店、商场销售人员、娱乐、餐饮业客户经理、房地产销售人员、汽车销售人员、市场营销人员（消费类产品）等，广告企业中的设计师、创意人员、客户经理、时装设计和表演人员、摄影师、节目主持人、脱口秀演员等，旅游企业中的销售、服务人员、导游、社区工作人员、自愿工作者、公共关系专家、健身和运动教练、医护人员等。

11. ENFP

ENFP型的人充满热情和新思想。他们乐观、自然、富有创造性和自信，具有独创性的思想和对可能性的强烈感受。对于ENFP型的人来说，生活是激动人生的戏剧。ENFP型的人对可能性很感兴趣，所以他们了解所有事物中的深远意义。他们具有洞察力，是热情的观察者，注意常规以外的任何事物。ENFP型的人好奇，喜欢理解而不是判断。ENFP型的人具有想象力、适应性和可变性，他们视灵感高于一切，常常是足智多谋的发明人。ENFP型的人不墨守成规，善于发现做事情的新方法，为思想或行为开辟新道路，并保持它们的开放。在完成新颖想法的过程中，ENFP型的人依赖冲动的能量。他们有大量的主动性，认为问题令人兴奋。他们也从周围其他人中得到能量，把自己的才能与别人的力量成功地结合在一起。ENFP型的人具有魅力、充满生机。他们待人热情、彬彬有礼、富有同情心，愿意帮助别人解决问题。他们具有出色的洞察力和观察力，常常关心他人的发展。ENFP型的人避免冲突，喜欢和睦。他们把更多的精力倾注于维持个人关系而不是客观事物，喜欢保持一种广泛的关系。

适合领域：广告创意、广告撰稿人、市场营销和宣传策划、市场调研人员、艺术指导、公关专家、公司对外发言人等。

适合职业：儿童教育老师、大学老师（人文类）、心理学工作者、心理辅导和咨询人员、职业规划顾问、社会工作者、人力资源专家、培训师、演讲家、记者等（访谈类）、节目策划和主持人、专栏作家、剧作家、艺术指导、设计师、卡通制作者、电影、电视制片人等。

12. ENTP

ENTP 型的人喜欢兴奋与挑战。他们热情开放、足智多谋、健谈而聪明，擅长于许多事情，不断追求增加能力和个人权力。ENTP 型的人天生富有想象力，他们深深地喜欢新思想，留心一切可能性。他们有很强的首创精神，善于运用创造冲动。ENTP 型的人视灵感高于其他的一切，力求使他们的新颖想法转变为现实。他们好奇、多才多艺、适应性强，在解决挑战性和理论性问题时善于随机应变。ENTP 型的人灵活而率直，能够轻易地看出任何情况中的缺点，乐于出于兴趣争论问题的某方面。他们有极好的分析能力，是出色的策略谋划者。他们几乎一直能够为他们所希望的事情找出符合逻辑的推理。大多数的 ENTP 型人喜欢审视周围的环境，认为多数的规则和章程如果不被打破，便意味着屈从。有时他们的态度不从习俗，乐于帮助别人超出可被接受和被期望的事情。他们喜欢自在地生活，在每天的生活中寻找快乐和变化。ENTP 型的人富有想象力地处理社会关系，常常有许多的朋友和熟人。他们表现得很乐观，具有幽默感。ENTP 型的人吸引和鼓励同伴，通过他们富有感染力的热情，鼓舞别人加入他们的行动中。他们喜欢努力理解和回应他人，而不是判断他人。

适合领域：投资顾问、项目策划、投资银行、自我创业、市场营销、创造性领域、公共关系、政治。

适合职业：投资顾问（房地产、金融、贸易、商业等）、各类项目的策划人和发起者、投资银行家、风险投资人、企业业主（新兴产业）等市场营销人员、各类产品销售经理、广告创意、艺术总监、访谈类节目主持人、制片人等公共关系专家、公司对外发言人、社团负责人、政治家等。

13. ESTJ

ESTJ 者高效率地工作，自我负责，监督他人工作，合理分配和处置资源，主次分明，井井有条；能制定和遵守规则，多喜欢在制度健全、等级分明、比较稳定的企业工作；倾向于选择较为务实的业务，以有形产品为主；喜欢工作中带有和人接触、交流的成分，但不以态度取胜；不特别强调工作的行业或兴趣，多以职业角度看待每一份工作。ESTJ 型的人很善于完成任务；他们喜欢操纵局势和促使事情发生；他们具有责任感，信守他们的承诺。他们喜欢条理性并且能记住和组织安排许多细节。他们及时和尽可能高效率地、系统地开始达到目标。ESTJ 型的人被迫做决定。他们常常以自己过去的经历为基础得出结论。他们很客观，有条理性和分析能力，以及很强的推理能力。事实上，除了符合逻辑外，其他没有什么可以使他们信服。同时，ESTJ 型的人又很现实、有头脑、讲求实际。他们更感兴趣的是"真实的事物"，而不是诸如抽象的想法和理论等无形的东西。他们往往对那些认为没有实用价值的东西不感兴趣。他们知道自己周围将要发生的事情，而首要关心的则是目前。因为 ESTJ 型的人依照一套固定的规则生活，所以他们坚持不懈和值得依赖。他们往往很传统，有兴趣维护现存的制度。虽然对于他们来说，感情生活和社会活动并不像生活的其他方面那样重要，但是对于亲情关系，他们却固守不变。他们不但能很轻松地判断别人，而且还是条理分明的纪律执行者。ESTJ 型的人直爽坦率，友善合群。通常他们会很容易地了解事物，这是因为他们相信"你看到的便是你得到的"。

适合领域：无明显领域特征。

适合职业：大、中型外资企业员工、业务经理、中层经理（多分布在财务、营运、物流采购、销售管理、项目管理、工厂管理、人事行政部门）、职业经理人、各类中小型企业主管和业主。

14. ESFJ

ESFJ 型的人通过直接的行动和合作积极地以真实、实际的方法帮助别人。他们友好、富有同情心和责任感。ESFJ 型的人把他们同别人的关系放在十分重要的位置，所以他们往往具有和睦的人际关系，并且通过很大的努力以获得和维持这种关系。事实上，他们常常理想化自己欣赏的人或物。ESFJ 型的人往往对自己以及自己的成绩十分欣赏，因而他们对于批评或者别人的漠视很敏感。通常他们很果断，表达自己的坚定的主张，乐于事情能很快得到解决。ESFJ 型的人很现实，他们讲求实际、实事求是和安排有序。他们参与并能记住重要的事情和细节，乐于别人也能对自己的事情很确信。他们在自己的个人经历或在他们所信赖之人的经验之上制订计划或得出见解。他们知道并参与周围的物质世界,并喜欢具有主动性和创造性。ESFJ型的人十分小心谨慎,也非常传统化,因而他们能恪守自己的责任与承诺。他们支持现存制度,往往是委员会或组织机构中积极主动和乐于合作的成员,他们重视并能保持很好的社交关系。他们不辞劳苦地帮助他人,尤其在遇到困难或取得成功时,他们都很积极活跃。

适合领域:无明显领域特征。

适合职业:办公室行政或管理人员、秘书、总经理助理、项目经理、客户服务部人员、采购和物流管理人员等,内科医生及其他各类医生、牙科医生、护士、健康护理指导师、饮食学、营养学专家、小学教师(班主任)、学校管理者等,银行、酒店、大型企业客户服务代表、客户经理、公共关系部主任、商场经理、餐饮业业主和管理人员等。

15. ENFJ

ENFJ 型的人热爱人类,他们认为人的感情是最重要的。而且他们很自然地关心别人,以热情的态度对待生命,感受与个人相关的所有事物。由于他们很理想化,按照自己的价值观生活,因此 ENFJ 型的人对于他们所尊重和敬佩的人、事业和机构非常忠诚。他们精力充沛、满腔热情、富有责任感、勤勤恳恳、锲而不舍。ENFJ 型的人具有自我批评的自然倾向。然而,他们对他人的情感具有责任心,所以 ENFJ 型的人很少在公共场合批评人。他们敏锐地意识到什么是(或不是)合适的行为。他们彬彬有礼、富有魅力、讨人喜欢、深谙社会。ENFJ 型的人具有平和的性格与忍耐力,他们长于外交,擅长在自己的周围激发幽默感。他们是天然的领导者,受人欢迎而有魅力。他们常常得益于自己口头表达的天分,愿意成为出色的传播工作。ENFJ 型的人在自己对情况感受的基础上做决定,而不是基于事实本身。他们对显而易见的事物之外的可能性,以及这些可能性以怎样的方式影响他人感兴趣。ENFJ 型的人天生具有条理性,他们喜欢一种有安排的世界,并且希望别人也是如此。即使其他人正在做决定,他们还是喜欢把问题解决了。ENFJ 型的人富有同情心和理解力,愿意培养和支持他人。他们能很好地理解别人,有责任感和关心他人。由于他们是理想主义者,因此他们通常能看到别人身上的优点。

适合领域：培训、咨询、教育、新闻传播、公共关系、文化艺术。

适合职业：人力资源培训主任、销售、沟通、团队培训员、职业指导顾问、心理咨询工作者、大学教师（人文学科类）、教育学、心理学研究人员等，记者、撰稿人、节目主持人（新闻、采访类）、公共关系专家、社会活动家、文艺工作者、平面设计师、画家、音乐家等。

16. ENTJ

ENTJ 型的人是伟大的领导者和决策人。他们能轻易地看出事物具有的可能性，很高兴指导别人，使他们的想象成为现实。他们是头脑灵活的思想家和伟大的长远规划者。因为 ENTJ 型的人很有条理和分析能力，所以他们通常对要求推理和才智的任何事情都很擅长。为了在完成工作中称职，他们通常会很自然地看出所处情况中可能存在的缺陷，并且立刻知道如何改进。他们力求精通整个体系，而不是简单地把它们作为现存的接受而已。ENTJ 型的人乐于完成一些需要解决的复杂问题，他们大胆地力求掌握使他们感兴趣的任何事情。ENTJ 型的人把事实看得高于一切，只有通过逻辑的推理才会确信。ENTJ 型的人渴望不断增加自己的知识基础，他们系统地计划和研究新情况。他们乐于钻研复杂的理论性问题，力求精通任何他们认为有趣的事物。他们对于行为的未来结果更感兴趣，而不是事物现存的状况。ENTJ 型的人是热心而真诚的天生的领导者，他们往往能够控制他们所处的任何环境。因为他们具有预见能力，并且向别人传播他们的观点，所以他们是出色的群众组织者。他们往往按照一套相当严格的规律生活，并且希望别人也是如此。因此他们往往具有挑战性，同样艰难地推动自我和他人前进。

适合领域：工商业、政界、金融和投资领域、管理咨询、培训、专业性领域。

适合职业：各类企业的高级主管、总经理、企业主、社会团体负责人、政治家等，投资银行家、风险投资家、股票经纪人、公司财务经理、财务顾问、经济学家、企业管理顾问、企业战略顾问、项目顾问、专项培训师等，律师、法官、知识产权专家、大学教师、科技专家等。

附录2

国务院关于大力推进大众创业万众创新若干政策措施的意见

国发〔2015〕32号

各省、自治区、直辖市人民政府,国务院各部委、各直属机构:

推进大众创业、万众创新,是发展的动力之源,也是富民之道、公平之计、强国之策,对于推动经济结构调整、打造发展新引擎、增强发展新动力、走创新驱动发展道路具有重要意义,是稳增长、扩就业、激发亿万群众智慧和创造力,促进社会纵向流动、公平正义的重大举措。根据2015年《政府工作报告》部署,为改革完善相关体制机制,构建普惠性政策扶持体系,推动资金链引导创业创新链、创业创新链支持产业链、产业链带动就业链,现提出以下意见。

一、充分认识推进大众创业、万众创新的重要意义

——推进大众创业、万众创新,是培育和催生经济社会发展新动力的必然选择。随着我国资源环境约束日益强化,要素的规模驱动力逐步减弱,传统的高投入、高消耗、粗放式发展方式难以为继,经济发展进入新常态,需要从要素驱动、投资驱动转向创新驱动。推进大众创业、万众创新,就是要通过结构性改革、体制机制创新,消除不利于创业创新发展的各种制度束缚和桎梏,支持各类市场主体不断开办新企业、开发新产品、开拓新市场,培育新兴产业,形成小企业"铺天盖地"、大企业"顶天立地"的发展格局,实现创新驱动发展,打造新引擎、形成新动力。

——推进大众创业、万众创新,是扩大就业、实现富民之道的根本举措。我国有13亿多人口、9亿多劳动力,每年高校毕业生、农村转移劳动力、城镇困难人员、退役军人数量较大,人力资源转化为人力资本的潜力巨大,但就业总量压力较大,结构性矛盾凸显。推进大众创业、万众创新,就

是要通过转变政府职能、建设服务型政府，营造公平竞争的创业环境，使有梦想、有意愿、有能力的科技人员、高校毕业生、农民工、退役军人、失业人员等各类市场创业主体"如鱼得水"，通过创业增加收入，让更多的人富起来，促进收入分配结构调整，实现创新支持创业、创业带动就业的良性互动发展。

——推进大众创业、万众创新，是激发全社会创新潜能和创业活力的有效途径。目前，我国创业创新理念还没有深入人心，创业教育培训体系还不健全，善于创造、勇于创业的能力不足，鼓励创新、宽容失败的良好环境尚未形成。推进大众创业、万众创新，就是要通过加强全社会以创新为核心的创业教育，弘扬"敢为人先、追求创新、百折不挠"的创业精神，厚植创新文化，不断增强创业创新意识，使创业创新成为全社会共同的价值追求和行为习惯。

二、总体思路

按照"四个全面"战略布局，坚持改革推动，加快实施创新驱动发展战略，充分发挥市场在资源配置中的决定性作用和更好发挥政府作用，加大简政放权力度，放宽政策、放开市场、放活主体，形成有利于创业创新的良好氛围，让千千万万创业者活跃起来，汇聚成经济社会发展的巨大动能。不断完善体制机制、健全普惠性政策措施，加强统筹协调，构建有利于大众创业、万众创新蓬勃发展的政策环境、制度环境和公共服务体系，以创业带动就业、创新促进发展。

——坚持深化改革，营造创业环境。通过结构性改革和创新，进一步简政放权、放管结合、优化服务，增强创业创新制度供给，完善相关法律法规、扶持政策和激励措施，营造均等普惠环境，推动社会纵向流动。

——坚持需求导向，释放创业活力。尊重创业创新规律，坚持以人为本，切实解决创业者面临的资金需求、市场信息、政策扶持、技术支撑、公共服务等瓶颈问题，最大限度释放各类市场主体创业创新活力，开辟就业新空间，拓展发展新天地，解放和发展生产力。

——坚持政策协同，实现落地生根。加强创业、创新、就业等各类政策统筹，部门与地方政策联动，确保创业扶持政策可操作、能落地。鼓励有条

附录2 国务院关于大力推进大众创业万众创新若干政策措施的意见

件的地区先行先试,探索形成可复制、可推广的创业创新经验。

——坚持开放共享,推动模式创新。加强创业创新公共服务资源开放共享,整合利用全球创业创新资源,实现人才等创业创新要素跨地区、跨行业自由流动。依托"互联网+"、大数据等,推动各行业创新商业模式,建立和完善线上与线下、境内与境外、政府与市场开放合作等创业创新机制。

三、创新体制机制,实现创业便利化

(一)完善公平竞争市场环境。进一步转变政府职能,增加公共产品和服务供给,为创业者提供更多机会。逐步清理并废除妨碍创业发展的制度和规定,打破地方保护主义。加快出台公平竞争审查制度,建立统一透明、有序规范的市场环境。依法反垄断和反不正当竞争,消除不利于创业创新发展的垄断协议和滥用市场支配地位以及其他不正当竞争行为。清理规范涉企收费项目,完善收费目录管理制度,制定事中事后监管办法。建立和规范企业信用信息发布制度,制定严重违法企业名单管理办法,把创业主体信用与市场准入、享受优惠政策挂钩,完善以信用管理为基础的创业创新监管模式。

(二)深化商事制度改革。加快实施工商营业执照、组织机构代码证、税务登记证"三证合一"、"一照一码",落实"先照后证"改革,推进全程电子化登记和电子营业执照应用。支持各地结合实际放宽新注册企业场所登记条件限制,推动"一址多照"、集群注册等住所登记改革,为创业创新提供便利的工商登记服务。建立市场准入等负面清单,破除不合理的行业准入限制。开展企业简易注销试点,建立便捷的市场退出机制。依托企业信用信息公示系统建立小微企业名录,增强创业企业信息透明度。

(三)加强创业知识产权保护。研究商业模式等新形态创新成果的知识产权保护办法。积极推进知识产权交易,加快建立全国知识产权运营公共服务平台。完善知识产权快速维权与维权援助机制,缩短确权审查、侵权处理周期。集中查处一批侵犯知识产权的大案要案,加大对反复侵权、恶意侵权等行为的处罚力度,探索实施惩罚性赔偿制度。完善权利人维权机制,合理划分权利人举证责任,完善行政调解等非诉讼纠纷解决途径。

(四)健全创业人才培养与流动机制。把创业精神培育和创业素质教育纳入国民教育体系,实现全社会创业教育和培训制度化、体系化。加快完善创业课程设置，加强创业实训体系建设。加强创业创新知识普及教育，使大众创业、万众创新深入人心。加强创业导师队伍建设，提高创业服务水平。加快推进社会保障制度改革，破除人才自由流动制度障碍，实现党政机关、企事业单位、社会各方面人才顺畅流动。加快建立创业创新绩效评价机制，让一批富有创业精神、勇于承担风险的人才脱颖而出。

四、优化财税政策，强化创业扶持

（五）加大财政资金支持和统筹力度。各级财政要根据创业创新需要，统筹安排各类支持小微企业和创业创新的资金，加大对创业创新支持力度，强化资金预算执行和监管，加强资金使用绩效评价。支持有条件的地方政府设立创业基金，扶持创业创新发展。在确保公平竞争前提下，鼓励对众创空间等孵化机构的办公用房、用水、用能、网络等软硬件设施给予适当优惠，减轻创业者负担。

（六）完善普惠性税收措施。落实扶持小微企业发展的各项税收优惠政策。落实科技企业孵化器、大学科技园、研发费用加计扣除、固定资产加速折旧等税收优惠政策。对符合条件的众创空间等新型孵化机构适用科技企业孵化器税收优惠政策。按照税制改革方向和要求，对包括天使投资在内的投向种子期、初创期等创新活动的投资，统筹研究相关税收支持政策。修订完善高新技术企业认定办法，完善创业投资企业享受70%应纳税所得额税收抵免政策。抓紧推广中关村国家自主创新示范区税收试点政策，将企业转增股本分期缴纳个人所得税试点政策、股权奖励分期缴纳个人所得税试点政策推广至全国范围。落实促进高校毕业生、残疾人、退役军人、登记失业人员等创业就业税收政策。

（七）发挥政府采购支持作用。完善促进中小企业发展的政府采购政策，加强对采购单位的政策指导和监督检查，督促采购单位改进采购计划编制和项目预留管理，增强政策对小微企业发展的支持效果。加大创新产品和服务的采购力度，把政府采购与支持创业发展紧密结合起来。

五、搞活金融市场，实现便捷融资

（八）优化资本市场。支持符合条件的创业企业上市或发行票据融资，并鼓励创业企业通过债券市场筹集资金。积极研究尚未盈利的互联网和高新技术企业到创业板发行上市制度，推动在上海证券交易所建立战略新兴产业板。加快推进全国中小企业股份转让系统向创业板转板试点。研究解决特殊股权结构类创业企业在境内上市的制度性障碍，完善资本市场规则。规范发展服务于中小微企业的区域性股权市场，推动建立工商登记部门与区域性股权市场的股权登记对接机制，支持股权质押融资。支持符合条件的发行主体发行小微企业增信集合债等企业债券创新品种。

（九）创新银行支持方式。鼓励银行提高针对创业创新企业的金融服务专业化水平，不断创新组织架构、管理方式和金融产品。推动银行与其他金融机构加强合作，对创业创新活动给予有针对性的股权和债权融资支持。鼓励银行业金融机构向创业企业提供结算、融资、理财、咨询等一站式系统化的金融服务。

（十）丰富创业融资新模式。支持互联网金融发展，引导和鼓励众筹融资平台规范发展，开展公开、小额股权众筹融资试点，加强风险控制和规范管理。丰富完善创业担保贷款政策。支持保险资金参与创业创新，发展相互保险等新业务。完善知识产权估值、质押和流转体系，依法合规推动知识产权质押融资、专利许可费收益权证券化、专利保险等服务常态化、规模化发展，支持知识产权金融发展。

六、扩大创业投资，支持创业起步成长

（十一）建立和完善创业投资引导机制。不断扩大社会资本参与新兴产业创投计划参股基金规模，做大直接融资平台，引导创业投资更多向创业企业起步成长的前端延伸。不断完善新兴产业创业投资政策体系、制度体系、融资体系、监管和预警体系，加快建立考核评价体系。加快设立国家新兴产业创业投资引导基金和国家中小企业发展基金，逐步建立支持创业创新和新兴产业发展的市场化长效运行机制。发展联合投资等新模式，探索建立风险补偿机制。鼓励各地方政府建立和完善创业投资引导基金。加强创业投资立法，完善促进天使投资的政策法规。促进国家新兴产业创业投资引导基金、科技型中小企业创业投资引导基金、国家科技成果转化引导基金、国家中小企业发展基金等协同联动。推进创业投资行业协会建设，加强行业自律。

（十二）拓宽创业投资资金供给渠道。加快实施新兴产业"双创"三年行动计划，建立一批新兴产业"双创"示范基地，引导社会资金支持大众创业。推动商业银行在依法合规、风险隔离的前提下，与创业投资机构建立市场化长期性合作。进一步降低商业保险资金进入创业投资的门槛。推动发展投贷联动、投保联动、投债联动等新模式，不断加大对创业创新企业的融资支持。

（十三）发展国有资本创业投资。研究制定鼓励国有资本参与创业投资的系统性政策措施，完善国有创业投资机构激励约束机制、监督管理机制。引导和鼓励中央企业和其他国有企业参与新兴产业创业投资基金、设立国有资本创业投资基金等，充分发挥国有资本在创业创新中的作用。研究完善国有创业投资机构国有股转持豁免政策。

（十四）推动创业投资"引进来"与"走出去"。抓紧修订外商投资创业投资企业相关管理规定，按照内外资一致的管理原则，放宽外商投资准入，完善外资创业投资机构管理制度，简化管理流程，鼓励外资开展创业投资业务。放宽对外资创业投资基金投资限制，鼓励中外合资创业投资机构发展。引导和鼓励创业投资机构加大对境外高端研发项目的投资，积极分享境外高端技术成果。按投资领域、用途、募集资金规模，完善创业投资境外投资管理。

七、发展创业服务，构建创业生态

（十五）加快发展创业孵化服务。大力发展创新工场、车库咖啡等新型孵化器，做大做强众创空间，完善创业孵化服务。引导和鼓励各类创业孵化器与天使投资、创业投资相结合，完善投融资模式。引导和推动创业孵化与高校、科研院所等技术成果转移相结合，完善技术支撑服务。引导和鼓励国内资本与境外合作设立新型创业孵化平台，引进境外先进创业孵化模式，提升孵化能力。

（十六）大力发展第三方专业服务。加快发展企业管理、财务咨询、市场营销、人力资源、法律顾问、知识产权、检验检测、现代物流等第三方专业化服务，不断丰富和完善创业服务。

（十七）发展"互联网+"创业服务。加快发展"互联网+"创业网络体系，建设一批小微企业创业创新基地，促进创业与创新、创业与就业、线上与线下相结合，降低全社会创业门槛和成本。加强政府数据开放共享，推动大型互联网企业和基础电信企业向创业者开放计算、存储和数据资源。积极推广众包、用户参与设计、云设计等新型研发组织模式和创业创新模式。

（十八）研究探索创业券、创新券等公共服务新模式。有条件的地方继续探索通过创业券、创新券等方式对创业者和创新企业提供社会培训、管理咨询、检验检测、软件开发、研发设计等服务，建立和规范相关管理制度和运行机制，逐步形成可复制、可推广的经验。

八、建设创业创新平台，增强支撑作用

（十九）打造创业创新公共平台。加强创业创新信息资源整合，建立创业政策集中发布平台，完善专业化、网络化服务体系，增强创业创新信息透明度。鼓励开展各类公益讲坛、创业论坛、创业培训等活动，丰富创业平台形式和内容。支持各类创业创新大赛，定期办好中国创新创业大赛、中国农业科技创新创业大赛和创新挑战大赛等赛事。加强和完善中小企业公共服务平台网络建设。充分发挥企业的创新主体作用，鼓励和支持有条件的大型企业发展创业平台、投资并购小微企业等，支持企业内外部创业者创业，增强企业创业创新活力。为创业失败者再创业建立必要的指导和援助机制，不断增强创业信心和创业能力。加快建立创业企业、天使投资、创业投资统计指标体系，规范统计口径和调查方法，加强监测和分析。

（二十）用好创业创新技术平台。建立科技基础设施、大型科研仪器和专利信息资源向全社会开放的长效机制。完善国家重点实验室等国家级科研平台（基地）向社会开放机制，为大众创业、万众创新提供有力支撑。鼓励企业建立一批专业化、市场化的技术转移平台。鼓励依托三维（3D）打印、网络制造等先进技术和发展模式，开展面向创业者的社会化服务。引导和支持有条件的领军企业创建特色服务平台，面向企业内部和外部创业者提供资金、技术和服务支撑。加快建立军民两用技术项目实施、信息交互和标准化协调机制，促进军民创新资源融合。

（二十一）发展创业创新区域平台。支持开展全面创新改革试验的省（区、市）、国家综合配套改革试验区等，依托改革试验平台在创业创新体制机制改革方面积极探索，发挥示范和带动作用，为创业创新制度体系建设提供可复制、可推广的经验。依托自由贸易试验区、国家自主创新示范区、战略性新兴产业集聚区等创业创新资源密集区域，打造若干具有全球影响力的创业创新中心。引导和鼓励创业创新型城市完善环境，推动区域集聚发展。推动实施小微企业创业基地城市示范。鼓励有条件的地方出台各具特色的支持政策，积极盘活闲置的商业用房、工业厂房、企业库房、物流设施和家庭住所、租赁房等资源，为创业者提供低成本办公场所和居住条件。

九、激发创造活力，发展创新型创业

（二十二）支持科研人员创业。加快落实高校、科研院所等专业技术人员离岗创业政策，对经同意离岗的可在3年内保留人事关系，建立健全科研人员双向流动机制。进一步完善创新型中小企业上市股权激励和员工持股计划制度规则。鼓励符合条件的企业按照有关规定，通过股权、期权、分红等激励方式，调动科研人员创业积极性。支持鼓励学会、协会、研究会等科技社团为科技人员和创业企业提供咨询服务。

（二十三）支持大学生创业。深入实施大学生创业引领计划，整合发展高校毕业生就业创业基金。引导和鼓励高校统筹资源，抓紧落实大学生创业指导服务机构、人员、场地、经费等。引导和鼓励成功创业者、知名企业家、天使和创业投资人、专家学者等担任兼职创业导师，提供包括创业方案、创业渠道等创业辅导。建立健全弹性学制管理办法，支持大学生保留学籍休学创业。

（二十四）支持境外人才来华创业。发挥留学回国人才特别是领军人才、高端人才的创业引领带动作用。继续推进人力资源市场对外开放，建立和完善境外高端创业创新人才引进机制。进一步放宽外籍高端人才来华创业办理签证、永久居留证等条件，简化开办企业审批流程，探索由事前审批调整为事后备案。引导和鼓励地方对回国创业高端人才和境外高端人才来华创办高科技企业给予一次性创业启动资金，在配偶就业、子女入学、医疗、住房、社会保障等方面完善相关措施。加强海外科技人才离岸创业基地建设，把更多的国外创业创新资源引入国内。

十、拓展城乡创业渠道，实现创业带动就业

（二十五）支持电子商务向基层延伸。引导和鼓励集办公服务、投融资支持、创业辅导、渠道开拓于一体的市场化网商创业平台发展。鼓励龙头企业结合乡村特点建立电子商务交易服务平台、商品集散平台和物流中心，推动农村依托互联网创业。鼓励电子商务第三方交易平台渠道下沉，带动城乡基层创业人员依托其平台和经营网络开展创业。完善有利于中小网商发展的相关措施，在风险可控、商业可持续的前提下支持发展面向中小网商的融资贷款业务。

（二十六）支持返乡创业集聚发展。结合城乡区域特点，建立有市场竞争力的协作创业模式，形成各具特色的返乡人员创业联盟。引导返乡创业人员融入特色专业市场，打造具有区域特点的创业集群和优势产业集群。深入实施农村青年创业富民行动，支持返乡创业人员因地制宜围绕休闲农业、农产品深加工、乡村旅游、农村服务业等开展创业，完善家庭农场等新型农业经营主体发展环境。

（二十七）完善基层创业支撑服务。加强城乡基层创业人员社保、住房、教育、医疗等公共服务体系建设，完善跨区域创业转移接续制度。健全职业技能培训体系，加强远程公益创业培训，提升基层创业人员创业能力。引导和鼓励中小金融机构开展面向基层创业创新的金融产品创新，发挥社区地理和软环境优势，支持社区创业者创业。引导和鼓励行业龙头企业、大型物流企业发挥优势，拓展乡村信息资源、物流仓储等技术和服务网络，为基层创业提供支撑。

十一、加强统筹协调，完善协同机制

（二十八）加强组织领导。建立由发展改革委牵头的推进大众创业万众创新部际联席会议制度，加强顶层设计和统筹协调。各地区、各部门要立足改革创新，坚持需求导向，从根本上解决创业创新中面临的各种体制机制问题，共同推进大众创业、万众创新蓬勃发展。重大事项要及时向国务院报告。

（二十九）加强政策协调联动。建立部门之间、部门与地方之间政策协调联动机制，形成强大合力。各地区、各部门要系统梳理已发布的有关支持创业创新发展的各项政策措施，抓紧推进"立、改、废"工作，将对初创企业的扶持方式从选拔式、分配式向普惠式、引领式转变。建立健全创业创新政策协调审查制度，增强政策普惠性、连贯性和协同性。

（三十）加强政策落实情况督查。加快建立推进大众创业、万众创新有关普惠性政策措施落实情况督查督导机制，建立和完善政策执行评估体系和通报制度，全力打通决策部署的"最先一公里"和政策落实的"最后一公里"，确保各项政策措施落地生根。

各地区、各部门要进一步统一思想认识，高度重视、认真落实本意见的各项要求，结合本地区、本部门实际明确任务分工、落实工作责任，主动作为、敢于担当，积极研究解决新问题，及时总结推广经验做法，加大宣传力度，加强舆论引导，推动本意见确定的各项政策措施落实到位，不断拓展大众创业、万众创新的空间，汇聚经济社会发展新动能，促进我国经济保持中高速增长、迈向中高端水平。

国务院

2015年6月11日

参 考 文 献

[1] 姜荣国. 创业导论：创业意识与企业家精神 [M]. 北京：电子工业出版社，2010.

[2] 陈德棉. 创业者的素质与创业管理 [M]. 上海：同济大学出版社 2011.

[3] 张玉利. 创业教育 [M]. 北京：机械工业出版社，2013.

[4] 赵伊川. 创业管理 [M]. 北京：中国商务出版社，2004.

[5] 陈龙春，杨敏. 大学生创业基础 [M]. 浙江：浙江大学出版社，2011.

[6] 吴文辉. 创业管理实战——新创企业的成长模式 [M]. 北京：中国经济出版社，2014

[7] 赵伟. 给你一个团队，你能怎么管？[M]. 南京：江苏文艺出版社，2013.

[8] 孙陶然. 创业36条军规 [M]. 北京：中信出版社，2012.

[9] 蒋学军. 互联网行业的创业机会识别与开发研究 [D]. 湖北：华中科技大学，2011.

[10] 俞函斐. 互联网嵌入对创业机会识别的影响 [D]. 浙江：浙江大学，2014.

[11] 刘艳. 浅议互联网背景下的创业营销 [J]. 江苏商论，2009（10）.

[12] 刘明杰，吴锦. 5步曲搞定互联网思维 [M]. 北京：中华工商联合出版社，2014.

[13] 肖晓春. 连锁王：麦当劳标准化体系 [M] 广东：经济出版社，2012.

[14] 王大勇. 产业互联网时代下的商业模式变革［M］. 北京：电子工业出版社, 2015.

[15] 亚历山大·奥斯特瓦德, 伊夫·皮尼厄著. 商业模式新生代［M］. 王帅, 毛心宁, 严威译. 北京：机械工业出版社, 2011.

[16] 全国创业培训工作指导委员会, 创业实训项目专家办公室. 创业实训手册［M］. 北京：中国劳动与社会保障出版社, 2010.

[17] 辛保平, 程欣乔, 宗春霞. 步步为赢——高效突破创业7关［M］. 北京：清华大学出版社, 2006.

[18] 孙振国. 创业常识速查速用大全集［M］. 北京：中国法制出版社, 2014.

[19] 张国祥. 用流程解放管理者［M］. 北京：中华工商联合出版社, 2012.

[20] 石真语. 管理就是走流程［M］. 北京：人民邮电出版社, 2013.

[21] 周亮. 搜索引擎营销向导［M］. 北京：电子工业出版社, 2012.

[22] 赵大伟. 互联网思维—独孤九剑［M］. 北京：机械工业出版社, 2015.

[23] 菲利普·科特勒, 凯文·莱恩·凯勒, 卢泰宏. 营销管理［M］. 卢泰宏, 高辉译. 北京：中国人民大学出版社, 2009.

[24] 龚铂洋. 左手微博·右手微信［M］. 北京：电子工业出版社, 2014.

[25] 李善友. 颠覆式创新［M］. 北京：机械工业出版社, 2015.

[26] 黄岩. 我看电商［M］. 北京：电子工业出版社, 2014.

[27] 移动互联网营销［M］. 北京：机械工业出版社, 2015.

[28] 腾讯科技频道. 跨界——开启互联网与传统行业融合新趋势［M］. 北京：机械工业出版社, 2014.

[29] 唐顿, 张圣杰. 挡不住的微店生意经［M］. 北京：人民邮电出版社, 2014.

[30] 杨华东. 中国青年创业案例精选［M］. 北京：清华大学出版社, 2012.

［31］腾讯科技频道. 教训——互联网创业必须避免的八大误区［M］. 北京：机械工业出版社，2014.

［32］荆新，王化成，刘俊彦. 财务管理学［M］. 北京：中国人民大学出版社，2002.